APONTAMENTOS
SOBRE
SOCIEDADES CIVIS

RAÚL VENTURA

APONTAMENTOS
SOBRE
SOCIEDADES CIVIS

APONTAMENTOS SOBRE
SOCIEDADES CIVIS

AUTOR
RAÚL VENTURA

EDITOR
EDIÇÕES ALMEDINA, SA
Rua da Estrela, n.º 6
3000-161 Coimbra
Tel.: 239 851 904
Fax: 239 851 901
www.almedina.net
editora@almedina.net

PRÉ-IMPRESSÃO • IMPRESSÃO • ACABAMENTO
G.C. – GRÁFICA DE COIMBRA, LDA.
Palheira – Assafarge
3001-453 Coimbra
producao@graficadecoimbra.pt

Julho, 2006

DEPÓSITO LEGAL
246033/06

Os dados e as opiniões inseridos na presente publicação
são da exclusiva responsabilidade do(s) seu(s) autor(es).

Toda a reprodução desta obra, por fotocópia ou outro qualquer processo,
sem prévia autorização escrita do Editor,
é ilícita e passível de procedimento judicial contra o infractor.

REFLEXÃO SOBRE PÁGINAS
DE RAÚL VENTURA

Inesperadamente foi encontrado entre os papéis do Prof. Doutor Raúl Ventura um texto – o que hoje se dá à estampa – e cuja existência se desconhecia. Tem por título «Apontamentos sobre Sociedades Civis», título propositadamente modesto, como era timbre da personalidade deste grande Mestre.

Por gentileza muito honrosa da Família, cabe-me a tarefa de escrever algumas palavras de apresentação. Ao fazê-lo recordo com enorme saudade a figura e o meu convívio com o Autor, primeiro enquanto seu Assistente e depois já formalmente com o mesmo grau na escala hierárquica universitária. A vida tem parificações que se por vezes são lisonjeiras para uns – neste caso obviamente para mim – não passam de paradoxais para todos quantos as observam. Mas sendo isso assim, não deixou de ser reciproca a amizade que me ligou ao Prof. Raúl Ventura, não possuindo eu a capacidade de estabelecer se existiu alguma diferença quantitativa – e em que sentido. Sei apenas que me considerei sempre um devedor, sem poder cumprir os vínculos obrigacionais nem tentar sequer assegurar serviço da dívida.

Habituei-me sempre, na minha vida de Advogado, a pedir conselho e ciência ao Prof. Raúl Ventura, quando algum problema me afligia, num procedimento repetido e constante. Foi com desvanecimento que por duas vezes tive a distinção de ocorrer a solicitações do meu Professor – e por ele julgadas de importância. Uma já a referi nas páginas que publiquei no livro de Homenagem à sua memória. A outra ficará para futura ocasião. Aqui direi só que o interesse do Prof. Ventura não era pessoal, mas de amizade por terceiros.

Não caberá aqui traçar o perfil luminoso do Prof. Raúl Ventura. Já o intentei uma vez, com resultados que ficaram, ai de mim, muito longe de um retrato fidedigno e susceptível de o transmitir a quem não teve a dita de com ele conviver. Uma nova tentativa não terá seguramente maior êxito. Cabe pedir a todos quantos o conheceram e apreciaram o preenchimento das minhas omissões e imperfeições. Mas sendo isso assim, confessado tudo isto, impõe-se-me dizer que é com emoção que consigno uma profunda admiração ao escrever estas linhas.

O trabalho em causa é surpreendente a mais de um título. Desde logo, por se integrar numa lista de trabalhos, que, de tão longa e rica, dava a sensação de não poder ser acrescentada. Como arranjou o Prof. Raúl Ventura tempo para mais esta obra? Depois, pelo facto de o Autor não ter querido divulgar o trabalho pela letra de forma. Acha-lo-ia sem a perfeição de quanto publicou? Não é crível, pela qualidade das respectivas páginas.

Finalmente, por se tratar de um tema pouco investigado entre nós e, portanto, com as suplementares dificuldades de quem tem pouco material adjuvante e tem de construir tudo, dos alicerces ao topo.

Uma explicação possível poder-se-á, talvez, ligar ao hábito do Prof. Raúl Ventura de nada leccionar na Faculdade sem deixar por escrito a respectiva lição. Afigura-se-me que o presente texto há-de ter nascido nesse circunstancialismo. Por alguma circunstância, por mim ignorada, o Prof. Raúl Ventura, que sempre estava pronto para ceder, sem invocação de primazias, perante pretensões de qualquer colega, não tratou a matéria – e o texto terá acabado abandonado, como correspondendo a uma tentativa inútil.

Tenha sido assim ou não quanta coragem e tempo há-de ter sido preciso para elaborar o livro agora divulgado! Da minha experiência pessoal posso recordar um episódio elucidativo.

Em tempos quis constituir uma sociedade civil familiar sob forma comercial. Foi um espanto – não sei se correspondente a um terramoto jurídico, se a outro cataclismo maior. Primeiro foram as resistências e incompreensões dos notários. Feita a escritura, não consegui o respectivo registo, pois o conservador competente entendia que se estava perante uma comunhão!

Pedidos de reapreciação, exposições, recursos, um nunca mais acabar de incidentes, tudo foi preciso para conseguir o registo, remover as dúvidas, esclarecer a matéria ... tão mal conhecida era. Nessa altura tive a tentação de elaborar um trabalho sobre tais sociedades. Ainda escrevi umas dezenas de páginas... Depois, outras ocupações e o sentimento das dificuldades em tratar de um ponto de vista científico de tal assunto interpuseram-se no ritmo desse labor e os meus laudos ficaram para sempre incompletos e abandonados. Ao ler agora as páginas do Prof. Raúl Ventura só me posso felicitar por essa circunstância. Afinal a lacuna doutrinária está em grande parte preenchida e com um vigor fora do meu alcance. Cito o facto apenas para demonstrar que o contributo do Prof. Raúl Ventura se insere numa área carente de investigação.

Dir-se-á – e é verdade – que sobre o escrito do Prof. Raúl Ventura passaram anos. Sempre me repugnou a ideia expressa por um escritor alemão de que o legislador com uma penada desactualiza bibliotecas inteiras. A lei, diz Álvaro d'Ors, não passa de direito em conserva. Representa, se assim me posso exprimir, a condensação de um pensamento – quando não constitui apenas não uma norma jurídica, no senso nobre de uma palavra, mas uma simples planificação de carácter técnico, cuja índole é estranha ao jurista como pensador da justiça. O Direito não constitui senão uma expressão de pensamento, uma forma de reflexão. A sua perenidade identifica-se com a especulação intelectual. Atesta-o a circunstância de a história do direito ser uma disciplina nobre na enciclopédia do direito. Ela reconduz-se ao registo do esforço humano numa área vital da actividade, a disciplina das condutas. É, por isso, não só um elemento explicativo do direito chamado positivo, mas sobretudo um factor crítico. Além disso constitui igualmente uma forma modeladora do *ius condendo*.

Compreende-se, assim, o papel da doutrina. Quem reflectir sobre a estruturação do direito verá que todos os momentos de apogeu correspondem a épocas de predomínio doutrinário entre as fontes. São desses momentos que saem depois as grandes compendiações que hoje chamamos códigos. Quando tal não acontece estamos perante a efemeridade, mesmo se o diploma tiver a pretensão a tal qualificação, quer pela extensão, quer pelo âmbito.

Incontestável que isto é impõe-se a ponderação de alguns factores mais. A lei representa, em si própria, apenas uma forma média de resolução de conflitos. Prevê ou pressupõe o caso típico – quando certo é que este é uma abstracção na vida real, como todas as médias. Por isso, pode dizer-se de qualquer diploma legal o que já se escreveu a propósito das Ordenações. Mais do que uma colecção de normas constitui uma colecção de lacunas. Aliás, relativamente à generalidade das leis está isso fixado e reconhecido por séculos de saber jurídico. Já o afirmou a arte jurídica dos romanos pela pena de Ulpiano: «*Neque leges neque senatus consulta ita scribi possunt, ut omnes casus qui quandoque inciderint comprehendantur, sed sufficit ea quae plerumque accidunt contineri*» (D.1.3.10).

A experiência ensina que raramente a lei resolve *sic et simpliciter* um caso. A solução é sempre o fruto da interpretação e a virtualidade da estatuição legal reside em constituir apenas um tópico argumentativo. Foi isso mesmo que levou o grande Carnelutti a referir-se ao Código Civil como um *livreco*, impondo-se antes de mais e de tudo observar, observar a vida, ver qual o pensamento que, afinal, a doutrina forjou na sua reflexão.

Disse uma vez provocatoriamente a uma colega ilustre que me argumentava com um texto legal, isso nada me impressionar – pois eu era professor de direito! Sob o exagero da formulação, enunciada com o propósito de escandalizar, estava a convicção no poder do pensamento jurídico, na razão e na natureza das coisas como forma de descoberta do justo. Fora das simples regulamentações de índole convencional – como o estabelecimento de prazos – ou dos domínios rituais – quase sempre estabelecidos como opção entre várias possibilidades – o jurista tem de estar apto a encontrar solução por dedução e indução, baseadas na experiência e na ponderação do justo ou injusto, do conveniente ou inconveniente, a servir-se da intuição.

Ensinam-no todos os tratados de lógica jurídica e comprova-o o facto, de verificação empírica, de um jurista saber raciocinar mesmo em relação a ordens jurídicas que lhe são alheias, o direito estrangeiro – salvo naturalmente nas minudências regulamentares.

Sempre o ilustrei aos meus alunos com o caso paradigmático de Bártolo, senão o maior jurista de todos os tempos aquele que mais influência exerceu – e durante séculos. Este luminar do nosso *métier* primeiro decidia – e, depois, encarregava um amigo *memoriosus*, ele próprio um jurista cujo nome atravessou o tempo, de encontrar entre os textos legais ditames corroborativos. Este exemplo serve como razão de convencimento, dado a minha própria experiência, de tão humilde, ser incapaz de persuasão.

Admitindo-se hoje como pacífica a existência de descobertas jurídicas, como as pode haver na física ou em qualquer outra ciência exacta ou empírica, não é possível citar uma única descoberta de origem legislativa. Todas são de índole doutrinária, frequentemente consagradas em cláusulas de estilo de índole contratual e por isso recolhidas posteriormente pelo legislador.

Muitos exemplos poderiam ser aqui citados, tendo por base tanto o direito romano como o dos séculos subsequentes. Para a afirmação não ficar no abstracto referiremos a acção pauliana – cuja designação ainda hoje traduz homenagem ao inventor, Paulo – ou os efeitos *erga omnes* da hipoteca, casos estes, aliás, separados na sua criação por séculos de intervalo.

O valor das soluções testadas pela doutrina – do passado, como do presente – pode ilustrar-se com a comparação feita por Guarino, entre a regulamentação do contrato de transporte romano, relativo a veículos de tracção animal, e o moderno transporte aéreo. Os interesses em causa são exactamente os mesmos – o do transportador, do expedidor, o do dono das mercadorias transportadas, o do segurador, o do fretador, etc., não sendo possível encontrar num caso uma contraposição de interesses que não existisse no outro.

Perdoar-me-á o leitor benévolo destas páginas – como é hábito dizer – e se algum houver, a modéstia das palavras antepostas a um livro do Prof. Raúl Ventura. A insuficiência das fórmulas utilizadas talvez possa ser perdoada pela nobreza do propósito de exaltar o valor da obra deste grande escritor jurídico – pena seja estarem esta linhas afectadas, para mais, pela prolixidade, quando apenas se pretendia chamar a atenção para a utilidade de um livro em si mesmo reflexivo.

Saída da mente arguta de um dos mais finos exegetas e dogmatas que algum dia ocuparam as cátedras portuguesas, esta obra do Prof. Ventura enquadra-se, assim, no esforço perene do trabalho de investigação universitária; traduz o superamento do simples momento legislativo; ilustra a capacidade da interpretação jurídica, estabelecido, como está pela moderna informática, que cada texto pode ter 116 interpretações possíveis, sendo a escolha apenas o produto da opinião, ou seja do entendimento fixado pela *auctoritas* intelectual e moral de quem consegue encontrar e estabelecer para o preceito uma razoabilidade estabelecida em termos de lógica probabilística. Afinal, de acordo com a imagem utilizada nos domínios da área jurídica por um dos maiores e mais excelsos doutrinários do nosso tempo, conforme ele passa ou não pela cabeça e pela batuta de Toscanini, a música de Wagner é música de Wagner ou outra coisa...

A história da humanidade é a da luta do homem contra a dor. O direito constitui um dos elementos que este utiliza para evitar o sofrimento, discutindo-se retoricamente, durante séculos, a primazia entre ele e a medicina. Sabido isto, logo se compreenderá que se uma simples divulgação da ordem jurídica tem em si mesmo um valor indiscutível, muito mais o possui a obra de construção jurídica. Mesmo quando parece ultrapassada, mantém virtudes inerentes, tanto mais que a história do direito nos fornece quotidianamente exemplos de institutos abandonados ou esquecidos durante séculos reviverem subitamente. Agora que se discute a possibilidade de a responsabilidade penal vir a traduzir--se numa sanção pecuniária acordada entre ofensor e vítima, mais não se faz que repor a figura da composição do direito medieval, que a formação do Estado parecia ter repudiado para sempre. A história do direito é assim um repertório das soluções jurídicas engendradas pelo homem para evitar a arbitrariedade, sendo curioso notar que muitas delas acabam por ficar esquecidas com o passar do tempo. A omissão é própria da natureza humana, não havendo livro de direito, por muito esquecido ou ultrapassado que se julgue, sem utilidade. Mas se isso é assim na generalidade dos casos, tal fenomenologia pode comprovar-se superiormente com as obras de envergadura. Mantêm-se sempre belas, para além do momento da respectiva elaboração – e da moda imposta, tantas vezes despótica ou demagogicamente, pela difusa figura do legislador. Quanto importa é conhecer o pensado, tanto mais que, como já alguém afirmou, nada se diz de inteiramente novo – apenas se diz ou contradiz. Mas a maneira como isso se faz é que distingue o grande jurista do leguleio. Também aqui o exemplo do Prof. Raúl Ventura constitui uma ilustração cabal de quanto pensamos. Ele foi um virtuoso distintissimamente elegante da arte jurídica. Por isso, o livro que aqui fica constitui um contributo imprescindível para quem quiser pensar a matéria sobre que versa, fora de todos os positivismos e práticas literais. E nisso estará, seguramente um dos valores justificativos da sua publicação, infelizmente tão tardia e póstuma.

Maio de 2006

Ruy de Albuquerque

UMA EXPLICAÇÃO PRÉVIA

Os apontamentos que agora se dão à estampa foram encontrados no espólio de nosso Pai.

Verifica-se pela sua leitura que os destinava a inclusão num estudo de carácter global sobre as sociedades civis, estudo esse que nunca chegou a realizar, ou pelo menos não foram encontrados papéis que o contivessem. Tal conclusão retira-se das remissões para partes da obra que não foram encontradas. Decidiu-se, apesar de tudo, manter no texto algumas dessas remissões, apenas com o fim de dar uma ideia da obra que o autor pretendia completar na altura em que estes apontamentos foram escritos.

Outros afazeres e outros interesses terão levado o autor a não completar o estudo, que parece ter sido realizado, atentas a doutrina e legislação citadas, num período compreendido entre 1969 e 1974 ou, o mais tardar, 1977.

Podemos afirmar que nosso Pai desistiu de publicar o estudo. De facto, para além de não o ter completado, o texto agora publicado não foi na sua quase totalidade revisto pelo autor, não se encontrando no texto correcções manuscritas do autor, apesar das "gralhas" constantes do original, normais em quem escrevia directamente à máquina.

A revisão do texto é, pois, de nossa inteira responsabilidade.

Ao fazê-la optámos por publicar o texto tal como se encontrava, não procedendo nomeadamente a actualizações doutrinárias ou legislativas, apenas sendo de nossa responsabilidade uma ou outra linha ou palavra, que vão devidamente assinaladas. Optámos também, como já se deixou dito, por manter remissões para partes da obra que não chegaram a ser escritas, quando referiam a matéria que ali seria tratada, e retirámos outras remissões, quando estas remetiam simplesmente para números ou capítulos.

É também de nossa responsabilidade a organização dos Apontamentos tal como publicados. O trabalho foi encontrado sem um plano de obra (salvo o que figura no início sobre o exercício em comum de certa actividade e o capítulo relativo à alteração de responsabilidade dos sócios), e sem sequência. Não só por vezes as próprias folhas, fruto de anos de despreocupado arquivo e de várias mudanças de local, se encontravam misturadas e sem numeração, como também as diferentes matérias estavam arrumadas ao sabor de quem mexeu e misturou os papéis.

Interrogámo-nos sobre se valia a pena dar a conhecer ao público trabalho tão incompleto, não só com relação à obra que o autor teve em mente publicar, como também com relação a algumas das matérias tratadas.

Considerando, porém, a escassez de bibliografia nacional em matéria de sociedades civis, decidimos que valia a pena proceder à publicação, desde que se dessem estas explicações prévias, e excluídos que fossem, como foram, alguns dos números mais incompletos, embora deixando outros que, embora também incompletos, entraram mais profundamente na matéria a tratar.

Impõe-se, por fim, uma palavra de agradecimento ao Senhor Professor Doutor Ruy de Albuquerque, pelo apoio dado a esta publicação, pelas muitas insistências que tem feito para que seja reunida e publicada em conjunto a obra dispersa de nosso Pai, e a que não pudemos ainda atender, e pelas palavras que precedem, que tão amavelmente se dispôs a escrever apesar da enorme ocupação da sua vida profissional.

Lisboa, Dezembro de 2005

Leonor Ventura
Paulo Ventura

I – EXERCÍCIO EM COMUM DE CERTA ACTIVIDADE ECONÓMICA, QUE NÃO SEJA DE MERA FRUIÇÃO

1 – Exercício de uma actividade
2 – Certa Actividade
3 – Actividade económica
4 – Que não seja de mera fruição
5 – Exercício em comum
6 – Ligação entre as contribuições e o exercício da actividade ("para o exercício")[1]

---

[1] NOTA – O texto relativo a este número não foi encontrado.

I
EXERCÍCIO DE UMA ACTIVIDADE
QUE NÃO SEJA DE MERA FRUIÇÃO

1 – Exercício de uma actividade

O artigo 2247 do Código Civil italiano, depois de incluir na definição de contrato de sociedade "o exercício em comum de uma actividade económica", declarava no artigo 2248 que a comunhão constituída ou mantida com o único fim do gozo de uma ou mais coisas é regulada pelas normas do Título VII do Livro III (da comunhão).

O artigo 980.º português conjuga aqueles dois artigos italianos, sintetizando o artigo 2248.º na frase "que não seja de mera fruição". Os dois artigos italianos não implicavam (ou pelo menos não implicavam necessariamente) a mesma ligação entre a actividade económica e a fruição consagrada no nosso preceito. A letra do artigo 980.º coloca a actividade de mera fruição como uma das espécies do género "actividade económica", isto é, considera a actividade de mera fruição como uma actividade económica, excluída, contudo, do contrato de sociedade. O Código italiano permite pensar que a actividade económica se contrapõe à comunhão de gozo de uma ou mais coisas, pois esta não constitui uma actividade; a ligação entre a sociedade e a comunhão encontra-se na situação dos bens conferidos e a separação reside em na primeira haver e na segunda não haver uma actividade.

Rigorosamente, portanto, a palavra "actividade" tem no artigo 980.º um sentido amplíssimo, abrangendo a comunhão de direitos sobre as coisas com o mero fim de fruição. Praticamente, mantém-se a necessidade de distinguir as "actividades" de mera fruição, para as excluir do campo das sociedades. Além disso, o alargamento da noção de actividade obriga a investigar se, além da actividade consistente na mera fruição e expressamente excluída pela lei, não deverão ser afastadas do âmbito do contrato de sociedade outras actividades.

2 – Certa actividade

O interesse da qualificação duma situação concreta como sociedade ou como compropriedade (comunhão) deriva da diversidade dos respectivos regimes genéricos, que não vale a pena especificar. Além de todas as diferenças de conteúdo das duas espécies de relação, interessa também separar os dois tipos para se determinar a possibilidade de adoptar um ou outro, ou seja, para se averiguar a validade dos actos pelos quais os interessados pretendam submeter a um dos regimes, através de certa qualificação, uma situação realmente qualificável doutra forma. Pode este último género de questão colocar-se tanto quando se pretenda constituir uma sociedade para realizar finalidades próprias da comunhão como quando se tenha a pretensão inversa, mas na prática será talvez mais vulgar o primeiro caso. Os dois géneros de questões são comuns à distinção entre sociedade e compropriedade e à distinção entre sociedade e qualquer outra "actividade".

3 – Actividade económica

Para distinguir conceitualmente sociedade e comunhão, bem como para proceder à qualificação de qualquer situação concreta, não basta isolar o elemento "actividade económica" e verificar se ela é ou não é de mera fruição. O problema só se coloca nesses termos restritos quando a situação apresente, sob outros aspectos, requisitos comuns à comunhão e à sociedade, mas em princípio e genericamente, outros requisitos ou elementos podem ser utilizados para distinguir as qualificações, de modo que, no caso concreto, só se atingirá para proceder à distinção a espécie da actividade económica, quando as situações não resultem já distintas por outros factos. Só não será assim caso deva concluir-se que o factor "actividade económica de mera fruição (ou não de mera fruição)" comanda decisivamente a qualificação, tendo prioridade sobre todos os outros e impondo só por si certa qualificação[2].

O primeiro desses outros factores é a fonte das relações jurídicas em causa, a espécie de facto jurídico constitutivo das situações consideradas. Quando um facto jurídico não seja um contrato (ou sob outro ângulo, quando o objecto da qualificação não for um contrato) não pode haver sociedade, mas pode haver comunhão. Esta tanto pode ser incidental como voluntária, enquanto a sociedade é sempre voluntária; uma situação incidental − como uma contitularidade resultante de sucessão *mortis causa* ou de acto de terceiro (doação a várias pessoas) − nunca pode ser sociedade. Resta saber − e ainda se verá − se uma situação nascida incidentalmente e portanto inqualificável como sociedade, não virá a transformar-se, por força de certas circunstâncias, em situação voluntária e sociedade.

Outro elemento do contrato de sociedade que não pode verificar-se na comunhão é a contribuição (ou obrigação de contribuir) com bens. Quando, por exemplo, o proprietário singular de um prédio urbano vende uma fracção ideal do seu direito, nem ele <u>contribui</u> com o prédio, nem o comprador <u>contribui</u> com uma quantia em dinheiro; a situação daí resultante não é sociedade, mas compropriedade. Põe-se, contudo, possivelmente dúvida quanto à transformação dessa situação, nos termos referidos para o elemento anterior.

---

[2] O artigo 980.º, não indica expressamente que a comunhão e a sociedade se distinguem pela espécie de actividade económica (que não seja de mera frui-ção). Exceptua indirectamente da sociedade a actividade económica que seja de mera fruição, mas directamente aponta todos os elementos típicos do contrato de sociedade, entre os quais se encontra a espécie de actividade económica. Todos os elementos típicos do contrato de sociedade podem, porém, servir em princípio para o distinguir da comunhão ou de qualquer outra figura jurídica; o estudo tanto em teoria como na qualificação concreta não pode, pois e em princípio, dispensar qualquer daqueles elementos.

4 – Que não seja de mera fruição

A circunstância de a comunhão <u>poder ser</u> incidental ou voluntária, enquanto a sociedade é sempre voluntária, é muito relevante para distinguir as duas figuras. Com efeito, aquela possibilidade influencia a própria estrutura da situação jurídica de compropriedade, na medida em que esta deverá harmonizar-se com as duas possíveis modalidades de fontes; pelo contrário, a situação jurídica de sociedade deverá corresponder – e corresponder apenas – a uma fonte constitutiva voluntária. Ora, a constituição incidental só se coaduna com a atribuição conjunta de um direito substancialmente imutado, relativamente à sua titularidade singular; quer o direito exista na titularidade singular duma pessoa e por transmissão seja encabeçado em várias, quer originariamente se constitua logo com pluralidade de titulares, o conteúdo desse direito não é substancialmente alterado; a situação alterou-se apenas em função da pluralidade de sujeitos ou comunhão de direitos, tornando-se necessário regular o exercício em conjunto dos direitos cumulados, pertencentes a outros tantos sujeitos.

A essência da compropriedade, no aspecto agora interessante, não pode, portanto, desligar-se da possibilidade de ela se constituir incidentalmente; a essência há-se ser retirada da compropriedade incidental e não da compropriedade voluntária; só é de compropriedade, mas é necessariamente de compropriedade, uma situação que tanto pudesse constituir-se incidental como voluntariamente e embora, na hipótese concreta, tenha sido constituída voluntariamente.

5 – Exercício em comum

Assim, quando o artigo 980.º caracteriza como objecto do exercício em comum "uma certa actividade económica, que não seja de mera fruição", e, portanto, deixa para a compropriedade a actividade económica que seja de mera fruição, tem em vista afastar do contrato de sociedade os casos em que a actividade consiste no simples exercício dos direitos sobre os bens postos em comum, de acordo com o conteúdo normal desses direitos. A actividade consistente em extrair, em proveito directo dos sujeitos, a utilidade que o bem pode fornecer não é objecto do contrato de sociedade; se duas pessoas põem em comum certas quantias em dinheiro, a fim de adquirirem para ambas um prédio urbano onde residam, há mera compropriedade do prédio.

As dúvidas começam a surgir quando se atenta na hipótese de (possível) compropriedade de bens produtivos. A aquisição por duas pessoas de um prédio rústico, destinado a fins agrícolas não supõe uma absoluta inactividade dos comproprietários, ou pelo menos reduzida à colheita de produtos selvagens, antes supõe uma actividade destinada a obter dele certo rendimento; discute-se se no momento em que os comproprietários decidem exercer essa actividade e por virtude de tal resolução foi criada entre eles uma sociedade, a qual não existiria se os comproprietários resolvessem, por exemplo, arrendá-lo.

Semelhantes são outras hipóteses de relevância teórica e prática: trespassado um estabelecimento para várias pessoas (não ligadas entre si por um prévio contrato de sociedade) e explorado directamente por essas pessoas, haverá compropriedade na sociedade? (também aqui é pacífica a existência de mera compropriedade se os adquirentes cederem a exploração do estabelecimento); a sucessão de várias pessoas no estabelecimento (individual) do *de cujus* não envolve só por si uma sociedade entre os sucessores, mas se estes mantiverem a exploração haverá sociedade enquanto essa situação não terminar (entendendo-se geralmente que não está abrangida na sociedade a manutenção da exploração apenas para efeitos de liquidação)?; se uma sociedade ceder a exploração do seu estabelecimento comercial ou industrial, passará a haver entre os sócios uma simples compropriedade?[3]

---

[3] Alguns destes problemas são já clássicos em Itália, tanto na jurisprudência como na doutrina; outros ganharam relevo no domínio do Código de 1942. Uns e outros são tratados nos livros mais recentes, com amplas referências bibliográficas: FERRI, 47 e segs.; GRECO, 89 e segs.; BOLAFFI, 112 e segs.; GRAZIANI, 9 e segs.; ROMANO-PAVONI, 152 e segs.; FERRARA, 190 e segs.

Separamos em primeiro lugar, as hipóteses de constituição voluntária e as hipóteses de constituição incidental da pluralidade de sujeitos, pois na segunda, pelo menos durante algum tempo, haverá mera compropriedade; por isso, em tal hipótese, os autores falam quanto muito numa transformação da compropriedade em sociedade, admitindo que tal situação não chegue a dar-se, se por exemplo for logo decidido liquidar ou arrendar o estabelecimento. Realmente, a constituição incidental afasta liminarmente a relação jurídica de sociedade, que só de contrato pode resultar; para a compropriedade (incidental) se transformar em sociedade (voluntária) será necessário intervir qualquer manifestação de vontade dos comproprietários. Afinal, porém, chega-se a um momento em que está em causa uma constituição voluntária de certo regime – sociedade ou compropriedade – diferindo apenas as hipóteses em que nalgumas existiu primeiramente uma indubitável compropriedade incidental.

A constituição voluntária da pluralidade de sujeitos pode revestir duas modalidades: ou se processa pela aquisição, por cada sujeito, de direitos iguais (em substância) sobre os bens, a actividade produtiva é mero ónus da frutificação desses bens e, portanto do exercício desses direitos – e há mera compropriedade; ou se processa pela contribuição com bens que pertenciam aos vários sujeitos e por eles são postos em comum para ......(*o exercício de uma actividade que não seja de mera fruição desses bens – e há uma sociedade*) [4].

---

[4] NOTA – O original encontra-se incompleto, terminando na frase "são postos em comum para", manifestamente inacabada. A frase entre parêntesis e em itálico foi introduzida ao proceder-se à revisão do texto para publicação, parecendo-nos que completa o raciocínio que o autor iniciara.

II – PERSONALIDADE JURÍDICA

II

PERSONALIDADE JURÍDICA

A questão de saber se as sociedades têm personalidade jurídica foi muito debatida no domínio do Código de 1867 e continuará a sê-lo no domínio do presente Código[5].

Para resolver, deve-se investigar antes de mais se existe preceito legal que <u>expressamente</u> ou confira ou recuse a personalidade.

---

[5] Durante o período de preparação do actual Código, houve várias tentativas para levar os autores do Projecto a tomar posição no problema, fazendo figurar na futura lei algum preceito que concedesse ou negasse a personalidade às sociedades civis. Aqueles autores entenderam sempre que o legislador não devia preocupar-se com o problema, porque:

a) a questão tem escasso interesse prático;

b) o legislador deve enfrentar questões práticas de regulamentação e não preocupar-se com problemas de dogmática jurídica;

c) o conceito de personalidade jurídica é de conteúdo variável, consoante os autores e as escolas;

d) é significativo o exemplo do legislador italiano, que pretendeu resolver o problema, mas os autores têm considerado essa tomada de posição como não vinculativa.

Sem discutir em pormenor estas razões, só admira que o legislador não tenha abandonado por completo a "dogmática" da personalidade colectiva e a tenha conferido a associações e fundações; dentro daquela concepção das funções do legislador, parece que deveria ter-se limitado a questões práticas de regulamentação, deixando à doutrina e à jurisprudência os problemas dogmáticos.

Se houver personalidade jurídica das sociedades civis no novo Código, ela resulta, portanto, do acaso dalgum preceito em que o legislador tenha, distraidamente, disposto por forma tal que necessariamente acarrete a personalidade.

No sentido do reconhecimento, poderia invocar-se o artigo 157.º, primeiro da Secção epigrafada "Disposições Gerais" do Capítulo "Pessoas Colectivas". As disposições desse Capítulo são aplicáveis às associações que não tenham por fim o lucro económico das associadas, às fundações de interesse social e ainda às sociedades, quando a analogia das situações o justifique; parece, pois, que as sociedades não podem deixar de ser pessoas colectivas, visto serem-lhe aplicáveis as disposições reguladoras das pessoas colectivas[6].

A aplicação das disposições do referido Capítulo é, no respeitante às sociedades, restringida pela frase final "quando a analogia das situações o justifique". A existência de tal restrição mostra apenas que o legislador não considerou a regulamentação contida no Capítulo II directa e ilimitadamente aplicável às sociedades; quando se pretenda saber se qualquer disposição daquele capítulo é aplicável às sociedades, começar-se-á por averiguar se a analogia das situações o justifica. O sentido da restrição não é, contudo claro.

Em primeiro lugar, esse sentido dependerá do sentido que, por sua vez, se atribuir à palavra "sociedades" no mesmo artigo: ou apenas as sociedades reguladas no Código Civil ou também as sociedades comerciais; no primeiro caso, o problema centra-se

---

[6] Quando falamos em reconhecimento ou atribuição expressa da personalidade temos em vista alguma declaração do legislador, pela qual ele indique directamente a existência (ou inexistência) de personalidade jurídica destas sociedades; é o que ele faz, para as sociedades comerciais, no artigo 107.º do Código Comercial.

A observação é conveniente para distinguir o factor cuja existência agora pretendemos averiguar e outro possível facto – a indução da personalidade através dos preceitos que concretamente constituem o regime jurídico destas sociedades. Com efeito, fala-se, por vezes, em reconhecimento expresso da personalidade para contemplar o segundo factor; por exemplo, o acórdão da Cour Cassation de 23 de Fevereiro de 1891, sobre o qual assenta em França a construção jurisprudencial da personalidade das sociedades civis, declara que os textos do Código Civil (nomeadamente dos artigos 1845, 1846, 1847, 1848, 1850, 1852, 1855, 1859, 1867) personificam a sociedade de maneira expressa. MOREAU, Soc. civ. 16.

apenas na personalidade das sociedades civis; no segundo caso, haverá que tomar em conta a indubitável personalidade das sociedades comerciais. É correcto o segundo entendimento, visto ser ilógico que o legislador, ao regular em geral as pessoas colectivas, tivesse excluído aquelas sociedades que indubitavelmente têm personalidade; o facto de as sociedades comerciais não serem reguladas pelo Código Civil não altera o raciocínio, visto o Código Civil conter a regulamentação geral de institutos fundamentais, que o Código Comercial especializa.

Em segundo lugar, deve esclarecer-se qual a <u>analogia</u> tida em vista e que pode ser a analogia genérica resultante da personalidade colectiva ou a analogia das situações concretas, independentemente da personalidade, sem qualquer destes entendimentos forçar a considerar pessoas colectivas todas as sociedades. No primeiro caso, haverá analogia justificativa da aplicação, quando as sociedades – as sociedades comerciais – tenham personalidade colectiva e nada se deduz sobre a personalidade ou não personalidade das sociedades civis; no segundo caso, chega-se ao mesmo resultado (ou falta de resultado) quanto ao problema da personalidade das sociedades civis, pois serão aplicáveis aqueles preceitos que não se dirigem a situações análogas, apesar de num dos termos de comparação haver e noutro não haver personalidade.

Embora para o problema agora considerado haja igualdade de resultados, é preferível o primeiro entendimento, por dar um sentido especial à invocação de analogia. Para o segundo entendimento, bastaria o artigo 10.º n.º 1. A <u>analogia de situações</u> especialmente exigida pelo artigo 157.º tem o alcance também especial de restringir <u>as sociedades</u> a que o capítulo é aplicável; só aquelas que tiverem personalidade e por isso se encontrem em situação análoga à das associações e fundações. Se essas são apenas as sociedades reguladas no Código Comercial ou também as sociedades reguladas no Código Civil, é problema para cuja solução aquele artigo nada contribui.

Preceito legal onde alguns autores têm visto a solução do problema, no sentido da personalidade jurídica das sociedades civis é o artigo 6.º do Código de Processo Civil; se as sociedades civis têm personalidade judiciária, parece que terão personalidade jurídica, em geral, por dois motivos: primeiro, porque a própria personalidade judiciária é, em si mesma, uma manifestação de personalidade jurídica geral; segundo, porque a personalidade judiciária supõe a titularidade de direitos e obrigações substantivos da própria entidade que em juízo será parte, quanto a eles.

A primeira parte dessa argumentação ter reduzido interesse. Concluir que as sociedades civis têm personalidade jurídica porque e na medida em que podem ser partes em juízo deixa por considerar a situação da sociedade quanto às relações substantivas e limita-se a repetir a declaração de personalidade judiciária contida no artigo 6.º do Processo Civil; porque as sociedades civis têm personalidade judiciária, têm personalidade jurídica, mas a personalidade jurídica das sociedades civis consiste apenas na sua personalidade judiciária.

Pode, contudo, a atribuição da personalidade judiciária marcar o início duma evolução no sentido da atribuição da personalidade substantiva. Com efeito, a personalidade judiciária é um expediente técnico de natureza e intuito semelhantes à atribuição da personalidade substantiva; nos dois casos reconhecem-se as vantagens de criar um processo técnico unificador de interesses de várias pessoas; as vantagens de considerar várias pessoas como uma só para a actuação em juízo são idênticas às resultantes de paralela unificação quanto a direitos ou obrigações substantivos. E daí resulta, como historicamente está provado, que a actuação unitária no domínio processual, além de aparecer com maior intensidade prática e, portanto, prioridade, preludia o gradual reconhecimento da unidade substantiva.

No estado actual do nosso direito, passar, porém, da declaração legal de personalidade judiciária para o reconhecimento da personalidade jurídica geral exige a incompatibilidade lógica entre a personalidade judiciária e a falta de personalidade substantiva. O artigo 6.º do Código Processo Civil demonstra, todavia o contrário; o legislador quis atribuir personalidade judiciária a realidades que não têm – e continuam a não ter – personalidade jurídica (geral). Primeiro, o número 2 do artigo 5.º distingue personalidade jurídica e personalidade judiciária em termos que não permitem considerar uma como simples manifestação ou sector da outra; o legislador junta as duas personalidades por soma e não por derivação: quem tiver personalidade jurídica tem (além disso) personalidade judiciária (e não uma ligação substancial entre ambas). Segundo, se as sociedades civis (e as outras realidades abrangidas pelo artigo 6.º) tivessem personalidade jurídica, o artigo 6.º era escusado, visto a personalidade judiciária das sociedades civis resultar já do n.º 2 do artigo 5.º. Poderia, talvez, pensar-se em atribuir ao artigo 6.º o carácter de mera explicitação, mas não só a epígrafe (Extensão da personalidade judiciária) repudia essa ideia, como parece mais natural, pela própria letra do artigo 6.º, atribuir-lhe essa intenção extensiva; repare-se designadamente em que estão colocadas a par das sociedades civis outras realidades, como a herança cujo titular ainda não esteja determinado, relativamente às quais a personalidade jurídica é aberrante.

Se a separação de personalidade judiciária e personalidade jurídica (substantiva) fosse juridicamente impossível, o artigo 6.º deveria ser pensado nessa conformidade e a atribuição da primeira acarretaria necessariamente a segunda. Tal separação não é, contudo, impossível; pode ferir o gosto de simetria jurídica, mas não é inconcebível. Nas relações substantivas, as obrigações e os direitos têm pluralidade de sujeitos ou o sujeito é indeterminado; quando a relação é deduzida em juízo, há uma unificação ou uma determinação: a sociedade é parte ou a herança é parte. Não há nessa separação maravilha maior do que a própria criação da personalidade jurídica.

Na falta de preceito legal que expressamente reconheça ou atribua personalidade jurídica às sociedades civis, a doutrina procura chegar a uma conclusão valendo-se dos preceitos legais que regulam concretamente essas sociedades[7].

---

[7] Já se dizia que o artigo 39.º do Código de 1867 inculcava terem as sociedades civis personalidade. O argumento baseado no artigo 39.º era menos forte do que o retirado do actual artigo 157.º, pois este expressamente sujeita as sociedades à regulamentação das pessoas colectivas, enquanto aquele as afastava.

Tais preceitos despertam em primeiro lugar argumentos de natureza terminológica; fazem-se sobressair todos os preceitos onde direitos ou obrigações aparecem ligados à sociedade, para fazer notar que tal ligação supõe a personalidade jurídica desta – direitos da sociedade relativamente aos sócios, direitos da sociedade relativamente a terceiros, obrigações da sociedade para com os sócios ou terceiros, tudo isso indica ser a sociedade um pessoa, titular desses direitos e obrigações.

Sucede, porém, que mesmo os mais acérrimos esgrimistas de tais argumentos são forçados a reconhecer que nem sempre a referida terminologia justifica aquela conclusão e, reconhecendo-o, destroem a força do argumento que residia na inequívoca (mas na realidade equívoca) nomenclatura legislativa. Por exemplo, no domínio do Código Civil de 1867, embora os mais acérrimos defensores da personalidade jurídica das sociedades civis, excluíssem da personalidade a parceria pecuária, o artigo 1316.º falava em animais da parceria, como nas outras sociedades civis se falava em bens da sociedade.

Acresce que a palavra sociedade, em si mesma, também não é unívoca, podendo significar a colectividade dos sócios, não personalizada.

Os argumentos de natureza substancial extraídos dos referidos preceitos tendem a mostrar que a regulamentação legal das sociedades (ou pelo menos alguns dos seus aspectos mais relevantes) só se coaduna com a personalidade jurídica destas. Tal argumentação para ser válida só pode, contudo, incidir sobre aspectos essenciais e característicos da personalidade; nenhum valor pode ter se o preceito em causa for igualmente enquadrável em construção jurídica diversa da personalidade. Donde, para aumentar razões e situando-se o dissídio fundamental quanto à natureza jurídica das sociedades civis entre a personalidade e a compropriedade de tipo germânico (Gesansthand), o problema consiste:

a) em determinar (na falta de disposição expressa atributiva ou negativa da personalidade) quais os elementos concretos decisivamente separadores dos dois institutos);

b) determinar se os elementos assim decisivos se verificam nas sociedades civis.

Personalidade jurídica

Para não dizer desde já que se trata de tarefa baldada, dir-se-á que se trata de tarefa difícil. Quanto mais a lei autonomizar um património, mais o aproximará da pessoa colectiva, concebendo--se uma situação tal que a autonomia seja do mesmo grau do da pessoa colectiva, salvo quanto a manter-se a ligação através da personalidade dos sujeitos, isto é, concebe-se que a autonomia seja idêntica, embora num caso o património pertença a várias pessoas e no outro pertença a uma pessoa jurídica. Se nas sociedades civis se chegar a tal situação, o problema fica reduzido a esta expressão simples: a diferença entre o património colectivo autónomo e a pessoa colectiva com património individual depende de expresso reconhecimento da personalidade jurídica[8-9].

O primeiro dos elementos reputados decisivamente diferenciadores consiste, segundo alguns autores em o património separado ser, nas pessoas jurídicas, sujeito de direitos e, nos outros casos, objecto de direitos[10].

Tal elemento nem é verdadeiro nem seria útil. Não é verdadeiro porque, nas pessoas colectivas, o património não é sujeito de direitos; é objecto de direitos da pessoa colectiva, a qual pode ter-se constituído para autonomizar um património, mas não é o

---

[8] No texto têm sempre e só sido consideradas duas possibilidades – pessoa jurídica ou não pessoa jurídica – o que por sua vez supõe no campo da personalidade apenas duas outras possibilidades:
  – ou pessoas físicas ou pessoas jurídicas (colectivas). Parte da doutrina admite porém, um grau intermédio constituído por sujeitos de direito que não são pessoas jurídicas (pessoas físicas, sujeitos de direitos não pessoas, pessoas jurídicas). Bibliografia actualizada em RIVOLTA, 57 e seguintes.

[9] É claro que só pode falar-se em autonomia patrimonial no caso de pessoa colectiva quando se abandonem os aspectos meramente formais. Formalmente, o património da pessoa colectiva é um património <u>distinto</u> do património de cada um dos associados, como <u>distinto</u> é o património duma pessoa física relativamente ao de outra pessoa física. Substancialmente, porém, o património da pessoa colectiva resulta da conjugação de elementos activos e passivos que, se não fora a construção técnica da pessoa colectiva, pertenceriam aos associados e nessa medida e para certo fim se autonomizaram.

[10] BOLAFFI, 238.

patrimónío. Dir-se-á talvez que se trata de um artifício técnico, mas parece mais curial dizer que se trata duma consequência necessária do instrumento técnico usado – personalidade jurídica. Não seria útil, porque, perante uma regulamentação concreta, ficaríamos sem saber se o património é sujeito ou objecto de direitos, a não ser que confiássemos exclusivamente na terminologia legal.

Outro elemento consistiria em simples separação de patrimónios funcionar apenas para certos efeitos jurídicos, enquanto para todos os outros efeitos os bens estão incluídos no património geral do ou dos titulares; na pessoa jurídica, haveria uma separação para todos os efeitos ou, por outras palavras, a personalidade serve para disciplinar "a situação jurídica na sua complexa entidade"[11]. Pondo-se agora de parte o próprio aspecto da titularidade dos bens – pois utilizando-o cair-se-ia numa petição de princípio – a distinção não se afigura certa, pois nos patrimónios autónomos pode encontrar-se também uma disciplina "da situação jurídica na sua complexa entidade"; tanto as relações internas como as relações externas, tanto a administração, como a disposição, como a responsabilidade.

Outro aspecto insistentemente focado por alguns autores é a organização da pessoa colectiva. Uns insistem na própria existência de órgãos[12]; onde há órgão, há pessoa colectiva, isto é, o órgão supõe necessariamente a pessoa colectiva, por conta daquela aquele quer e age.

Mesmo admitindo, teoricamente, esta premissa, resta, porém, saber se a sociedade civil tem órgãos, nesse sentido técnico. É evidente que a sociedade civil tem, por lei, uma organização; a dúvida consiste em saber se essa organização consiste num conjunto de órgãos, no sentido técnico jurídico acima usado. Ora, o novo Código Civil, como o anterior, manda aplicar à administração da compropriedade as regras da administração da sociedade

---

[11] *Idem*, 239.
[12] *Idem*, 239.

(artigo 1407.º); assente que a compropriedade não goza de personalidade jurídica, deve reconhecer-se:

- ou que a organização da sociedade não se faz por meio de <u>órgãos</u> naquele sentido técnico jurídico;
- ou que os <u>órgãos</u> não acarretam necessariamente a personalidade jurídica.

Em caso algum parece possível deduzir da organização da sociedade uma personalidade que se recusaria à compropriedade, identicamente organizada[13].

Outros autores colocam a característica diferencial da personalidade jurídica na necessidade da organização colegial e princípio majoritário; o ponto essencial não residiria na possibilidade mas sim na necessidade da organização majoritária, isto é, haveria pessoa colectiva quando a organização colegial fosse inderrogavelmente imposta por lei[14]. Tal critério conduziria a negar a personalidade às sociedades civis, mas não é critério atendível perante a nossa lei, onde há pessoas colectivas apesar de o princípio colegial ser meramente disponível – sociedades em nome colectivo, Código Comercial artigo 151.º e sociedades por quotas, artigo 36.º, tal como tem sido pacificamente interpretado.

Olhando aspectos mais parcelares da regulamentação das sociedades civis, quase todas as normas respectivas têm sido trazidas à colação, como igualmente poderão sê-lo as normas do nosso Código Civil. Tocando apenas alguns pontos mais importantes, tem-se dito:

a) que o artigo 2266 reconhecendo à sociedade a capacidade de adquirir direitos e assumir obrigações indubiamente lhes reconhece a titularidade de direitos e obrigações e portanto a qualidade de sujeito de direito, mas no nosso

---

[13] FERRI, 141 nota que o artigo 2266, correspondente ao nosso artigo 996, e os artigos seguintes não seriam necessários se a sociedade tivesse personalidade, tal como não existem artigos semelhantes para as sociedades de capitais, que indubitavelmente são pessoas jurídicas.

[14] GALGANO, *II princípio* 232 e seguintes.

Código, o artigo correspondente – 996.º – eliminou a frase "a sociedade adquire direitos e assume obrigações", o que reduz a força do argumento, embora não o afaste por completo, dado que, por meio da <u>representação</u> disposta naquele artigo 996.º, a sociedade há-de adquirir os direitos e assumir as obrigações; além disso e com maior importância, responde-se que essa norma pode ter significado igual referindo-se à sociedade como sujeito único ou do grupo dos sócios[15];

b) o regime das entradas para a sociedade implica alienação e cessões, que supõem diferenciação de sujeitos, mas pode responder-se que essa diferenciação tanto existe entre o sócio e a sociedade – pessoa jurídica como entre um sócio e todos os outros sócios, que se tornam contitulares dos bens;

c) o artigo 1000.º não admite compensação entre aquilo que um sócio deve à sociedade e o crédito dele sobre algum dos sócios, nem entre o que a sociedade deve a terceiro e o crédito que sobre este tenha algum dos sócios, regime explicável pela diferença de personalidade de sócio e sociedade, mas – responde-se – explicável também pela autonomia do património social que, destinado a certos fins, não pode ser afectado por responsabilidades diversas, como aconteceria se a compensação fosse possível.

---

[15] Respectivamente, GRAZIANI, 51 e FERRARA JR. 165.

III – NOME E FIRMA

1 – Nome

III

NOME E FIRMA

O artigo 19.º do Cod. Com. tanto na redacção primitiva como na que lhe foi dada pelo Decreto-lei n.º 19638 não deixa dúvida sobre a distinção entre o nome civil e o nome comercial ou firma dos comerciantes em nome individual. A redacção actual também vinca claramente que as sociedades comerciais – comerciantes nos termos do artigo 13.º – serão designadas, no exercício do seu comércio, sob um nome comercial, que constituirá a sua firma. Literalmente entendido, esse artigo deixa margem para que as sociedades não sejam necessariamente designadas pelo nome comercial ou firma, fora do exercício do seu comércio, como sucede aos comerciantes em nome individual.

Este paralelo com o comerciante individual constitui a base da teoria sustentada em Itália sobre a diferença entre o nome da sociedade e a *ditta* da sociedade. Não é fácil transpô-la para o nosso direito, tanto por falta de correspondência exacta das expressões usadas em Itália como pelas incertezas dos entendimentos dessas expressões italianas; nomeadamente, não é correcto traduzir *ditta* por firma, uma vez que *ditta* tanto abrange o sinal distintivo do empresário (*ditta* em sentido subjectivo) como o sinal distintivo da empresa (*ditta* em sentido objectivo) e, neste último caso, ainda alguns autores falam em *ditta* como o sinal distintivo duma empresa e outros como o sinal distintivo da *azienda*. Reportando-nos a uma formulação recente da referida teoria[16],

---

[16] COSTI, *Il nome della società*.

procuraremos ver se, afastados pormenores específicos do direito italiano, o núcleo daquela é válido entre nós.

O nome civil e a firma do comerciante em nome individual desempenham funções distintas, os direitos sobre eles têm natureza e gozam de protecções jurídicas diversas; respectivamente, temos funções gerais e funções identificativas apenas no exercício do comércio; um direito de personalidade e um direito sobre um bem imaterial; a tutela conferida pelo artigo 70.º do Código Civil e a tutela organizada pelo artigo 28.º do Código Comercial. O facto de nome e firma respeitarem a uma sociedade e não a um comerciante individual não altera nenhum desses factores. A *ragione sociale* (correspondente à nossa firma das sociedades em nome colectivo e em comandita) e a *denominazione sociale* (correspondente à nossa firma ou denominação doutros tipos de sociedades comerciais) são <u>nomes da sociedade</u>, correspondentes ao nome civil do comerciante individual; no exercício das suas actividades comerciais (em Itália, mais correctamente, empresariais), a sociedade pode usar uma *ditta* diferente do nome; isso sucederá quando a sociedade adquira uma empresa individual e utilize uma firma derivada ou quando exerça uma empresa por usufruto ou arrendamento, sendo nestes casos forçada a continuar o uso da firma (*ditta*) dessa empresa. Mesmo na *ditta* originária haverá, contudo, o paralelismo com o caso do empresário individual: a *ditta* social deve incluir o nome da sociedade, mas não tem de coincidir com ele. Finalmente, se a sociedade exerce mais do que uma empresa, terá um só nome mas poderá e até deverá agir sob várias *ditte*.

A base da teoria encontra-se na consideração da *ragione sociale* e da *denominazione sociale* como nomes da sociedade e não *ditte*, o que não é literalmente contrariado pelos artigos 2292 e 2326, os quais não contêm qualquer limitação ao exercício do comércio ou da empresa, dizendo o primeiro "a sociedade em nome colectivo age sob uma *ragione sociale* constituída pelo nome de um ou mais sócios com a indicação do vínculo social" e "a denominação social, formada por qualquer modo, deve conter a indicação de sociedade por acções". Sendo estes os nomes da sociedade, a *ditta* subjectiva das sociedades poderá ser formada à semelhança da *ditta* individual, nos termos do artigo 2563: a *ditta*, seja como for formada, deve conter pelo menos o cognome ou a sigla do empresário, salvo o disposto no artigo 2565 (transferência da *ditta*). Os artigos 21.º, 22.º e 23.º do nosso Código Comercial estão subordinados ao artigo 19.º e, portanto, a firma *stricto sensu* e a denominação constituem nomes comerciais, firmas em sentido lato, e não nomes correspondentes ao nome civil. A admitir que se distinguissem nome e firma social, passar-se-ia da firma, cuja constituição está disciplinada naqueles artigos, para a constituição do nome, que não está disciplinada em parte alguma. Ora, não é concebível que a lei tivesse permitido às sociedades comerciais a escolha absolutamente livre do seu nome.

Deste argumento não pode, contudo, concluir-se que nenhuma sociedade possa ter em nome; a firma como nome comercial, só existe para sociedades comerciais, sendo limitada pelo artigo 19.º ao nome comercial, a utilizar no exercício do comércio. As sociedades que não exerçam o comércio (ou que, por lei, não sejam equiparadas às comerciais, por adoptarem a respectiva forma) não têm nome comercial, firma, mas podem ter um nome (vide adiante, para as sociedades constituídas ao abrigo do Código Civil).

Nem se diga que o nome (distinto da firma) é indispensável para identificar a sociedade comercial nos actos por ela praticados que não tenham natureza comercial, como em Itália se diz, relativamente a actos que não tenham natureza empresarial, como os actos de beneficência e a aceitação de heranças e legados. A distinção nítida estabelecida pelo artigo 19.º quanto a actividades comerciais e não comerciais da pessoa que exerce o comércio em nome individual não se estende forçosamente nos mesmos termos às sociedades constituídas para o exercício do comércio, concebendo-se que esta utilize a firma, como sua única forma de identificação, mesmo naqueles actos muito excepcionais como os acima referidos.

A teoria criticada chama, porém, a atenção para dois problemas que utiliza para chegar à referida distinção entre nome e firma, mas que podem ser colocados apenas relativamente à firma. O primeiro consiste em saber se, no caso de aquisição por uma sociedade, de um estabelecimento comercial, pode continuar a geri-lo sob a mesma firma; o segundo consiste em saber se uma sociedade pode ter mais do que uma firma. Os dois problemas podem entrecruzar-se, mas vamos considerá-los separadamente, supondo, por hipótese, que a sociedade adquirente do estabelecimento ou empresa, não exerce qualquer outra actividade comercial.

Afirmou-se entre nós que "a aderência da firma ao estabelecimento implica que quem a tenha adquirido conjuntamente com o estabelecimento a use exclusivamente na exploração desse estabelecimento, e não na de quaisquer outros ou de diversas actividades"[17] Admite-se, portanto, a pluralidade de firmas, tanto para comerciantes individuais como para sociedades, desde que uma delas seja adquirida juntamente com o estabelecimento.

1 – Nome

Tanto entre os sócios como relativamente a terceiros, a sociedade civil necessita de identificação ou individualização; seja ela ou não seja pessoa jurídica, é indispensável distingui-la de todas as outras. Isso pode fazer-se pela descrição completa dos seus elementos subjectivos e objectivos, mas seria manifestamente incómodo proceder a essa descrição completa cada vez que houvesse necessidade de referência à sociedade: a sociedade contraída entre tais pessoas, em tal dia e tal lugar, com tal objecto e tais cláusulas. O nome evita esses incómodos. Mas – pode uma sociedade civil ter nome? Deve uma sociedade civil ter nome? Como pode formar-se o nome que a sociedade civil deva ou possa ter?

Deixámos acima em aberto o problema de saber se pode ter nome uma sociedade desprovida de personalidade jurídica; os defensores da tese da personalidade não encontram, com efeito, dificuldade em atribuir um nome a qualquer pessoa, mesmo uma

---

[17] Fernando Olavo, *Manual,* página 316.

sociedade civil (embora não lhes seja fácil resolver o problema contrário, de saber se todas as pessoas colectivas devem ter nome, mesmo quando sejam certas sociedades civis). A falta da personalidade é para alguns autores obstáculo irremovível ao nome dos agrupamentos desprovidos de personalidade; ao nome corresponde um direito ao nome, o qual por definição só pode existir quando tenha um titular, o qual neste caso e também por definição, falta. Para outros, o obstáculo remove-se, distinguindo personalidade e subjectividade e declarando esta suficiente para que o sujeito tenha direito ao nome, como pode ter outros direitos e deveres. Para outros ainda, o nome dos agrupamentos não personificados não é um verdadeiro nome, mas por exemplo, um pseudónimo que os associados usam nas suas relações de associação não personificada.

Começamos por notar que, além dos motivos de ordem geral que condenam a distinção entre personalidade e subjectividade, a distinção entre estes dois conceitos não chegaria para resolver o problema agora discutido. A distinção abriria o caminho para ser possível atribuir aos sujeitos não personificados um direito ao nome, caso se chegasse à conclusão de que o <u>nome</u> (e o respectivo direito) é um atributo não só de pessoas mas também de meros sujeitos não personificados; como esta prova não está feita, prejudicada fica aquela conclusão. Partindo, por exemplo, do artigo 72.º do nosso Código Civil – n.º 1: toda a pessoa tem direito de usar o seu nome, completo ou abreviado, e a opor-se a que outrém o use ilicitamente para sua identificação ou outros fins – a tese da subjectividade terá de demonstrar que:

a) um grupo não personificado tem <u>um seu nome</u>;
b) que a palavra pessoa não está usada em sentido próprio, mas para abranger qualquer agrupamento personificado ou só dotado de subjectividade.

A tese contrária encontra também um embaraço lógico; dá como implícito não poder haver nome sem um direito ao nome e da impossibilidade do direito, por falta de pessoa titular dele, conclui pela impossibilidade do nome, mas não demonstra a premissa implícita; ora, não é inconcebível que exista um nome sem uma protecção consistente num direito ao nome (consubstanciando neste o regime jurídico, seja qual for, da normal protecção jurídica do nome), a não ser que indemonstradamente apenas se considere nome aquele meio de identificação sobre o qual recaia o indicado direito, isto é, que necessariamente se faça coincidir nome, direito ao nome e titularidade deste direito na pessoa identificada pelo nome.

A terceira teoria, na modalidade de considerar como pseudónimo dos associados o nome de agrupamentos não personificados, como as associações não reconhecidas tem sido criticada como artificiosa, por esquecer que cada grupo social é uma realidade autónoma dos associados singulares, o mesmo acontecendo ao nome social, e como contrária ao direito positivo, por levar à consequência de a defesa do nome social só poder ser feita pelos associados, titulares do direito ao pseudónimo, e não pelos órgãos sociais. Adiante voltaremos a estas críticas.

Colocado o problema no campo do direito ao nome, não basta saber se a entidade a quem o nome é atribuído pode ser titular de um direito, independentemente da natureza deste, mas também se pode ser titular de um direito com a natureza reconhecida ao direito ao nome. Qualificado o direito ao nome como um direito da personalidade (em contraposição a outras teorias, como a do direito de propriedade ou como uma instituição de polícia civil), é preciso que a realidade a que se ligam o nome e o seu direito sejam susceptíveis de possuir um direito de personalidade; confessamos não compreender como um direito de personalidade possa pertencer a algo que não seja pessoa, mesmo que, na construção que não aceitamos, seja dotada de subjectividade. Fica, pois, o problema reduzido ou à possibilidade de um nome que não seja susceptível de natureza jurídica idêntica à do nome das pessoas ou à atribuição da tutela jurídica do nome do grupo não a este, mas às pessoas que o formam, como direito de personalidade destas.

A conjugação das duas alternativas conduz a resultados satisfatórios. Não se trata de qualificar directamente o nome do grupo como pseudónimo dos agrupados, mas, partindo do pseudónimo, chegar ao reconhecimento do <u>nome colectivo</u>. O pseudónimo mostra que um meio de identificação diferente do nome é susceptível de obter a protecção conferida ao próprio nome (artigo 74.º), sem no entanto ter – pelo menos segundo a doutrina dominante – a natureza de direito de personalidade. Normalmente, o pseudónimo é de uso individual, mas não é irreal o uso conjunto de um pseudónimo, como por exemplo dois escritores, sob o mesmo pseudónimo, colaborarem na mesma obra literária. O nome colectivo é o nome do grupo, ao qual não pode deixar de ser reconhecida realidade social, mas juridicamente não pertence ao grupo como pessoa, mas a todas as pessoas que actuam em grupo. Tal como o pseudónimo, não é objecto dum direito de personalidade, mas isso não impede que, à semelhança do pseudónimo, seja protegido juridicamente em condições análogas à do nome. A protecção pode ser exercida pelos chamados órgãos sociais e não deve forçosamente ser exercida pelos verdadeiros e directos titulares do referido direito, da mesma maneira que aos referidos órgãos sociais compete realizar e defender os interesses – entre os quais se conta a protecção do nome – das pessoas que formam o agrupamento e dentro das finalidades deste.

O nome da sociedade civil não é a sua firma. Todo o comerciante – diz o artigo 19.º do Código Comercial – será designado, no exercício do seu comércio, sob um nome comercial, que constituirá a sua firma. Estando as sociedades civis limitadas a actividades económicas não comerciais, não devem ter nem podem ter nome comercial ou firma.

Não existe outro preceito que force as sociedades civis a terem nome. Essa necessidade imperativa só poderia resultar, portanto, da própria natureza das coisas, ou seja, extrair da própria existência do grupo a necessidade de ele ter nome. Esse raciocínio só seria, porém, certo se não houvesse outros meios de identificação da sociedade civil sem ser o nome. Aqui se insere, porém, uma questão, que julgamos meramente de palavras, ligada à formação do nome da sociedade civil e que adiante versaremos, reservando-nos para então voltarmos ao problema da obrigatoriedade do nome.

44 *Apontamentos sobre Sociedades Civis*

Quer o nome da sociedade civil seja obrigatório ou facultativo, o total silêncio da lei quanto àquele nome, leva a inquirir como pode ser formado o nome da sociedade civil. Duas orientações têm sido adoptadas: ou a liberdade de escolha do nome ou a aplicação analógica das normas reguladoras da firma de sociedades de pessoas (em nome colectivo e em comandita).

A aplicação analógica das normas reguladoras da firma das sociedades de pessoas importaria as seguintes consequências: não poderia existir um nome de sociedade civil formado por "denominação social (Código Comercial artigo 23.º), mas apenas por firma stricto sensu (Código Comercial artigo 21.º); o nome deve conter pelo menos o nome de um sócio ilimitadamente responsável; deve compreender a menção do vínculo social; não pode ser constituído com o nome de um estranho ou de um sócio cuja responsabilidade seja limitada; pode, em certas condições, manter o nome de um sócio defunto ou saído da sociedade.

Algumas destas consequências resultam também de princípios gerais, dos quais os preceitos relativos às sociedades em nome colectivo são meras aflorações. Está nesse caso a menção do vínculo social; seria falso e lesivo de interesses de terceiros dar a uma sociedade um nome puro e simples de pessoa individual; assente esse corolário do princípio da verdade, deve ir-se adiante e exigir que a menção do vínculo social seja feita por modo que não admita confusão com outro tipo de sociedade; por exemplo, Manuel Ricardo & Companhia satisfaz a exigência de menção do vínculo social, mas confunde-se com a firma duma sociedade em nome colectivo, com possível engano para os credores, não só pela diferença de objecto social como pela responsabilidade dos sócios que, na sociedade em nome colectivo é ilimitada para todos os sócios, enquanto na sociedade civil pode haver limitação de responsabilidade pessoal dos sócios. Aproveitando-se para o nome da sociedade civil o nome de sócios, haverá, pois, que indicar o carácter civil da sociedade.

Também em homenagem ao princípio da verdade, não podem ser incluídos no nome da sociedade civil os nomes de pessoas que não sejam sócios. Quanto aos nomes de pessoas que sejam sócios, deve tratar-se do nome civil e não do nome comercial ou firma, uma vez que a sociedade civil não se inclui no exercício do comércio daquelas pessoas.

A analogia requerida pela doutrina acima citada manifestar-se-ia sobretudo na necessidade de incluir no nome da sociedade o nome de pelo menos um sócio ilimitadamente responsável, excluindo consequentemente as denominações totalmente de fantasia. Contra essa analogia não pode argumentar-se, no nosso direito positivo com a possibilidade de nenhum sócio assumir responsabilidade ilimitada, pois o artigo 997.º n.º 3 não deixa margem para tal possibilidade. O problema consiste realmente em saber se existe ou não analogia e a resposta tem de ser negativa. Procurando um denominador comum na formação das firmas de sociedades em nome colectivo e de sociedades em comandita, encontra-se a inclusão na firma de pelo menos um sócio de responsabilidade ilimitada; na sociedade em nome colectivo, porque todos o são; na sociedade em comandita, porque a lei o impõe (Código Comercial artigo 22.º). O exemplo da sociedade em nome colectivo não serve porém para o nosso caso, pois resulta da inevitabilidade da menção do nome duma pessoa que está em condições idênticas à de todas as outras. O exemplo das sociedades em comandita também não é útil, pois a inclusão do nome dum sócio ilimitadamente responsável é necessariamente acompanhado de um aditamento que indique a existência de sociedade em comandita, o qual na sociedade civil é impossível por importar confusão com as sociedades comerciais em comandita, ou por fornecer uma indicação falsa, quando todos os sócios fossem ilimitadamente responsáveis.

Os autores que aprovam essa analogia entendem também que ela conduz a uma cláusula atípica em que o nome é organizado de harmonia com os referidos preceitos ou que, faltando essa cláusula, o nome da sociedade se constrói pela junção do nome de todos os sócios. Nalguns casos esta construção será virtualmente impossível pelo número de sócios, mas noutros casos, em que os sócios sejam poucos, seria viável. Os nomes de todos os sócios não constitui, porém, salvo quando voluntariamente escolhido esse método, um nome da sociedade, mas um meio de identificação diferente do nome e que pode até ser incompleto, caso existam outras sociedades entre os mesmos sócios. Voltando ao problema acima deixado em aberto, esta hipótese prova que a adopção do nome não é o único meio de identificação e que, portanto, não é forçosa a adopção de um nome da sociedade.

Repudiada a analogia, o nome da sociedade pode formar-se por qualquer maneira que respeite os princípios gerais, designadamente a verdade e a novidade. Pode incluir nomes de sócios, quer ilimitadamente quer limitadamente responsáveis; esta última hipótese é possível, por não haver preceito semelhante ao artigo 22.º § único do Código Comercial, nem ele ser necessário; vincado no nome o carácter civil da sociedade, os terceiros devem saber que os respectivos sócios tanto podem ter responsabilidade limitada como ilimitada, conforme entre eles tenha sido pactuado. Uma vez admitida a inclusão no nome da sociedade dos nomes de sócios de responsabilidade limitada, não há motivo algum para exigir sempre a inclusão dalgum nome de sócio, podendo o nome consistir numa denominação de fantasia, como sucede com a firma *lato sensu* de sociedades comerciais de responsabilidade limitada.

IV – CONTRATO DE SOCIEDADE

1 – Bilateralidade e plurilateralidade
2 – Forma
3 – Modificação do contrato

IV

CONTRATO DE SOCIEDADE

1 – Bilateralidade e plurilateralidade

O artigo 1420 do Código Civil italiano tem a epígrafe "nullità nel contratto plurilaterale"; o contrato plurilateral está mencionado também nas epígrafes dos artigos 1446.º, 1459.º e 1466.º. Estes três últimos artigos reportam-se, no seu texto, "aos contratos indicados no artigo 1420", o qual indica "os contratos com mais de duas partes, em que as prestações de cada uma são dirigidas à consecução dum escopo comum". Chamando, provisoriamente, contrato plurilateral ao contrato que revista os dois requisitos previstos no artigo 1420, daqueles quatro artigos resulta uma independência possível entre as posições dos vários contraentes, de modo que circunstâncias que afectem uma delas não afectam necessariamente todas as outras. A nulidade, a anulação, a falta de cumprimento, a impossibilidade da prestação ocorridas quanto a uma das participações não importam nulidade, anulação, rescisão de todo o contrato, salvo se essa participação dever considerar-se essencial, segundo as circunstâncias.

A categoria do contrato plurilateral tinha sido, antes do Código de 1942, elaborada principalmente por Ascarelli para explicar estrutural e funcionalmente o contrato de sociedade, não só firmando a sua natureza contratual, como situando-o em contraposição aos contratos bilaterais ou de "scambio". Em sucessivos escritos e tentando refutar as críticas provocadas pela sua concepção, Ascarelli determina os conflitos de interesses existentes entre as partes do contrato de sociedade, tanto no momento da sua conclusão como durante o seu funcionamento (por exemplo, conseguir com um mínimo de contribuição para a sociedade um máximo direito a lucros); justifica a qualificação como contrato pela existência e convencional composição desses conflitos de interesses; distingue o contrato plurilateral pela possibilidade de ter mais de duas partes e pelo fim comum que todas as partes se propõem, o qual justificaria chamar à categoria, se assim se preferir, contrato de organização.

A nítida afirmação da natureza contratual da sociedade opunha-se à concepção de Messineo, da sociedade como um acto complexo, a que mais tarde chamou acto colectivo, entendido como um conjunto de manifestações de vontade paralelas e não contrapostas, nenhuma das quais serve de contrapartida da outra, pois todas se fundem ou pelo menos somam para a realização do objectivo comum.

Depois do artigo 1420 do novo Código Civil italiano é, pelo menos, inegável que o legislador considera contrato um acto em que intervenham mais de duas partes (em sentido técnico, não apenas mais de dois sujeitos) e em que estas efectuem prestações para a realização dum escopo comum; pode discutir-se se estas características são bastantes para definir um tipo contratual autónomo (o contrato plurilateral), pode duvidar-se da relevância das duas citadas características, nomeadamente depreciando a primeira, pode tentar-se construir a estrutura do contrato plurilateral à semelhança do chamado acto colectivo, pode ser debatida a extensão do contrato plurilateral, mas só afastando totalmente os dados legislativos poderá ser recusada aos actos citados natureza contratual.

Apesar disso e pelos reflexos noutros campos, convirá apreciar o argumento da coincidência ou conflito de interesses. A imagem da sociedade isenta de conflitos de interesses, na sua formação e na sua vida, é irreal. O contrato de sociedade, como os outros contratos, realiza uma composição voluntária de interesses em conflito; ao constituir a sociedade, cada parte procura uma satisfação máxima do seu interesse individual em detrimento dos interesses das outras partes, até se encontrar o ponto de equilíbrio que permite o contrato. Ao contrário, porém, do que sucede na generalidade dos contratos, no de sociedade, os conflitos de interesses não ficam, pelo contrato, definitivamente resolvidos; sem dar a estas palavras sentido técnico, o contrato de sociedade é incompleto e evolutivo, necessitando de futuros actos dos sócios para se realizar plenamente e sendo esta realização influenciada pelas novas circunstâncias que o tempo faz surgir; os conflitos de interesses ressurgem ou surgem de novo, até ao momento final em que definitivamente os sócios se separem.

Se a coincidência dos interesses, em vez do conflito, teria como corolário o paralelismo das vontades, em vez do seu cruzamento, deverá concluir-se que as vontades não são paralelas mas cruzadas. Deixo aqui apenas este apontamento, pois o assunto será desenvolvido a propósito do chamado interesse social.

Outro argumento da tese anti-contratualista assenta na constituição sucessiva das sociedades anónimas; na tramitação desta chega-se a uma assembleia em que a sociedade se haverá por constituída se a maioria dos subscritores presentes, exceptuando os fundadores, concordar na constituição definitiva da sociedade; os contratos não podem formar-se por maioria dos contraentes. A este argumento pode responder-se que seria tão estranho um contrato formar-se por maioria como um acto colectivo dispensar a totalidade das vontades paralelas; por outro lado, é inconcebível que uma sociedade se forme sem ter havido concordância de todos os sócios; logo, o problema não consiste em negar a natureza contratual da sociedade por, na citada hipótese, faltarem manifestações de vontade de sócios, mas em explicar o mecanismo da formação sucessiva da sociedade anónima de modo a ressalvar a manifestação da vontade de todos, apesar da maioria que pode deliberar a constituição definitiva.

A tese anti-contratualista apresenta uma modalidade atenuada, que aceita o contrato quando a sociedade não é dotada de personalidade jurídica, mas não aceita que um contrato possa constituir uma pessoa colectiva. Independentemente de argumentos de texto que contra a tese poderiam ser aduzidos (o nosso Código Comercial fala muitas vezes em contrato social, apesar da personalidade jurídica de todas as sociedades comerciais).

Ainda na fase de construção doutrinária, à concepção do contrato plurilateral foi oposto que um contrato precisamente com o mesmo conteúdo podia ser celebrado entre duas partes e, por definição, não seria pluralidade, mas este facto condenava a categoria, cuja definição não deveria resultar de um elemento meramente acidental, o número de partes que efectivamente em cada caso e momento ele tivesse. Respondia-se que a característica essencial não residia no número efectivo de partes mas na possibilidade de ter ou vir a ter mais de duas partes; a sociedade entre dois sócios, inicialmente ou por resolução posterior, continua a ser sociedade e contrato plurilateral, por, sem alteração de estrutura, pode ter mais de dois sócios, bastando esta característica para distinguir o contrato plurilateral de todos os outros contratos, nos quais as partes nunca podem exceder duas.

Na fase seguinte, assente em dados legislativos, o problema do número de partes continua a colocar-se para saber se aos contratos com duas partes são aplicáveis os preceitos que expressamente regulam certos aspectos do contrato plurilateral, se um contrato inicialmente concluído entre duas partes pode tornar-se plurilateral, se um contrato inicialmente concluído como plurilateral perde a sua natureza quando (precisamente por terem actuado preceitos reguladores da plurilateralidade) fica reduzido a duas partes. Sem entrar na discussão detalhada de tais problemas – cujas soluções são, contudo, intuitivas: respectivamente, esses preceitos não podem aplicar-se quando haja apenas duas partes, pois passaria a haver apenas uma parte; o contrato pode tornar-se plurilateral, por adesão de novos contraentes; o contrato mantém a sua natureza, desde que esta consista na possibilidade de existirem mais de duas partes – importa colocar devidamente a questão essencial: ou a pluralidade de partes não é elemento essencial da categoria, a qual se definirá apenas pelo segundo requisito, a comunidade de escopo; ou a pluralidade de partes tem um papel importante a desempenhar. O nome da categoria de contratos – plurilateral, de organização, com comunidade de escopo – pouco interessa.

A plurilateralidade é importante como explicação da estrutura dos contratos em que haja mais de duas partes. Assente a natureza contratual destes actos e repudiada a teoria do acto colectivo; verificada a possibilidade de nesses contratos figurarem mais de duas partes – e até a normalidade dessa hipótese – pode perguntar-se como nos contratos com três ou mais partes, estas se ligam entre si. Uma tese sustentada em oposição à do contrato plurilateral afirma a existência de múltiplas relações (contratos) bilaterais, coligadas mas não unificadas; cada sócio, por exemplo, estabeleceria uma relação bilateral com cada um dos outros sócios e o conjunto de todas essas relações seria a "sociedade". Este esfacelamento do acto de constituição e das subsequentes relações de sociedade são irreais. O contrato plurilateral fornece uma visão mais real do fenómeno, apresentando um acto unitário de todas as partes, do qual nascem relações de cada um com todos[18-19].

---

[18] ASCARELLI, *Il contratto plurilaterale*, nos Saggi Giuridici, Milano 1949, págs. 259 e segs; ASCARELLI, *Noterelle critiche in tema di contratto plurilaterale*, Riv. Dir. Com. 1950, I, 265; CARNELUTTI, *Occhio ai concetti*, Riv. Dir. Com. 1950, I, 450; FERRI, *La società comme contratto*, nos Studi in memoria di F. Ferrara, Milano, 1943, I, pág. 263: FERRI, *Contratto plurilaterale*, no Noviss. Dig. Ital.; MESSINEO, *La struttura della società e il cosidetto contratto plurilaterale*, Riv. Dir. Civ. 1942, paág. 4 e segs.; MESSINEO, Enc. Giur., *Contratto plurilaterale*; FERRO-LUZZI, *I contratti associativi*.

[19] Discute-se se a categoria dos contratos plurilaterais se esgota nos contratos associativos ou excede estes. A primeira opinião é sustentada por FERRI, Noviss. Dig. Ital. pág. 680: "Se, como eu penso, a não influência do desaparecimento duma participação singular essencialmente depende da diversa relação que subsiste entre prestação e realização do interesse individual, isto é, do facto de esta relação não ser directa, mas passar através do diafragma da actividade comum, fornecendo-se com a prestação os meios necessários para o seu desenvolvimento, a fórmula legislativa assume um alcance preciso e coincide com a dos contratos associativos"; ficarão abrangidos o contrato de sociedade, os contratos de associação em geral e os consórcios. A segunda opinião inclui nos contratos plurilaterais, além dos citados, o contrato de divisão, os cartéis, os sindicatos de accionistas e o jogo ao totalizador. Por sua vez, MESSINEO, Enc. Giur. pág. 150, fiel à sua crítica ao contrato plurilateral, baseada na possibilidade de contratos apenas com duas partes, entende que o art. 1420.º não se refere ao contrato associativo, mas sim ao contrato associativo com mais de duas partes e consequentemente nega a coincidência das categorias, ficando fora dos contratos plurilaterais os contratos associativos com duas partes.

O segundo requisito da aplicação do artigo 1420.º cod. civ. italiano e daqueles que se lhe reportam é sintetizado pela doutrina como "comunhão de escopo"; o artigo diz que as prestações de cada uma das partes são dirigidas à consecução dum escopo comum, mas pode entender-se que, se as prestações são dirigidas à consecução dum escopo comum, as partes têm e manifestam a vontade de realizar um escopo comum. A ideia de um escopo comum, característica diferencial duma categoria de contratos, não é, porém isenta de dificuldades.

Diz-se, com efeito, que em todos os contratos tem de haver um escopo global comum, sob pena de não chegar a haver concretamente contrato e abstractamente figura de contrato, ficando as vontades para sempre desencontradas. Contra-argumenta-se mostrando que nos contratos ditos com comunhão de escopo se verificam características específicas, a saber, segundo o resumo de Graziani:

a) o acontecimento que satisfaz os interesses de todos os contraentes é único (nas sociedade, o exercício em comum da actividade económica que forma o objecto do contrato), enquanto que nos contratos cumutativos o acontecimento que satisfaz o interesse duma das partes é diverso do acontecimento que satisfaz o interesse da outra (na compra e venda, o interesse do comprador é satisfeito pela transferência da propriedade da coisa, o interesse do vendedor é satisfeito pela transferência da propriedade do preço);

b) nos contratos com comunhão de escopo as prestações dos contraentes podem ser do mais diverso valor, enquanto que nos contratos cumutativos devem apresentar-se numa relação de equivalência, pelo menos aproximada;

c) nos contratos com comunhão de escopo o conteúdo das prestações dos contraentes é indiferente, contando que seja idóneo para a realização do escopo comum, e pode coincidir com o conteúdo das prestações dum contrato cumutativo; enquanto que nestes as prestações têm um conteúdo típico invariável, pois a sua troca caracteriza o contrato;

d) nos contratos com comunhão de escopo, todos os contraentes encontram a contrapartida da sua própria prestação na participação no resultado útil obtido através da associação das prestações, donde pode dizer-se que a prestação de cada contraente é realizada não só para a satisfação do interesse dos outros contraentes, mas também para a satisfação do interesse próprio; enquanto nos contratos cumutativos cada contraente encontra a contrapartida da própria prestação na prestação da outra parte, e a prestação de um é realizada exclusivamente para a satisfação de um interesse do outro.

A enumeração transcrita faz ressaltar alguns pontos inegáveis, mas deixa ainda margem a dúvidas. Por um lado, dir-se-ia que contradiz as considerações feitas para demonstrar a natureza verdadeiramente contratual destes actos, desvanecendo os interesses individuais e respectivo conflito; por outro lado, é ambígua quanto à indicação do escopo em que todas as partes comungam. Por isso, alguns autores precisam que os contraentes comungam num escopo-meio para a realização dum interesse individual, isto é, dirigem as suas prestações à realização em comum duma actividade de cujos resultados derivará a satisfação do interesse de cada um. Deste modo, porém, o escopo comum fica degradado a simples <u>meio</u> ou <u>instrumento</u>, atraiçoando-se talvez a colocação inicial do problema, pois a comparação entre as duas espécies de contratos deixa de ser feita no mesmo plano; nos contratos cumutativos atende-se ao momento final da satisfação dos interesses individuais, enquanto nos contratos com comunhão de escopo se atende a um momento intermédio, a um instrumento que em si mesmo − e ao contrário do que poderia depreender-se dos termos da contraposição − nenhum interesse satisfaz.

Sobre o carácter instrumental da actividade comum, insistiremos adiante; agora apenas nos importa acentuar que ou a sua própria existência chega para caracterizar uma categoria de contratos − faceta que não pode ser excluída, visto não existir nos contratos cumutativos − ou, caso não chegue, também será insuficiente para o efeito a comunidade de escopo reportada a essa actividade instrumental.

O interesse individual de cada sócio só é satisfeito pela apropriação do lucro produzido pela actividade social. As prestações dos sócios dirigem-se a um escopo comum: o lucro, a produzir pela actividade combinada. Para esse fim são juntas as prestações e é organizada a actividade; a comunidade do escopo resulta da reunião de meios que, isoladamente, não seriam capazes de produzir o lucro (ou o mesmo lucro); o lucro é, pois, um escopo necessariamente comum.

Nem se diga que esta construção sofre do defeito apontado ao escopo-meio, actividade social, sendo o lucro ainda um meio e sendo o interesse individual satisfeito apenas quando, pela partilha, a cada sócio for atribuída singularmente uma parcela dele. Desde que o lucro existe, casa sócio participa nele, na proporção convencionada e o seu património está correspondentemente enriquecido; a divisão ou partilha não altera a consistência do lucro comum ou individual.

O nosso Código Civil não reproduziu os quatro artigos do Código italiano relativos ao contrato plurilateral; nomeadamente, tendo o nosso artigo 292.º tratado, sob a epígrafe "redução", do mesmo problema de que o 1419 italiano se ocupa sob a epígrafe "nulidade parcial", não aparece depois preceito semelhante ao artigo 1420. Não há, pois, em Portugal uma consagração legislativa do "contrato plurilateral", mas como os problemas resolvidos pelo legislador italiano nos quatro artigos referentes ao contrato plurilateral tanto podem colocar-se em Portugal como em Itália, deve investigar-se se a solução italiana dos referidos problemas é aceitável entre nós e se, para sintetizar e imputar esse regime, é possível construir doutrinariamente a figura do contrato plurilateral.

Pode-se começar por um problema de texto. O artigo 292.º Cod. Civil, ao dispôr que a nulidade ou anulação parcial não determina a invalidade de todo o negócio, salvo quando se mostre que este não teria sido concluído sem a parte viciada, abrange a hipótese de o vício determinante da nulidade ou anulabilidade incidir sobre uma parte do conteúdo do contrato – uma cláusula contratual – e tem sido aplicado pela doutrina também à hipótese de o vício incidir sobre uma parte do objecto contratual. Será também aplicável a uma das participações, pelo menos quando o contrato tenha mais de duas partes? Contra a analogia das hipóteses, pode invocar-se a circunstância de o Código italiano as ter tratado separadamente nos dois artigos acima citados, mas o argumento improcede quando se repare em que o artigo 1419 estabelece a regra contrária à do nosso artigo 292.° – "a nulidade parcial de um contrato ou a nulidade de cláusulas singulares importa a nulidade de todo o contrato, se resulta que os contraentes não o teriam concluído sem aquela parte do seu conteúdo que é ferida de nulidade" – enquanto o artigo 1420 pode, pelo seu conteúdo, aproximar-se do nosso artigo 292.°. Assim, a redução do negócio é regra no nosso direito, enquanto a regra no direito italiano é a nulidade total; a nulidade parcial nos contratos plurilaterais, que é excepção no direito italiano coincide com a regra da redução vigente em Portugal. Donde pode concluir-se que os motivos que em Itália fazem atribuir ao contrato plurilateral um regime excepcional devem funcionar no nosso país para não os afastar da regra.

Esses motivos são os que fundamentam toda e qualquer redução do negócio jurídico. Ou se atende globalmente a tudo quanto as partes contratam e não pode admitir-se a subsistência do negócio quando alguma porção dele deva desaparecer, porque a vontade das partes quis tudo e só esse tudo efectiva o interesse das partes ligadas pelo negócio, ou se admite que a destruição total do negócio contraria em vez de realizar a vontade das partes, pelo menos quando se consiga provar que a porção amputada não determinou essencialmente a vontade das partes. Aceitando-se esta segunda alternativa, isto é, dando-se prevalência à conservação do negócio jurídico, não parece dever ela ser limitada às amputações de conteúdo ou de objecto; se existirem negócios relativamente aos quais o problema possa ser posto noutro plano, serão idênticas as razões para o conservar. Ora, se nos negócios em que haja apenas duas partes, cujas prestações se cruzam, a amputação não pode respeitar à participação total de um dos contraentes, noutros negócios esta segunda hipótese é possível; a participação de um sócio de sociedade contraída entre cinco pessoas é nula – porquê destruir totalmente a sociedade, caso para os outros quatro não seja essencial a participação do quinto?

Repita-se a mesma pergunta para o caso de rescisão do contrato por falta de cumprimento de obrigações dum sócio ou por impossibilidade da mesma prestação, se os outros quiserem continuar em sociedade, pois teriam concluído a sociedade, mesmo que o primeiro nela não tivesse participado? Forçar à destruição total do negócio só poderia justificar-se por a lei não conceber a saída dum sócio sem a sociedade terminar, mas o nosso Código prevê a dissolução parcial, isto é, limitada a um sócio, por morte, exoneração ou exclusão. No plano do Código Civil, não se vê, portanto, motivo para a nulidade, anulação ou resolução total do contrato, por factos ocorridos apenas quanto a um sócio.

Noutra altura direi que não julgo transportáveis pura e simplesmente para as sociedades comerciais os preceitos que no Código Civil regulam a dissolução parcial, ou limitada a um sócio. No entanto, mesmo nas sociedades comerciais há fortes indícios de que a sociedade pode manter-se mesmo quando, por força de princípios gerais de contratos, poderia ter ocorrido o termo global; basta lembrar que, tanto para as sociedades anónimas como para as sociedades por quotas, a lei criou um regime para o inadimplemento da obrigação de contribuir que não força à resolução do contrato, antes permite conservá-lo.

Não havendo, contudo, na nossa lei, um conjunto de preceitos que estabeleçam um regime orgânico dos contratos com pluralidade de partes e comunidade de escopo, nada adianta qualificar o contrato de sociedade como contrato plurilateral quando, por essa qualificação, se pretenda determinar globalmente um regime legal. Em vez, portanto, de se partir duma categoria legal, com regime próprio, de contrato plurilateral, para esclarecer o regime legal do contrato de sociedade, a pluralidade pode sintetizar a estrutura e certos aspectos do regime de contrato e, porventura, a partir dessas características tentar construir um conceito de contrato plurilateral, que abarque outros contratos.

O nosso artigo 980.º começa "Contrato de sociedade é aquele em que...", afastando-se, portanto, do artigo 2247 cod. civ. ital. de 1942, cujas palavras iniciais são "Com il contratto di società due o più persone...", diverso do artigo 1697.º cod. civ. italiano de 1865, iniciado pelas palavras "La società è un contratto...". Na diferença entre o velho e o novo artigo italianos, alguns autores vêem o reconhecimento legislativo da maior complexidade actual do fenómeno societário e a prevalência que o elemento organizativo tomou sobre o elemento negocial. O novo Código não diz que a sociedade é um contrato, deixando margem para que ela seja mais alguma coisa, embora afirme claramente a existência dum contrato de sociedade. O Código português, além da expressa qualificação contratual, acentuada no texto, não reduz a sociedade ao contrato, embora duvidemos de que a redacção tenha visado conscientemente aquele objectivo. No entanto, note-se que em todas as definições de contratos contidas no nosso Código, esse estilo de redacção só foi adoptado para o contrato de sociedade e para o contrato de trabalho; todas as outras definições são do estilo da definição de sociedade no velho código italiano: compra e venda é o contrato...; locação é o contrato... etc. Mas veja-se também a epígrafe do Capítulo III – Sociedade – e não "Contrato de sociedade", o que nos permite continuar a dizer que a sociedade é o contrato, etc., sem querermos, no entanto implicar que seja só contrato ou que o momento negocial tenha prevalência sobre qualquer outro.

Qualificada a sociedade como contrato, segue-se naturalmente a aplicação das regras gerais do contrato, ressalvada a existência de regras especiais que contrariem aquelas ou o afastamento daquelas regras gerais por inadequação à natureza, estrutura, essência do contrato de sociedade. Ganhou-se um enquadramento genérico, do qual decorre a presunção da aplicabilidade das regras gerais; a inaplicabilidade de certa regra deve ser provada.

Dentro da teoria geral dos contratos, formaram-se, contudo, classificações de contratos, por obra da lei ou da doutrina, baseadas em critérios ou de exigências relativas à formação dos contratos ou dos efeitos que eles tendem a produzir. Do segundo género é precisamente a classificação dos contratos em associativos e não associativos, acima estudada. Existindo, porém, outras classificações, baseadas noutros critérios, pode, em princípio, situar-se o contrato de sociedade nalgum dos termos de cada uma delas. Ganhar-se-ia desse modo um enquadramento mais preciso no sistema legislativo, nomeadamente maior aproximação das regras aplicáveis, enquanto essas classificações delimitem positiva e negativamente grupos de normas dirigidas a certos contratos. Contudo, para isso é indispensável um paralelismo entre a classificação já fixada e as restantes, podendo, ao contrário, suceder que todas ou algumas delas devam ser consideradas sub-classificações de um dos ramos daquela, designadamente que apenas possam ser abertas dentro dos contratos não-associativos.

A tendência geral da doutrina, em vários países, tem sido para o paralelismo das classificações, ou pelo menos dalgumas delas; o carácter associativo do contrato de sociedade não impede que este deva integrar-se noutras categorias resultantes daquelas classificações. Estudos recentes[20] têm, contudo, chamado a atenção para os perigos desse método; sendo dado histórico que outras classificações foram elaboradas tendo em vista os contratos não-associativos (embora não intencionalmente, mas por serem descuradas as características próprias dos contratos associativos) e sendo dado lógico que também algumas dessas classificações pressupõem uma estrutura diferente da dos contratos associativos, deverá averiguar-se, classificação por classificação, em que termos ela é adequada e útil para estes contratos.

Nenhuma dúvida surge quanto à distinção dos contratos atendendo à forma; é plenamente aplicável ao contrato de sociedade a distinção entre contratos solenes e não solenes, perante a qual, contudo, nem todos os contratos de sociedade se comportam igualmente, dado a exigência legal da forma ou a sua dispensa depender de certos factores (comercialidade, natureza dos bens com que os sócios entram para a sociedade).

---

[20] FERRI, *Le società*, pág. 83 nota 6 e págs. 84 e segs.; FERRO-LUZZI, págs. 323 e seguintes.

Entendendo nos moldes tradicionais a distinção entre contratos consensuais e contratos reais (*quoad constitutionem*) – consensuais os contratos perfeitos pelo simples consentimento; reais, os contratos para cuja perfeição é indispensável a entrega da coisa sobre que recaem – é consensual o contrato de sociedade.

Segundo o artigo 408.º n.º 1 do Código Civil, a constituição ou transferência de direitos reais sobre coisa determinada dá-se por mero efeito do contrato, salvas as excepções previstas na lei. A regra do efeito real, por um lado, e as excepções, por outro, legitimaria já uma distinção de contratos, conforme operam a constituição ou transferência de direitos reais ou apenas criam obrigações. Como, porém, ao contrário do que deixaria entrever a letra do preceito, nem todos os contratos podem constituir ou transferir direitos reais – o artigo 1376.º cod. civ. italiano delimita os contratos relativamente aos quais o efeito real pode verificar--se, começando por dizer "nos contratos que têm por objecto a transferência da propriedade duma coisa determinada, a constituição ou a transferência dum direito real..." – a categoria dos contratos com efeitos obrigacionais é mais ampla do que as simples excepções previstas no artigo 408.º n.º 1. Há, portanto, contratos reais *quoad effectum* e contratos obrigacionais. Foi posta de parte a ideia do contrato como produtor exclusivamente de obrigações e o expediente de considerar o direito sobre a coisa constituído ou transferido simultaneamente com a criação da obrigação, mas como cumprimento desta.

Perante essa classificação, o contrato de sociedade tanto pode ser real como obrigacional, não só reportando a classificação a todos mas ainda a um só contrato de sociedade. Pode, num só contrato, haver efeitos necessariamente obrigacionais (contribuição com serviços), efeitos voluntariamente obrigacionais (diferimento total ou parcial da entrada), efeitos necessariamente reais (contribuição com bens que não sejam dinheiro, nas sociedades de capitais), efeitos voluntariamente reais. Importa acentuar que, nos casos em que a lei impõe ou as partes querem contribuir com bens, o próprio contrato de sociedade produz a constituição ou transferência desses bens, sem o elemento intermédio de uma obrigação, nascida do contrato e cumprida pela entrada.

Sendo assim, a definição fornecida pelo artigo 980.º é incorrecta, quando diz que no contrato de sociedade duas ou mais pessoas se obrigam a contribuir com bens ou serviços, podendo suceder que para todos ou alguns dos sócios, que logo efectuem a entrada, não chegue a surgir obrigação de contribuir. Se não se queria dizer que no contrato de sociedade os sócios contribuem, para não dar a ideia errada de impossibilidade de efeito obrigacional, também não se deveria ter caído no extremo oposto, dando a não menos errada impressão dum contrato necessariamente e totalmente obrigacional. Bastaria escrever "contribuem ou se obrigam a contribuir". Tal como se encontra redigido, o artigo não força, contudo, a entender que ao contrato de sociedade é inaplicável o artigo 408.º n.º 1; é inegável que no momento da constituição da sociedade pode ou deve ser efectuada a transferência de bens e seria descabido e incompreensível que tal transferência não constituísse "mero efeito do contrato".

A classificação só colhe, porém, um aspecto e nem sequer o nuclear do contrato de sociedade, pois respeita apenas à contribuição dos sócios e já vimos que nos contratos não-associativos a prestação de bens assume o lugar primacial, enquanto no contrato de sociedade, esse papel cabe ao escopo comum. Por isso, um autor fala (Ferro-Luzzi) na eficácia real do contrato de sociedade, reportando-se não às contribuições, mas à própria organização, criada imediata e directamente por este, sem o instrumento da relação obrigacional. Assim fazendo, afastamo-nos, porém, da concepção corrente dos contratos reais *quoad effectum* ou, no nosso direito, dos contratos com eficácia real, reportados pelo artigo 408.º à constituição e transferência de direitos reais.

Tanto na Alemanha como na Itália tem sido muito discutida a aplicação ao contrato de sociedade da classificação em contratos bilaterais e unilaterais, ou melhor, a inclusão da sociedade nos contratos bilaterais, pois a dúvida não consiste em considerá-la unilateral[21]. Sem cuidar agora da questão de saber se a classificação

---

[21] Falamos em contratos bilaterais, para seguir a terminologia do Código Civil, artigos 428.º, 795.º e 801.º n.º 2. Prescindimos assim da possível diferença

funciona apenas quanto a contratos obrigacionais ou também quanto a contratos com eficácia real, o contrato é bilateral quando dele nascem obrigações correlativas para as duas partes, que ficam simultaneamente credor e devedor recíproco, existindo entre essas obrigações uma interdependência genética e funcional.

O problema tem grande importância prática nas legislações que não tomam posição expressa, a propósito do contrato de sociedade, quanto aos problemas em que a bilateralidade se reflectiria: *exceptio non adimpleti contractus*, resolução do contrato por impossibilidade superveniente da prestação ou por incumprimento, excessiva onerosidade da prestação; nos direitos, como o italiano em que preceitos expressos – vide os acima citados a propósito do contrato plurilateral, que inclui o contrato de sociedade – afastam as soluções determinadas pela bilateralidade para esses problemas, investigar-se-á se esse afastamento resulta da inadequação da bilateralidade a estes contratos ou se se trata duma bilateralidade atenuada e, neste caso, em que termos.

2 – Forma

2.1 – O contrato de sociedade não está sujeito a forma especial; esta é a regra estabelecida pelo artigo 981.º Código Civil, à qual logo é introduzida uma excepção: à excepção da que for exigida pela natureza dos bens com que os sócios entram para a sociedade.

A regra é, pois, a liberdade de forma <u>legal</u>; a forma <u>voluntária</u> é, por natureza, dependente em cada caso da escolha das partes, a qual terá as consequências prescritas pelo artigo 222.º Código Civil. Pode também existir uma forma convencional, nos termos e com os efeitos do artigo 223.º Código Civil.

---

entre contratos bilaterais, contratos com prestações correspectivas e contratos sinalagmáticos. Sobre a questão tratada no texto, bibliografia alemã, francesa e italiana, em FERRO-LUZZI, págs. 2 e segs.

Com base no correspondente artigo 2251 Código Civil Italiano, são admitidas pela doutrina e pela jurisprudência sociedades tacitamente constituídas, que se deduzem de factos que, com toda a probabilidade, revelam as vontades dos contraentes; por exemplo, num caso julgado pela Cassazione, a constituição de um fundo comum destinado ao exercício de uma actividade económica a fim de repartirem lucros. A prova da existência dessa sociedade pode ser feita por qualquer meio lícito, incluindo testemunhas e presunções. A estas sociedades constituídas por manifestações tácitas de vontade chama a doutrina sociedades de facto, terminologia pouco feliz, tanto em si mesma − admitida a validade da declaração negocial tácita de sociedade, estas sociedades são de direito, como as expressamente constituídas − como pela confusão que pode criar com outras hipóteses (sociedades irregularmente constituídas, mas funcionando de facto).

A segunda parte do artigo 981.º n.º 1 excepciona a forma que for exigida pela natureza dos bens com que os sócios entram para a sociedade. Rigorosamente, a natureza dos bens com que os sócios entram para a sociedade não exige forma alguma especial, a não ser que à palavra "bens" se atribua um sentido muito particular, pois a exigência da forma liga-se à natureza e efeitos do negócio sobre os bens e não directamente a estes, podendo suceder que sobre certos bens determinados negócios exijam certa forma especial e outros admitam liberdade de forma.[22]

Poder-se-ia pensar que, no citado preceito, "bem" não significa a coisa mas o direito ou poder sobre a coisa que ficará per-

---

[22] Exemplo claro encontra-se no direito italiano, na própria aplicação do artigo 2251.º. Entende a doutrina que se a exigência de forma legal da sociedade se refere ao artigo 1350.º n.ºs 1 e 9, que exigem sob pena de nulidade, a forma escrita para os contratos que "transferem a propriedade de bens imóveis" e para os contratos de sociedade com os quais se atribue o gozo de bens imóveis ou doutros direitos imobiliários por tempo excedente a nove anos ou por tempo indeterminado. A natureza do bem − bem imóvel − só determina a forma legal quando ele seja objecto de contrato que transfira a propriedade ou, tratando-se de contrato de sociedade, haja entrada com o gozo desses bens pelo tempo aí fixado.

Contrato de sociedade

tencendo à sociedade; nessa interpretação seria realmente a natureza do "bem" que exigiria a forma legal, mas tal interpretação é contrariada pelo n.º 2 do artigo 981.º, quando diz "de modo que à sociedade fique o simples uso e fruição dos bens", pois, na dita interpretação, o "bem" seria o uso e fruição.[23]. Assim, a referida parte final deve ser entendida como a forma que corresponda não só à natureza dos bens, mas também ao conteúdo da entrada, isto é, aos direitos ou poderes que sobre esses bens os sócios pretendem constituir a favor da sociedade.

2.2 – O n.º 2 do artigo 981.º não tem correspondência no Código Civil italiano, mas resulta de discussão travada em Itália sobre as consequências da infracção do artigo 2251.º, quando excepcionalmente exigia forma legal. Tratava-se, em primeiro lugar, de saber se a nulidade era total ou parcial, reduzida neste caso à participação do sócio que tivesse feito a entrada da qual resultava a necessidade de forma; as opiniões e as decisões judiciais dividiam-se nos dois sentidos[24]. Em segundo lugar, perguntava-se se seria totalmente inaproveitável uma sociedade de facto em que houvesse entradas de bens imóveis e alguns autores sustentavam, com base no artigo 1367 (segundo o qual, o contrato e a sua cláusula devem interpretar-se no sentido em que possam ter algum efeito e não no sentido em que não teriam nenhum) que a sociedade valeria como tendo as entradas por objecto o direito de gozo por período inferior a nove anos.

Para evitar a nulidade total do contrato de sociedade, o artigo 982.º n.º 2 recorre à conversão e à redução do negócio jurídico. A primeira hipótese pressupõe a manutenção de todas as

---

[23] Também se poderia tentar salvar a letra do artigo 981.º n.º 1 tomando o verbo "entrar" no sentido de transferir a propriedade, mas isso importaria uma injustificada restrição do conceito de "entrada", tanto mais que a fonte do preceito abrange, como se viu, a entrada com gozo de bens imóveis por prazo superior a nove anos ou por tempo indeterminado.

[24] COTTINO, *Considerazioni sulla forma del contratto di società*, Riv. Soc. 1963, pags. 286 e segs.

entradas e de todas as respectivas participações sociais e, portanto, abrange casos em que o vício de forma respeita a uma, a várias ou a todas as entradas; nesses casos actua-se por conversão, segundo o disposto no artigo 293.º, de modo que à sociedade fique o simples uso e fruição dos bens cuja transferência determina a forma especial. Por força do artigo 293.º, o negócio nulo ou anulado pode converter-se num negócio de tipo ou conteúdo diferente – neste caso, o conteúdo novo está determinado no artigo 981.º n.º 2, uso e fruição dos bens[25] do qual contenha os requisitos essenciais de substância ou forma, quando o fim prosseguido pelas partes permita supor que elas o teriam querido, se tivessem previsto a invalidade. A conversão agora considerada só será possível se o fim prosseguido pelas partes ao contratarem a sociedade, permitir supor que, tendo as partes previsto a invalidade resultante da transmissão informal dos bens, ter-se-iam contentado com a simples atribuição à sociedade do uso e fruição dos bens. Quanto ao requisito formal da conversão – o negócio nulo ou anulado ter os requisitos de forma do negócio em que se converte – o artigo 982.º n.º 2 mostra estar preenchido, pois certamente não prescreveria a conversão com o novo conteúdo – uso e fruição – se ela se revelasse inútil, por falta dum requisito formal.

A segunda alternativa prevista no artigo 981.º n.º 2 é a redução do contrato de sociedade, nos termos do artigo 292.º, amputando-se a entrada viciada e a respectiva participação. Não é aqui lugar para investigação sobre a influência que o artigo 982.º n.º 2 tenha na interpretação do artigo 292.º; devemos apenas registar que o primeiro torna possível uma redução consistente na eliminação de um dos contraentes, por a sua participação no contrato poder tornar este totalmente inválido. Será, contudo, preciso mostrar que o contrato de sociedade não teria sido concluído sem a parte viciada, para a nulidade ser total.

---

[25] Não é, contudo, de excluir que por aplicação directa – isto é sem a remição do artigo 982.º n.º 2 - do artigo 293.º, a sociedade nula por vício de forma seja convertida, se as circunstâncias o permitirem, em negócio de tipo diverso.

O artigo 981.º n.º 2 fornece dois remédios: conversão e redução, cujos resultados práticos são muito diversos, dado que um actua sobre o conteúdo e outro sobre as partes do negócio; daí, a necessidade de determinar a sua ordem de aplicação. Entre modificar o conteúdo do negócio, mantendo todos os sócios, ou eliminar um sócio, deve optar-se pela primeira alternativa, pois a segunda, eliminando o sócio elimina também a sua participação; ora, se não for essencial a entrada viciada, que deixa de existir afastando o sócio, também não é essencial que a entrada consista na propriedade do bem, podendo ser limitada ao seu uso e fruição. Dever-se-á, pois, começar pela tentativa de conversão; não sendo esta possível, passar-se-á à tentativa de redução[26].

---

[26] Sobre o aproveitamento do contrato nulo por vício de forma foi encontrado também o seguinte apontamento do autor: A inobservância da forma que o contrato de sociedade deveria revestir por força do artigo 981.º n.º 1 é um vício do contrato que produz a sua nulidade, nos termos do artigo 220.º, visto que a lei não prevê especialmente outra sanção para tal vício. O emprego da forma verbal "anula" não significa que o valor negativo de tais actos sejam a anulabilidade (contraposta à nulidade, artigos 285.º e seguintes), mas explica-se pela construção sintáxica usada ("a inobservância...anula") que exprime a ligação entre o vício e a nulidade; se houvesse mera anulabilidade, o tribunal anularia o contrato, não seria a inobservância da forma a anular.

A forma cuja inobservância anula o contrato é a forma do contrato, globalmente considerado, não apenas a forma da entrada ou entradas de certo ou certos sócios; estabelece-se uma cadeia de factores, em cujo termo se encontra a forma do próprio contrato: natureza do bem que é objecto da entrada; vício de forma da entrada; vício de forma do contrato. Por isso, quando o legislador encara o aproveitamento do contrato reporta-se a todo o contrato assim viciado e não apenas o aproveitamento da entrada viciada.

A consequência da falta de forma legal do contrato de sociedade é a nulidade de todo o contrato. O "todo" respeita às participações dos vários sócios e não às cláusulas do contrato; pretende-se marcar a unidade das participações, a coesão do feixe de relações nascidas do contrato e não a unidade das cláusulas que compõem o conteúdo dessas relações. O artigo 981.º n.º 2 prevê, contudo, dois processos de aproveitamento do contrato: uma conversão e uma redução.

Os efeitos da conversão e da redução são diversos: no primeiro caso, a natureza jurídica da entrada, que determinava o vício de forma, é alterada de modo a desaparecer tal vício e, desaparecido o vício de uma participação, todo o contrato é válido, incluindo a participação "convertida"; no segundo caso, o feixe de participação é amputado, cessando uma para as outras se manterem. Quando o artigo 981.º n.º 2 declara que a inobservância da forma não anula todo o negócio, fala verdade quanto às duas hipóteses, mas no caso de conversão salva-se todo o negócio e no caso de redução salva-se parte.

Esta observação mostra que pode ter importância prática o estabelecimento de uma ordem de uso dos dois processos de aproveitamento e simultaneamente indica qual essa ordem deve ser: começar-se-á pela conversão, que torna aproveitável todo o negócio e só no caso de não ser possível converter se passará a tentar reduzir, sacrificando uma parte do negócio.

Segundo a letra do artigo 981.º n.º 2 o objecto da conversão é o negócio, ou seja, o contrato de sociedade. Há nisso, porém, um erro de perspectiva. O contrato de sociedade não se converte, pois mantém o tipo "sociedade"; a modificação opera-se apenas numa porção do seu conteúdo, que nada influi no tipo do acto. Quanto muito, poderia pensar-se numa conversão do negócio parcelar de entrada, mas para isso seria preciso que tal negócio pudesse ser autonomizado dentro do contrato da sociedade e bem assim que a tal negócio parcelar se reportasse – e não reporta – a letra do mencionado preceito. O artigo 981.º não tem, pois a alcance de qualificar tecnicamente de conversão a operação de aproveitamento que descreve e permite, mas apenas o de submeter essa operação aos requisitos do artigo 293.º. *O artigo 293.º prevê duas modalidades de conversão: por diferença de tipo e por diferença de conteúdo do negócio, podendo parecer que a hipótese do artigo 981.º n.º 2 se enquadra na segunda. Interpretamos, porém, o artigo 293.º no sentido de a primeira modalidade se reportar à conversão de actos típicos e a segunda à conversão de actos atípicos, em que, por definição, o processo de conversão altera o conteúdo, mas não o tipo.(Este período, aqui inserido em itálico, surgia no original como nota de rodapé).*

Tais requisitos são dois: é o negócio convertendo conter os requisitos essenciais de subsistência e de forma do negócio convertido e o fim perseguido pelas partes permitir supor que elas o teriam querido, se tivessem previsto a invalidade. Ao primeiro destes requisitos o artigo 981.º n.º 2 imprime neste caso, uma direcção especial: os requisitos de substância contidos no negócio convertido devem ser "o simples uso e fruição dos bens cuja transferência determina a forma especial"; a necessidade de forma especial da transferência do uso e fruição – se porventura existir no caso concreto – constitui também limite à conversão. O segundo dos requisitos do artigo 293.º será adiante apreciado juntamente com o requisito do artigo 292.º.

A redução do contrato de sociedade permitida no artigo 981.º n.º 2 como segundo processo de aproveitamento exclui a participação causadora do vício formal e mantém as demais participações, isto é, as não causadoras de vício formal. Manifestamente, a questão está posta pelo legislador e põe-se nos casos concretos perante uma certa participação formalmente viciada; pode, porém, suceder que mais de uma participação enferme de vício formal e que a redução, possível quanto a uma delas isoladamente, deixe de o ser quando apreciadas todas as participações viciadas em conjunto. *A redução prevista no artigo 981.º n.º 2 enquadra-se no conceito de redução fornecido pelo artigo 292.º, que abrange três hipóteses: a redução quantitativa de certo efeito do negócio (considerada por alguns autores, antes deste Código, a redução em sentido técnico); a redução por amputação de parte do conteúdo do acto; a redução por supressão duma das partes do negócio efectivamente plurilateral. (O período aqui inserido em itálico surgia no original como nota de rodapé)*

O número das participações coloca um limite à redução; esta só pode funcionar quando o contrato tenha pelo menos três sócios. Embora o Código admita as sociedades unipessoais, não permite que o contrato de sociedade seja celebrado por uma só pessoa ("duas ou mais pessoas" – artigo 980.º) e, por-tanto, não é possível reduzir a "sociedade" a um sócio no momento inicial em que o contrato é celebrado e a invalidade por falta de forma é apreciada.

O único requisito exigido pelo artigo 292.º é não se mostrar que o negócio não teria sido concluído sem a parte viciada. A regra é, portanto, a invalidade parcial; só há invalidade total quando se mostre que o negócio não teria sido concluído sem a parte viciada. A hipótese de conversão obedece a mecanismo inverso: o negócio só pode ser convertido (e, portanto, aproveitado) quando o fim perseguido pelas partes permita supor que elas o teriam querido, se tivessem previsto a invalidade. Ao ligar as duas hipóteses, o artigo 981.º n.º 2 alterou o mecanismo geral da redução; enquanto nas hipóteses gerais, a invalidade do negócio é parcial, salvo quando se prove que o negócio não pode ser reduzido, no contrato de sociedade, a invalidade determinada pela forma é total, salvo quando se prove que o contrato pode ser reduzido. A razão desta diferença reside no caminho percorrido pela lei quanto aos vícios formais do contrato de sociedade: começa pelo reconhecimento de que o vício formal

3 – Modificações do Contrato

O artigo 982.º n.º 1 estabelece que as alterações do contrato requerem o acordo de todos os sócios, excepto se o próprio contrato o dispensar[27]. Presume, portanto, a lei que os sócios só quiseram obrigar-se nos precisos termos do contrato celebrado e não permite que as vontades dalguns force os outros a aceitar alterações desses termos. A rigidez deste regime, comparado com a possibilidade de modificação do contrato por maioria, embora nalguns casos qualificada, admitida para todos outros tipos de sociedade, tem levado a perguntar qual o seu fundamento. Pode invocar-se a regra geral de imutabilidade dos contratos, que os põe ao abrigo da vontade dalguns dos contraentes, (Cod. Civil art. 406.º n.º 1), mas continuará por explicar a diferença de regimes entre estas e outras sociedades ou, por outras palavras, os motivos que tornam irrelevantes para estas sociedades as considerações de adaptação às circunstâncias externas e internas da sociedade que noutros tipos dispensam a unanimidade. Sem pôr totalmente de lado factores histórico-económicos, que tenham tornado nas sociedades de capitais mais aguda a necessidade de sacrificar a autonomia dos sócios em proveito do desenvolvimento da empresa social ou que nestas tenham feito obliterar os factores pessoais, parece que a responsabilidade ilimitada e solidária dos sócios contribui para a exigência da unanimidade; a gravidade do

---

afecta directamente uma só participação; em seguida, faz repercutir esse vício parcial sobre todo o negócio, provocando uma invalidade total (artigo 981.º n.º 1); para voltar à invalidade parcial, pela redução, vê-se forçada a partir já duma invalidade total anteriormente decretada, ao contrário das hipóteses normais, em que tomara como regra a invalidade parcial.

O requisito da conversão estabelecida na parte final do artigo 293.º tem no caso das sociedades um conteúdo concreto: o fim perseguido pelos sócios deve permitir supor que elas teriam querido uma contribuição de simples uso e fruição, se tivessem previsto a invalidade causada pela falta de forma da transferência dos bens.

[27] Cod. Civ. Italiano, art. 2252: "Il contratto sociale può essere modificato soltanto con il consenso di tutti i soci, se non è convenuto diversamente".

risco assumido justifica a segurança individual da estabilidade dos termos em que ele é assumido. Nem parece que o argumento em contrário baseado na sociedade em comandita simples – também nesta é exigida, como regra, a unanimidade, mesmo quanto ao sócio comanditário e embora a responsabilidade deste seja limitada – pois os sócios comanditados são ilimitadamente responsáveis e, quanto ao sócio comanditário...[28]

Alterações do contrato abrange todas as modificações a introduzir no conteúdo do contrato, tal como este resultou das estipulações originárias e subsequentes modificações, vigentes no momento em que a nova alteração é considerada; estão incluídas a supressão de cláusulas, a alteração de cláusulas, o aditamento de cláusulas e, neste último caso, tanto as que representem elementos puramente acessórios e acidentais, como as que derroguem regras legais dispositivas. Não há que estabelecer distinção conforme a importância das cláusulas, todas iguais para o efeito.

Em Itália, consideram-se abrangidas também as modificações subjectivas, incluindo a substituição de sócios, mas a interpretação do nosso preceito não pode ser igual, pois a cessão de quotas, que produz a substituição do sócio está especialmente regulada no artigo 995.º e a exclusão no artigo 1005.º. No entanto, o artigo 982.º n.º 1 e o artigo 995.º levam a exigir também o consentimento de todos os sócios para admissão de novo sócio.

A parte final do artigo 982.º n.º 1 permite que o próprio contrato dispense o acordo de todos os sócios. O próprio contrato originário ou modificado, de modo que uma deliberação unânime dos sócios, formalmente válida como alteração do contrato, pode dispensar para uma ou todas as futuras alterações, o consentimento de todos os sócios.

A diferença de redacção – "excepto se o próprio contrato o dispensar" em vez de "se non è convenuto diversamente" – não

---

[28] Este parágrafo encontra-se incompleto no original. O problema com que o autor se defrontou desapareceu com o Código das Sociedades Comerciais, cujo artigo 476.º passou a exigir para a modificação do contrato apenas a unanimidade dos sócios comanditados e maioria qualificada dos sócios comanditários.

ajuda a resolver dúvidas já surgidas em Itália e outras possíveis quanto ao regime a que fica ou pode ficar sujeita a alteração do contrato, quando o acordo de todos os sócios for dispensado. Podem supor-se cláusulas como "é dispensado o acordo de todos os sócios" e nesse caso perguntar-se-á como pode ser deliberada a alteração ou podem supor-se cláusulas que estabeleçam determinados requisitos e neste caso perguntar-se-á se quaisquer deles são lícitos. Na primeira hipótese, é manifestamente de exigir uma deliberação por maioria dos sócios, seja qual for o montante das respectivas quotas (art. 986.º n.º 3, para a revogação da designação de administradores: art. 1005.º para a exclusão do sócio). Na segunda hipótese, parece de exigir como requisito mínimo a citada maioria, o que significa a licitude de cláusulas que reforcem essa exigência – por exemplo, uma maioria qualificada do número de sócios ou a posse de quotas de determinado montante – e a ilicitude, como em Itália, de cláusulas que concedam o poder de alteração a pessoas não sócias ou a um ou alguns dos sócios.

O art. 982.º é omisso quanto à forma das alterações, aplicando-se, portanto, os princípios gerais, dos quais resulta: se o contrato de sociedade assumiu forma especial, por força da parte final do art. 981.º n.º 1, a alteração deve assumir a mesma forma – art. 221.º n.º 2, entendendo-se que as razões da exigência especial da lei lhe são aplicáveis (se a "natureza dos bens" com que os sócios entram para a sociedade determina a forma especial de cláusulas originárias que nada tenham a ver com esses bens, a mesma razão subsiste quando as cláusulas são alteradas); se no contrato de sociedade for estipulada forma convencional para as alterações, deverá esta ser observada nos termos do art. 223.º; se foi adoptada uma forma voluntária, aplicar-se-á o art. 222.º n.º 2.

V – ENTRADAS

1 – O artigo 983.º
2 – Valor das entradas
3 – Entradas e financiamentos de sócios
4 – Sócio de indústria – Contribuição com serviços
    4.1 – Serviço
    4.2 – Entradas apenas de serviços
    4.3 – Contribuição com serviços e exercício da administração
    4.4 – Sócio de indústria e saldo de liquidação
    4.5 – Sócio de indústria – exclusão

V

ENTRADAS

1 – O artigo 983.º – O artigo 983.º corresponde ao artigo 2253 código civil italiano[29], mas com alterações substanciais. No número 1 do nosso preceito aparece um advérbio "somente" que não existe no italiano; o nosso número 2 trata duma presunção de valor relativo das entradas, enquanto o italiano se ocupa dum problema de objecto das entradas, quando não forem determinadas no contrato.

Os sócios estão somente obrigados às entradas estabelecidas no contrato. Indirectamente, é reafirmada a obrigação de entradas constante do artigo 980.º, mas directamente o preceito limita a obrigação do sócio às entradas estabelecidas no contrato. Por um lado, não são exigíveis aos sócios outras entradas diferentes ou em excesso relativamente às estabelecidas no contrato. O contrato tanto pode, porém ser o contrato inicial como o contrato modificado; a mudança ou o acréscimo de entradas pode ocorrer como alteração do contrato, sujeita às condições legais e contratuais desta; realizada validamente a alteração, a primitiva obrigação dos sócios passa a ter novo conteúdo. A defesa dos sócios contra a modificação ou aumento das suas obrigações de entrada reside no regime da alteração do contrato.

---

[29] Artigo 2253: Il socio è obbligato a eseguire i conferimenti determinati nel contratto sociale. Se i conferimenti non sono determinati, si presume che i soci siano obbligati a conferire, in parti iguali tra loro, quanto è necessario per il conseguimento dell'oggetto sociale.

Não havendo alteração do contrato, é vedado a parte dos sócios exigir a outros entradas diferentes ou superiores às estabelecidas no contrato, mesmo quando os primeiros estivessem dispostos a modificar ou aumentar as suas obrigações. Os terceiros, nomeadamente os credores sociais, não podem exigir aos sócios entradas diferentes em objecto ou quantidade, das estabelecidas no contrato.

O advérbio "somente", ligado ao afastamento do 2.º trecho do artigo 2253 italiano, tem ainda o alcance de forçar a estabelecer no contrato as entradas dos sócios. Pelo regime italiano, a falta de determinação das entradas no contrato social é suprida pela presunção legal de que os sócios estão obrigados a conferir, em partes iguais entre eles, o que for necessário para a realização do objecto social (segundo a maioria da doutrina, aquilo que <u>no momento do contrato</u> parecer necessário para a realização do objecto social). No nosso Código falta esse suprimento e as entradas dos sócios <u>devem ser</u> determinadas no contrato.

O regime geral dos negócios jurídicos exige a determinabilidade e não a efectiva determinação do objecto (Código Civil, artigo 280.º); a determinação da prestação pode fazer-se nos termos do artigo 400.º. É geralmente aceite que no contrato de sociedade basta a determinabilidade das entradas dos sócios, ou seja a fixação do critério a usar para as determinar. Poderá assim, por exemplo, ser criado por via contratual um regime semelhante ao da parte suprimida do artigo 2253 italiano. Duvidosa é a aplicação do artigo 400.º. O número 1 prevê duas hipóteses: a determinação por uma das partes e a determinação por terceiro; nos dois casos, pode ser estabelecido um critério para a determinação ou faltar essa estipulação, valendo nesta última hipótese critérios de equidade. A confiança da determinação das entradas dos sócios a uma das partes ou a terceiros não repugna mais do que a mesma confiança em qualquer outra obrigação; nem estão em causa interesses de terceiros, pois a responsabilidade ilimitada dos sócios basta para os proteger. Igualmente pode considerar-se aplicável a este caso o n.º 2 do mesmo artigo, entendido como subsidiário do n.º 1 e, portanto, como não admitindo uma impossibilidade originária de determinação mas apenas a impossibilidade subsequente (por exemplo, morte ou recusa do terceiro).

O Código Civil não fixa qualquer montante mínimo para a soma das contribuições dos sócios nem para as contribuições individuais. Também não estabelece qualquer relação entre a soma das contribuições e o objecto da sociedade. O contrato de sociedade é, pois, inatacável, embora se verifique um subdimensionamento, que noutros tipos de sociedade tem causado preocupação à doutrina. Na verdade, o problema do subdimensionamento da sociedade é, fundamentalmente, um problema de responsabilidade dos sócios responsáveis pela dimensão do património social inicial para um objecto muito mais exigente; ora, nestas sociedades, a responsabilidade dos sócios já existe, por natureza, nada acrescendo o recurso a outros fundamentos.

Também ao contrário de outros tipos de sociedades em que a lei marca o mínimo de participação de cada sócio, nesta sociedade não há tal limite, salvo, como a doutrina acentua, ser a entrada de um sócio tão ridícula que deva considerar-se como inexistente.

2 – Valor das entradas – O n.º 2 do artigo 983.º determina que as entradas dos sócios presumem-se iguais em valor, se este não for determinado no contrato. Embora não constasse do artigo 2253 italiano que forneceu o n.º 1 do artigo 983.º, encontra a sua origem no artigo 2263.º, que tratando do critério de distribuição dos lucros e perdas entre os sócios e estabelecendo uma proporção com as entradas (*conferimenti*) acrescenta *"se il valore dei conferimenti non è determinato dal contratto, essi si presumono eguali"*. O nosso legislador atribuiu eficácia geral a essa regra, especificada ou aflorada no código italiano, a propósito da repartição de lucros e perdas; já, aliás, assim entendia a doutrina italiana.

A presunção estabelecida pelo artigo 983.º n.º 2 mostra que no contrato de sociedade não é indispensável a determinação do valor das entradas; a falta de tal determinação é suprida pela presunção e, possivelmente, pela prova posterior desse valor, quando, para efeitos doutras normas, ele deva ser considerado. O contrato de sociedade em que não seja determinado o valor das entradas é, portanto, válido. Praticamente a hipótese só se verificará quando o contrato seja celebrado verbalmente ou por documento particular, pois o notário exigirá para a escritura pública indicação do valor. Pode igualmente suceder que o contrato fixe o valor de certas entradas e não o de outras.

A falta de determinação do valor só poderá ocorrer quando as entradas consistam em serviços ou bens que não sejam dinheiro; uma entrada em dinheiro tem, por natureza, o seu valor fixado, sendo absurdo que convencionalmente lhe seja atribuído valor diverso.

Já quanto a outros bens ou serviços, é arbitrário o valor a atribuir no contrato. Não estão em causa interesses de terceiros[30], pois a responsabilidade ilimitada dos sócios cobre qualquer redução convencional dos bens conferidos; nas relações entre sócios, o valor real dos bens conferidos não se impõe, uma vez que, para os efeitos ligados a esses valores, os sócios poderiam substituir por outro o critério do valor; no fundo, é igual alterar os valores, que servem para os cálculos ou alterar os factores dos cálculos.

A presunção de igualdade de valores das entradas dos sócios é *tantum iuris* e a sua ilidibilidade é tanto mais fácil, quanto as hipóteses mais correntes ou mais difíceis estão excluídas do seu âmbito. Assim, sendo as contribuições em dinheiro, o seu valor está automaticamente fixado; sendo as contribuições em serviços ou com o uso e fruição duma coisa, não se aplica a presunção, mas a regra estabelecida no artigo 992.º n.º 3. Determina este preceito que, se o contrato não fixar o quinhão do sócio de indústria nos lucros nem o valor da sua contribuição, será o quinhão deste estimado pelo tribunal segundo juízos de equidade; do mesmo modo se avaliará a parte nos lucros e perdas do sócio que apenas se obrigou a facultar o uso e fruição duma coisa. É certo que o artigo 992.º n.º 3 rege apenas directamente para a distribuição de lucros e perdas e que, portanto, pode

---

[30] No original surge "certos", em lugar de "terceiros".

duvidar-se, quanto a outros efeitos para os quais seja necessário determinar o valor dos quinhões, se deve ser utilizada a presunção do artigo 983.º n.º 2 ou alargar-se a regra do artigo 992.º n.º 3. Para o efeito de determinação da quota de liquidação do sócio, a razão é igual à distribuição dos lucros e, portanto, será de seguir o artigo 992.º n.º 3. O valor do quinhão para efeito de deliberações dos sócios parece dever ser determinado pelo artigo 983.º n.º 2, pois a estima pelo juiz, segundo critérios de equidade, é adequada para uma repartição de resultados sociais, mas não para uma votação.

Ainda quanto ao valor para efeito de partilha do saldo de liquidação, deve atender-se ao artigo 1018.º n.º 3, segundo o qual, as entradas que não sejam de dinheiro são estimadas no valor que tinham à data da constituição da sociedade, se não lhes tiver sido atribuído outro no contrato. A hipótese de determinação contratual do valor não suscita dúvidas; faltando ela, como relacionam os artigos 983.º n.º 2, 992.º n.º 3 e 1018.º n.º 3? Voltaremos ao problema a propósito deste último preceito.

O âmbito do artigo 983.º n.º 3 é ainda duvidoso sob um outro aspecto:

– a falta de determinação pode ocorrer quanto a todas as entradas, quer apenas quanto a algumas delas – a presunção de igualdade funcionará nas duas hipóteses?

É evidente que, tendo sido fixado o valor de duas entradas (por exemplo, 100 contos em dinheiro e um prédio no valor de 500 contos) não pode presumir-se igualdade entre elas e, do mesmo passo, não é possível presumir igualdade relativamente a essas duas entradas cujo valor não seja determinado, pois os dois valores expressos são desiguais. Resta, pois, ou afastar a presunção quando algum ou alguns valores tenham sido determinados – i.e., só a aplicar se nenhum valor tiver sido determinado – ou usá-la também quando alguns valores não tenham sido determinados, mas apenas entre as entradas sem determinação de valor. Esta última hipótese não faz sentido, pois nada interessa decidir, por exemplo, que três entradas têm valor igual, se o valor igual para as três não puder por sua vez ser determinado pela igualdade com outro valor; preferimos, portanto, a primeira e mais estreita interpretação do artigo 983.º n.º 2.

3 – Entradas e financiamentos de sócios – Das entradas e respectivas obrigações distinguem-se os financiamentos feitos pelos sócios à sociedade, os quais podem também ser objecto de uma obrigação do sócio. Tomando a palavra "financiamento" num sentido convencional de prestação intencionalmente não submetida ao regime jurídico das entradas, a distinção entre o financiamento e a entrada faz-se por essa intenção, a qual pode provar-se por elementos do próprio negócio. Assim:

a) provada a intenção de incluir uma prestação do sócio no regime das entradas, mas não tendo sido alterado o contrato de modo a abranger essa entrada, esta será nula e haverá consequente direito de repetição (mas se o financiamento for feito como antecipação duma entrada, uma vez modificado o contrato para abranger essa entrada, o regime desta fica definido, sem possibilidade de oposição do sócio):

b) Para provar que não houve intenção de fazer uma entrada mas sim um financiamento, atender-se-á em primeiro lugar à entrada determinada no contrato, pois tem de se presumir que tudo quanto a exceda não tem a intenção de nela se incluir (aliás, praticamente a dificuldade de qualificação só surgirá quando ainda não tiverem sido cumpridas as obrigações de entrada e haja possibilidade de ainda enquadrar uma prestação nesse cumprimento);

c) acessoriamente, utilizar-se-ão para a qualificação como financiamento os elementos incompatíveis com a qualificação como entrada, por exemplo, a estipulação de juros, de prazo para restituição, a extensão da prestação a todos os sócios ou só a alguns e o tratamento dado pela sociedade à prestação recebida (mas este, só quando o sócio interessado tenha participado pessoalmente nesse tratamento ou o tenha aceite em termos de silêncio conclusivo).

Entradas   81

4 – Sócio de indústria – Contribuição com serviços

4.1 – *Serviço* – O artigo 980.º admite que um ou mais dos
sócios se obriguem a contribuir com serviços; à contribuição de
serviços voltam a referir-se o artigo 1003.º alínea c) e o artigo
1018.º n.º 1. Para designar o sócio que se obriga a contribuir com
serviços, o Código usa a expressão "sócio de indústria" (artigos
1003.º alínea c), 992.º n.º 2).

O serviço é uma actividade pessoal do sócio; serviço, destaca
a utilidade para a sociedade, mas em si mesma a obrigação do
sócio tem por objecto uma prestação de actividade.

O caso típico é a prestação de trabalho materialmente idêntica à que seria realizada por força dum contrato de trabalho.
Olhando este caso, a doutrina reconhece a idoneidade de tal
"entrada ou contribuição", acentuando que, da parte do sócio, ela
representa um sacrifício, pois ele poderia empregar noutro lado
ou doutra maneira a sua actividade e, do lado da sociedade, ela
constitui uma utilidade, conseguindo pela contribuição do sócio
um valor correspondente à remuneração que deveria pagar para
conseguir idêntica actividade de quem não fosse sócio.

Lê-se, por vezes, que neste caso o sócio contribui com trabalho subordinado, o que não é exacto, pois só é subordinado o
trabalho prestado por força dum contrato de trabalho (subordinado), enquanto o sócio de indústria presta sempre trabalho por
força do contrato de sociedade. A subordinação consiste na sujeição
jurídica à direcção da entidade patronal e o sócio não está juridicamente sujeito à sociedade como entidade patronal. Suponha-se
uma sociedade formada entre um electricista, que contribui com
o seu trabalho, e uma pessoa que contribui com dinheiro e que
o sócio de indústria é o único trabalhador da rudimentar empresa,
executando por si próprio toda a actividade que constitui o objecto
social; é praticamente impossível distinguir direcção e subordinação, ambas concentradas na mesma pessoa. Suponha-se uma empresa mais complexa em que o sócio de indústria realiza a sua
contribuição de trabalho segundo planos pré-estabelecidos ou até
sob as ordens doutras pessoas vinculadas à sociedade por contratos

de trabalho; o conteúdo da sua prestação é igual ao das prestações de trabalhadores subordinados na sua empresa ou noutras empresas, mas o título jurídico das prestações é diferente; o sócio de indústria está subordinado a uma organização de trabalho dentro da empresa, mas não está subordinado a organizar a empresa.

Discute-se se o serviço objecto da contribuição do sócio pode ser um trabalho autónomo (expressão a utilizar com reserva paralela à feita para o trabalho subordinado), isto é, não a actividade em si mesma, mas o resultado de um trabalho intelectual ou manual. A opinião afirmativa circunscreve o âmbito da hipótese mediante certas reservas: se para a obtenção do resultado o sócio não contribuir apenas com o seu trabalho (independente) mas também com materiais, não haverá contribuição de serviço mas uma contribuição mista; se a propriedade da obra (que constitui o resultado do trabalho independente) pertencer originariamente ao trabalhador não haverá sócio de indústria, pois o sócio contribuirá para a sociedade mediante a transferência da propriedade da obra. Feitas estas reservas, a contribuição com trabalho dito autónomo seria possível e dela resultariam consequências especiais no respeitante ao risco do trabalho e às relações com terceiros; o trabalho é realizado a favor da sociedade, mas as actividades e organizações são separadas, não respondendo a sociedade por uma actividade que não lhe é imputável.

4.2 – *Entradas apenas de serviços*

É concebível uma sociedade em que os sócios entrem apenas com serviços; da licitude de cada uma das prestações de serviços não pode duvidar-se, admitida como é expressamente pelo Código; a dúvida surge pela falta de prestações de bens. Caso se considere essencial à sociedade a existência dum fundo patrimonial comum, tal requisito não fica satisfeito havendo nela apenas sócios de indústria.

O problema não fica esclarecido nem por se dizer que, admitindo a lei entradas de bens ou entradas de serviços e sociedades onde só há entradas de bens ou onde há entradas de bens

Entradas 83

e serviços, também deve admitir sociedades apenas de indústria, nem por se afirmar que a sociedade apenas de indústria possui um fundo patrimonial comum constituído pelos direitos de créditos sobre os sócios e tendo por objecto a prestação de serviços, com a consequente indemnização no caso de falta de cumprimento. Quanto ao primeiro aspecto, resta saber se há motivo específico (por exemplo a falta de fundo patrimonial comum) de ilicitude da hipótese; quanto ao segundo, falta demonstrar que os intuitos da lei ao exigir o fundo patrimonial comum ficam satisfeitos quando esse fundo seja constituído apenas por direitos de crédito com o citado objecto.

O património social desempenha uma dupla função: ou constitui a base material da actividade da sociedade; ou constitui a base da garantia dos terceiros que entram em relações com sociedade. Os serviços não chegam, por natureza, a incluir-se no património social, do qual no entanto faz parte o crédito à prestação desses serviços, mas a finalidade de produção ou funcional é realizada, visto a actividade social poder ser realizada apenas com esses elementos. A finalidade de garantia é suprida pela responsabilidade ilimitada dos sócios neste tipo de sociedade, a qual excepcionalmente pode neste caso ser a única garantia dos credores sociais.

A contribuição com serviços não se confunde com os actos dos sócios que representam cumprimento do seu dever de colaboração. Seja qual for o conteúdo deste dever e bem assim a extensão que se atribuir às prestações, entradas ou contribuições dos sócios, haverá sempre distinção. Se, por exemplo, na hipótese extrema, as contribuições dos sócios para a sociedade forem consideradas modalidades dum amplo dever de colaboração ou se forem considerados contribuições para a sociedade todos os actos que os sócios devam praticar por força do contrato de sociedade e relativamente a esta, ainda assim a contribuição com serviços mantém o seu lugar próprio.

Por exemplo, o dever de colaboração é idêntico para todos os sócios, tenham eles contribuído com bens ou com serviços; assim, se os actos de colaboração fossem considerados serviços, todos os sócios prestariam serviços, mas dentro deles haveria que distinguir os que prestariam apenas serviços (desdobrados em duas espécies: serviços de colaboração e serviços propriamente ditos) e os que prestariam serviços (de colaboração) e bens; se a entrada ou contribuição tiver um amplíssimo sentido, haverá que distinguir dentro dela uma entrada ou contribuição em sentido restrito, que pode ter por objecto bens ou serviços.

4.3 – *Contribuição com serviços e exercício da administração*

A prestação de serviços como objecto de contribuição do sócio e o exercício por este da administração da sociedade são radicalmente distintas; a segunda não pode constituir uma contribuição de serviços. Há quem aprecie essa distinção, perguntando preliminarmente se a administração da sociedade é um direito ou um dever do sócio; sendo direito, estaria logo afastada a coincidência com uma obrigação de contribuir; sendo um dever, haveria que passar a segunda ordem de averiguações. Sem menosprezar o valor desse argumento, parece nem haver necessidade de o apresentar, pois, mesmo que a administração seja um dever – ou um poder-dever – a distinção é nítida. As entradas de serviço devem consistir em actividade directamente destinadas à realização do objecto social; a administração incide sobre os meios – incluindo as contribuições de serviço porventura devidas – destinados a essa realização, mas não se confunde com eles. Nem se diga que a administração também é destinada à realização do objecto social, pois sem ela o objecto não se realiza; continuaria distinta a actividade de administração que incide sobre os bens ou serviços e a actividade em que consiste um serviço.

À face da lei, a distinção é nítida. Ou todos os sócios têm igual poder para administrar (artigo 985.º n.º 1) ou é convencionada a atribuição da administração a alguns sócios; num caso como noutro, é pressuposta a qualidade de sócio, mediante uma contribuição ou entrada que não consistiu na administração, pois:

a) não foi convencionado que a contribuição consistisse na administração;

b) essa faculdade pertence a todos ou alguns dos sócios independentemente da contribuição a que se obrigaram para a sociedade.

4.4 – *Sócio de indústria e saldo de liquidação*

Desde o direito romano que se discute o tratamento a dar ao sócio de indústria na partilha do saldo de liquidação da sociedade; satisfeitas as dívidas sociais, devem ser precipuamente retiradas do saldo as contribuições dos sócios e a seguir, será repartido por eles, nas proporções convencionadas ou legais, o activo sobrante; a dúvida consiste em saber se ao sócio de indústria deve ser atribuída uma porção de bens como retirada da sua contribuição em serviços ou se ele apenas participará na partilha do excedente, depois de retiradas as contribuições em bens. As duas teses podem ser sustentadas com argumentos vários; no sentido de não valorizar a contribuição com serviços, diz-se que o sócio de indústria recupera, pela dissolução da sociedade, a liberdade de empregar doutra forma a sua actividade e que isso corresponde à entrada dos bens, mas outros contrapõem que os só-cios que contribuíram com bens, ficam, a partir da dissolução e partilha da sociedade com esses bens livres, mas recuperam aquilo que entrara na sociedade, ao passo que o sócio de indústria fica livre para exercer a sua actividade no futuro, mas perderia a contribuição prestada, ou seja, os serviços aos quais ficaria apenas a corresponder um lucro. Pode também dizer-se que o conceito de sociedade exige que os bens contribuídos pelos sócios sejam postos em comum de todos eles, incluindo os de indústria, donde resultaria um direito dos sócios de indústria à totalidade e não apenas à parte excedente do activo líquido, mas outros respondem ser precisamente essa regra a posta em dúvida, não havendo comunicação de bens ao sócio de indústria.

Modernamente, o problema tem sido colocado noutros termos: tratar-se-ia de saber se a indústria ou serviços constituem contribuições de capital – isto é, que concorrem para a determinação da medida do capital social – ou simples contribuições de patrimònio; no primeiro caso, o sócio teria direito ao reembolso do valor dos serviços prestados. A discussão travada em Itália e que tem conduzido a posições muito diversas não pode ser pura e simplesmente transposta para o nosso direito, porque desta vez há uma diferença importante entre os dois Códigos; o artigo 2282.º italiano, ao regular a repartição do activo, diz "Extintos os débitos sociais, o activo restante é destinado ao reembolso das contribuições (*conferimenti*)", sem fazer referência expressa às contribuições com serviços e deixando assim margem para discutir amplamente se tal contribuição está ou não incluída naquele artigo; o nosso artigo 1018.º n.º 1 declara "Extintas as dívidas sociais, o activo restante é destinado em primeiro lugar ao reembolso das entradas efectivamente realizadas, <u>exceptuadas as contribuições de serviços</u> e as de uso e fruição de certos bens".

Temos, pois, texto expresso consagrando a tese desfavorável ao sócio de indústria. Raciocinando sobre essa base e refazendo em sentido inverso o raciocínio acima referido que parte da distinção entre contribuições de capital e contribuições de patrimònio, o facto de o sócio de indústria não ser "reembolsado" da sua contribuição levaria agora a concluir que se trata de contribuição de patrimònio e não de capital. Há, no entanto, alguns aspectos da discussão italiana que podem ter interesse para a interpretação daquele nosso preceito. Trata-se, em primeiro lugar, de saber se aquela disposição é imperativa ou se, ao contrário, podem os sócios convencionar que a contribuição do sócio de indústria seja "reembolsada" na partilha do saldo de liquidação; em segundo lugar, e caso a resposta à primeira pergunta seja no sentido da disponibilidade da norma, se deve considerar-se convencionado o reembolso sempre que no contrato seja indicado o valor da contribuição de indústria; finalmente se, não sendo convencionado o valor da contribuição de indústria, o reembolso se fará pelo critério especificado no artigo 992.º n.º 3.

Olhando apenas as relações entre os sócios, não se vê obstáculo à convenção de reembolso da contribuição com serviços, estipulando-se logo o respectivo valor ou o critério para o determinar; assim faz, por exemplo, o artigo 1708.º do Código Civil espanhol, ao determinar que ao sócio industrial não pode atribuir-se nenhuma parte dos bens entrados, salvo se expressamente tiver sido pactuado o contrário. Trata-se de interesses pessoais dos sócios, dos quais eles podem dispor, como poderiam, por exemplo, chegar a resultado semelhante, aumentado o quinhão do sócio de indústria na partilha do excedente (depois de retiradas as contribuições com bens). A objecção só poderia provir duma inidoneidade legal absoluta para a contribuição de serviços ser considerada contribuição de capital, mas essa mesma poderia ser flanqueada, admitindo-se que, embora a contribuição de serviço não fosse contribuição de capital, a partilha do excedente (no sentido acima indicado) só se faria depois de reembolsadas as contribuições de capital e a contribuição de serviços; nessa altura, o capital ou o tratamento igual dado à contribuição de serviços já não afecta interesse de terceiros, visto, por definição, estarem extintas as dívidas sociais.

A fixação contratual do valor do quinhão do sócio de indústria não prova inequivocamente a intenção de o fazer partilhar o saldo de liquidação em condições idênticas às dos outros sócios. Aquele valor tem outra função, pois serve para o cálculo do direito a lucros (quer periódicos quer finais) e da responsabilidade pelas perdas quando excepcionalmente o sócio de indústria a tenha assumido. Não pode, pois, dizer-se que a estipulação de valor necessariamente ou inequivocamente implica a intenção de autorizar o "reembolso" da própria contribuição.

Muito menos ainda é aceitável a ideia de que, faltando uma determinação contratual inicial do valor do quinhão, o sócio de indústria teria direito ao reembolso na medida fixada pelo artigo 992.º n.º 3. Este preceito expressamente é reportado ao quinhão do sócio de indústria <u>nos lucros</u>, além de que essa doutrina subverteria o disposto no artigo 1018.º n.º 1, transformando em regra (salvo pacto em contrário) o reembolso dos serviços. Na verdade, como a chamada "determinação sucessiva do valor dos serviços", nos termos do artigo 992.º n.º 3, pode ser feita em todos os casos (o caso de estipulação directa e inicial do valor já daria o mesmo resultado), haveria <u>sempre</u> uma presumida – salvo prova em contrário – intenção de reembolso. Acresce que o nosso artigo 992.º n.º 2 está redigido com maior precisão do que o artigo 2063 código civil italiano, embora neste já seja bastante claro que o critério de equidade na fixação do valor dos serviços funciona para efeito de lucros e perdas.

4.5 – *Sócio de indústria – exclusão*

A exclusão do sócio pode verificar-se quando sendo sócio de indústria, se impossibilite de prestar à sociedade os serviços a que ficou obrigado (artigo 1003.º alínea c)). O artigo 2286 italiano fala em inidoneidade superveniente; o nosso preceito corresponde à mesma ideia, pois o verbo impossibilitar-se exprime que <u>sobreveio</u> um facto determinante duma incapacidade pessoal para prestar o serviço.

A alínea citada fala em sócio de indústria, enquanto o artigo italiano diz *"socio che a conferido nella società la propria opera"*; ambos permitem a questão de saber se devem ser aplicados àquele sócio que apenas contribui com serviços (ou por outras palavras ao sócio apenas de indústria) ou também ao sócio que, além de indústria, contribui com bens. Do texto da lei não se retira argumento decisivo; tanto pode dizer-se que a segunda hipótese deve estar abrangida, pois o sócio deixa de prestar os serviços que prometeu, como que ela deve ser excluída, por o sócio ainda manter parte da contribuição a que se obrigou. A doutrina italiana inclina-se para a solução mais benévola, que também aparece acolhida nos nossos autores, e que subscrevo, à semelhança do que adiante se dirá quanto à alínea d) do mesmo artigo (perecimento parcial da contribuição com bens).

Pela sua letra, a alínea permite a exclusão do sócio de indústria, quaisquer que sejam as circunstâncias em que a impossibilidade ocorra:

– perto ou longe da constituição da sociedade;
– completa ou parcial, imputável ou não imputável;
– definitiva ou temporária; física, psíquica ou doutra natureza.

Entradas 89

Nítida é a distinção entre a impossibilidade e a falta de prestação por outros motivos; nesse aspecto o nosso legislador afastou-se doutros que permitem a rescisão parcial do contrato por ausência do sócio de indústria (como o artigo 218.º espanhol, "por ausentar-se um sócio que esteja obrigado a prestar serviços pessoais à sociedade, se tendo sido notificado para regressar e cumprir os seus deveres isso não se verificar ou não apresentar uma justa causa que temporariamente o impeça") de modo que a falta de prestação dos serviços por causa diferente da impossibilidade deve ser apreciada perante a alínea a) do artigo 1003.º – violação grave imputável ao sócio – e não perante a alínea c).

Quanto às citadas gradações e circunstâncias da impossibilidade, parece que o legislador teve em vista a falta da prestação convencionada e, portanto, não interessará distinguir se ela é ou não imputável ao sócio, pois num caso e noutro a prestação falta. Também nos parece que o legislador, ao falar em impossibilitar-se olhou expressamente a hipótese de o sócio já ter prestado durante algum tempo o serviço prometido e não se impressionou por tal facto, permitindo a exclusão; o tempo ou quantidade de serviço já prestado não interessa para o caso. Ainda o mesmo rigor guiou o legislador para o caso de a impossibilidade não ser completa. Já se nos afigura, porém, que a impossibilidade temporária não tomba fatalmente sob essa regra e que deve ser apreciada caso a caso para, conforme a sua duração, ser ou não equiparada à impossibilidade absoluta.

VI – SOCIEDADES ENTRE CÔNJUGES

Nota sobre sociedades de pessoas e sociedades de capitais

VI

SOCIEDADES ENTRE CÔNJUGES

O artigo 1714.º do Código Civil determina no número 1, que, fora dos casos previstos na lei, não é permitido alterar, depois da celebração do casamento, nem as convenções antenupciais nem os regimes de bens legalmente fixados. A propósito deste princípio da imutabilidade das convenções antenupciais e dos regimes de bens resultantes da lei, os dois números seguintes do mesmo artigo referem-se às sociedades entre cônjuges, tomando nós por enquanto esta expressão num sentido amplo. O n.º 2 considera abrangidos pelas proibições do número anterior, os contratos de sociedade entre cônjuges, excepto quando estes se encontrem separados judicialmente de pessoas e bens. O n.º 3 declara lícita, contudo, a participação dos dois cônjuges na mesma sociedade de capitais[31].

Não pode haver dúvida de que o Código considera os contratos de sociedade entre os cônjuges proibidos como alteração, proibida também, das convenções antenupciais e dos regimes de bens fixados por lei. Afasta, portanto, ou não considera convincentes todos os argumentos da doutrina anterior, tendente a demonstrar que uma sociedade entre cônjuges não violaria o citado princípio. Do mesmo passo afasta também todos os argumentos favoráveis à validade de tais sociedades, baseados no princípio da liberdade de associação, que só poderia ser limitado por

---

[31] Ver nota sobre sociedades de pessoas e sociedades de capitais, no final deste número.

94   *Apontamentos sobre Sociedades Civis*

lei expressa, que alguns entendiam não existir para o caso: agora existe a lei expressa, que é o artigo 1714 n.º 2.

Resta, porém, saber se a violação do princípio da imutabilidade das convenções antenupciais e dos regimes de bens fixados por lei constituiu, para o legislador, o único motivo da condenação das sociedades entre cônjuges, questão que tem o interesse de abrir o caminho para perguntar se serão válidas ou nulas as sociedades entre cônjuges, quando estas não violem o citado princípio (o que só pode suceder quando à expressão "contratos de sociedades entre cônjuges" usada nesse artigo 1714 n.º 2 não se atribui o mais amplo alcance possível e, portanto, ao lado daquelas condenadas por esse preceito, existam outras possivelmente condenáveis por outros preceitos). Por outro lado, uma vez que o n.º 3 do mesmo artigo considera lícita a participação dos dois cônjuges na mesma sociedade de capitais, deverá ser averiguado se nessa hipótese particular não há violação do princípio da imutabilidade ou se ela constitui excepção a esse princípio.

Directamente abrangida pelo n.º 2 do artigo 1714 está a hipótese de celebração de um contrato de sociedade, depois do casamento, entre os dois cônjuges como únicos sócios. Literalmente, não estão abrangidas as seguintes hipóteses:

a) contrato de sociedade, anterior ao casamento e perdurando posteriormente, apenas entre os dois cônjuges;

b) aquisições pelos dois cônjuges, posteriores ao casamento, de participações em sociedades já existentes, tornando-se eles os dois únicos sócios.

Duvidoso é se "sociedades entre cônjuges" abrange nesse preceito exclusivamente as sociedades de que apenas sejam sócios os dois cônjuges ou também aquelas em que eles estejam associados a terceiros.

Na discussão anterior ao Código, dizia-se que o princípio da imutabilidade das convenções antenupciais nunca explicaria a nulidade das sociedades anteriores ou concomitantes ao casamento. Na verdade, posto o problema perante um princípio que só vigora depois do casamento, não é lógico entender que uma sociedade constituída antes do casamento (ou pelo menos, não depois do casamento), viola aquele princípio; a convenção ou o regime de bens torna-se imutável pelo casamento e nada tem a ver com a situação anterior dos bens dos futuros cônjuges.

Quando, depois do casamento, não é celebrado um contrato de sociedade entre os cônjuges, mas cada um se torna proprietário de um quinhão social, a doutrina anterior ao Código impressionava-se sobretudo com a hipótese de um dos cônjuges já ser sócio e o outro vir a adquirir, por sucessão de um terceiro, a outra participação social na mesma sociedade. A hipótese tem a característica especial de a aquisição não resultar de um acto de vontade (ou pelo menos não ser provocada por um acto de vontade do cônjuge, pois este manifesta sempre uma vontade ao aceitar a herança ou legado), mas substancialmente é idêntica à de aquisição da participação por acto entre vivos, pois trata-se de saber se o funcionamento de uma sociedade entre cônjuges altera ou não o regime convencional ou legal de bens.

Independentemente das possíveis fraudes (constituição de uma sociedade entre terceiros ou entre um cônjuge e terceiro, para posterior aquisição por ambos os cônjuges ou um deles), as quais devem ter o tratamento correspondente à fraude e não a consequência de inquinarem as hipóteses em que não tenha havido a fraude, é indiferente para este efeito que a sociedade tenha sido contratada directamente entre os cônjuges ou que posteriormente ao casamento estes se tenham tornado, separadamente, sócios únicos da mesma sociedade. Também nesta segunda hipótese podem dar-se os desvios ao regime legal ou convencional de bens que o legislador quer evitar na primeira hipótese, pois estes resultam do funcionamento da sociedade e não do facto de a sociedade ter sido contratada directamente entre os cônjuges. Acresce que, por subsequentes modificações do contrato, pactuadas entre os dois cônjuges, ser-lhe-ia possível introduzir modificações ainda mais pronunciadas do que as existentes na altura da aquisição das participações. Assim, a expressão "contratos de sociedades entre os cônjuges", no artigo 1714 n.º 2, deve ser entendida não como reportando-se apenas ao facto da celebração do contrato, mas ao facto de, por alguma forma, os dois cônjuges ficarem partes num contrato de sociedade, depois do casamento.

A existência de um terceiro sócio – sócio real, pois a interposição fictícia será combatida pelos meios próprios – não faz, em princípio, mudar este quadro, pois não exclui que entre os cônjuges-sócios fique existindo aquela ligação susceptível de provocar a alteração do regime convencional ou legal de bens, indesejável para o legislador. As consequências práticas da rígida aplicação de tal solução repugnam, contudo, quanto a certos tipos de sociedades; difícil é, por exemplo, aceitar que os cônjuges, casados em regime de separação absoluta de bens, não possam adquirir acções da mesma sociedade anónima. Há, em função do tipo da sociedade, uma gradação de hipóteses, que não pode ser ignorada e perante a qual o legislador tomou posição no número 3 do artigo 1714.º, considerando lícita, contudo, a participação dos dois cônjuges na mesma sociedade de capitais.

O advérbio <u>contudo</u> mostra que o legislador, em princípio, considera qualquer participação de dois cônjuges na mesma sociedade susceptível de alterar o regime convencional ou legal de bens, mas que, atendendo a outras circunstâncias, a admite nas sociedades de capitais. Assim, o regime que decorre da conjugação dos números 2 e 3 do artigo 1714.º é o seguinte:

a) sociedades anteriores ao casamento, quer apenas entre os dois cônjuges quer entre eles e terceiros não são afectadas pelo facto do casamento.

b) Depois do casamento, os cônjuges não podem celebrar entre si, sem outros sócios, um contrato de sociedade de pessoas, nem podem, nesse género de sociedades, participar com terceiros no acto constitutivo.

c) Igualmente, em sociedades de pessoas, os cônjuges não podem tornar-se sócios, únicos ou não, por factos posteriores ao contrato de sociedade.

d) Tratando-se de sociedades de capitais, os cônjuges não podem formá-las apenas entre si.

e) Podem, porém, os cônjuges, em sociedades de capitais, participar quer originária quer subsequentemente, juntamente com outras pessoas.

A doutrina francesa dominante entende que, quando um sócio se casa sem contrato ou quando o marido entra para uma sociedade com bens abrangidos pela comunhão existente entre ele e sua mulher, esta não adquire a qualidade de sócia dos sócios do seu marido e fica na situação de associada à quota desta (*convention de croupier*), de maneira que o marido poderá, mesmo depois de dissolvida a comunhão de bens, continuar sozinho na sociedade e proceder à partilha desta, sem que a mulher possa reivindicar mais do que um direito de crédito contra o marido. Alguns autores opõem-se a essa doutrina, notando que as sociedades entre esposos são proibidas e a associação à quota (convenção de croupier) é uma sociedade.

Esta doutrina francesa dominante pressupõe que a aquisição da participação social não fez integrar esta numa comunhão conjugal de bens, onde seriam integrados outros bens, adquiridos nas mesmas circunstâncias. Para além doutros defeitos que apresenta – por exemplo, a incerteza sobre o facto originador da associação à participação, pois não há convenção entre os associados-esposos nem parece que a associação resulte directamente da lei – tal doutrina só poderá valer depois de provado que a participação, como tal, não se integra na comunhão. Pelo menos para o nosso direito, não é possível tal prova. A participação é integrada na comunhão de adquiridos por força do artigo 1724.º Código Civil, e na comunhão geral pelo artigo 1732.º Pode excepcionalmente, essa participação constituir um bem incomunicável, sob a alínea a) ou b) do artigo 1733.º (bens doados ou deixados, ainda que por conta da legítima, com a cláusula de incomunicabilidade; bens doados ou deixados com a cláusula de reversão ou fideicomissária, a não ser que a cláusula tenha caducado), mas, quando isso aconteça, a participação será um bem próprio do cônjuge, no qual o outro não tem associação. A incomunicabilidade da participação só poderia ser geral, se caísse sob a parte final da alínea c) – "demais direitos estritamente pessoais" – o que, por natureza, não sucede, pois mesmo nas sociedades civis e nas sociedades em nome colectivo, as participações são transmissíveis, embora com consentimento dos outros sócios.

No entanto, a referida doutrina corresponde a uma preocupação real: a de o casamento de um sócio trazer à sociedade um sócio novo. Salvo cláusulas especiais – como a cláusula de amortização duma quota em caso de casamento ou a possibilidade de exclusão com o mesmo fundamento – a participação adquirida por sócio casado em regime de comunhão (ou geral ou de adquiridos) integra-se, nos termos gerais, na comunhão; daí resulta serem sócios os dois cônjuges.

Tal como sucede no caso de contitularidade ou compropriedade de participação social entre pessoas não ligadas por matrimónio, os dois cônjuges são sócios, embora sujeitos a um regime especial de contitularidade. Assim, é de excluir a ideia – que afinal corresponde à doutrina francesa, sem precisar o enquadramento técnico no regime de *croupier* – de que só um dos cônjuges tenha a qualidade de sócio. Teoricamente, esta ideia é contrariada pelo facto de não haver uma qualidade de sócio desligada da participação social e, inversamente, a titularidade desta participação conferir a qualidade de sócio.

A contitularidade está sujeita às regras próprias da comunhão conjugal de bens: não há necessidade de nomear um dos contitulares como representante junto da sociedade, pois essa representação rege-se pelas regras da administração da comunhão; dissolvida a comunhão, a participação entra na respectiva partilha.

Como sócios, ambos os cônjuges, e não só aquele que primitivamente era sócio ou que figurou como adquirente, devem em princípio contar para os efeitos de factos que legalmente ou estatutariamente afectem a participação, quando ocorridos relativamente a algum deles. Assim, prevista num contrato de sociedade por quotas a amortização da quota por falecimento do sócio, dever-se-á, em princípio, aplicar a cláusula por falecimento de qualquer dos sócios. Haverá, contudo, a possibilidade de provar, por interpretação da cláusula, que a intenção dos contraentes era só atender aos referidos factos quando ocorridos quanto àquele dos cônjuges que interveio na constituição da sociedade ou na aquisição da participação. Facilitaria essa tarefa – difícil na prática por falta de elementos específicos de interpretação – uma presunção, em qualquer dos sentidos possíveis, mas também não é fácil determinar qual ela seja. Por outro lado, dir-se-á que os sócios, quando se identificam uns aos outros, não pensam nos respectivos cônjuges; por exemplo, quando é celebrado o contrato de sociedade, intervêm certas pessoas nominalmente designadas e não os respectivos cônjuges; seriam essas pessoas as visadas por cláusulas dos géneros acima referidos. É, porém, talvez mais seguro, apreciar caso a caso o facto previsto na cláusula e o efeito que lhe é atribuído, verificando se, sim ou não, a ocorrência da morte do cônjuge deve ser incluída, com o mesmo fundamento, naquele facto, atendendo ao efeito por ele produzido. Por exemplo, voltando às cláusulas de amortização de quotas, sede habitual do problema prático, só haveria que excluir os cônjuges, quando o facto permissivo da amortização fosse de natureza a não causar à sociedade o risco que se pretende evitar dando-lhe a faculdade de amortizar a quota.

Sobre os perigos que para a empresa podem resultar do casamento do empresário, Visarius, Gefahren für den Betrieb, págs. 13 e segs.

Depois do Código Civil de 1966, têm-se suscitado dúvidas práticas quanto ao exercício de direitos sociais pelo marido, sobretudo o direito de voto, ao qual era pacificamente admitido o marido, nesta qualidade, antes daquele Código.

O exercício desses direitos inclui-se na administração dos bens do casal, que, incluindo a dos bens próprios da mulher e os bens dotais, pertence ao marido, nos termos do artigo 1678.º n.º 1[32]. Excepcionalmente, a mulher tem a administração, nos casos previstos pelas alíneas do n.º 2 do mesmo artigo, entre as quais se conta a que levanta dificuldades práticas: d) de todo o seu património, se tiver sido estipulado o regime de separação. Assim, compete à mulher participar nas assembleias gerais de sociedades de que ela seja sócia (devendo ser ela convocada), salva a representação que possa conceder ao marido, conforme os tipos de so-

---

[32] NOTA — a redacção do artigo 1678.º para que remete o texto é a anterior à introduzida pelo Dec-Lei n.º 496/77.

100   *Apontamentos sobre Sociedades Civis*

ciedades; nas sociedades por quotas e nas sociedades anónimas em que um sócio só por outro pode fazer-se representar nas assembleias (ou deliberações de sócios sem reunião de assembleia), a mulher nem sequer pode fazer-se representar pelo marido que não seja pessoalmente sócio. Os preceitos de contratos e estatutos redigidos anteriormente ao novo Código e que, nos termos da legislação então vigente, atribuía ao marido, em qualquer regime de bens, a representação em assembleias, devem hoje considerar-se caducos, quando contrariem o artigo 1678.º n.º 2.

NOTA
Sociedades de pessoas e sociedades de capitais

Nas ordens jurídicas onde é utilizada a distinção entre sociedades de pessoas e sociedades de capitais, é constante, quanto a sociedades comerciais, incluir nas primeiras a sociedade em nome colectivo (ou tipo equiparado em cada uma delas) e nas segundas a sociedade anónima, bem como acentuar o *intuitus personae*, que dominaria as primeiras e faltaria nas segundas. Na Alemanha, um traço negativo – a falta de personalidade jurídica das sociedades de pessoas – facilita praticamente a distinção.

Quanto à composição de cada uma dessas categorias, temos, por exemplo: na França, como sociedades de pessoas, a sociedade em nome colectivo, a sociedade em comandita simples, ingressando todas as outras nas sociedades de capitais; em Itália, consideram-se de pessoas a sociedade simples, a sociedade em nome colectivo e a sociedade em comandita simples e consideram-se de capitais a sociedade por acções, a sociedade em comandita por acções e a sociedade de responsabilidade limitada; na Alemanha, são sociedades de pessoas a sociedade civil (BGB – Gesellschaft), a sociedade correspondente às sociedades em nome colectivo (OHG) a sociedade em comandita, a sociedade ou associações em participação (stille Gesellschaft) e a Reederei (sociedade especial de direito marítimo). Em geral, as dúvidas principais quanto à composição dos grupos respeitam, como adiante veremos, na localização das sociedades correspondentes às nossas sociedades por quotas de responsabilidade limitada.

Composição e caracterização do grupo reagem mutuamente; as características de cada grupo hão-de ser comuns a todas as espécies de sociedades agrupadas e a pertença a um agrupamento há-de resultar da verificação das características comuns. Pode, no entanto, suceder que todas ou algumas dessas características deixem de verificar-se numa sociedade concreta, pelo uso que as partes façam da faculdade de estipulação, relativamente a normas legais dispositivas. Para a caracterização da categoria tomar-se-ão agora, em conjunto, as normas legais imperativas e dispositivas, vendo-se depois a possível influência das estipulações lícitas.

Pouco adiantam, embora fundamentalmente possam corresponder à realidade, fórmulas vagas do género de as sociedades de pessoas associarem pessoas, individualmente consideradas, e as sociedades de capitais reunirem capitais, com irrelevância das pessoas[33]; o mesmo sucede com as descrições diferenciais dos respectivos regimes jurídicos, que podem interessar como expressões duma diferença fulcral mas não como simples enumerações.

Na Alemanha, existe uma diferenciação formal entre sociedades de capitais e sociedades de pessoas; as primeiras gozam de personalidade jurídica, recusada às segundas. Nas sociedades de pessoas, os sócios e não a sociedade são os titulares dos direitos e obrigações; entenda-se, porém, que tais direitos e obrigações podem ser atribuídos aos sócios não individualmente, mas como um "conjunto de pessoas". Tal diferenciação não funciona nos sistemas como o francês em que todas as sociedades são consideradas pessoas jurídicas ou, como o português, em que todas as sociedades comerciais gozam de personalidade jurídica.

---

[33] Por exemplo, Hintzen, Auflösung und Liquidation, pág. 2: "A sociedade de pessoas é a ligação de carácter obrigacional entre pessoas para uma empresa comum; a sociedade de capitais é a construção de certo capital para determinada empresa".

102 *Apontamentos sobre Sociedades Civis*

À cabeça das diferenças materiais aparece o regime de responsabilidade dos sócios. Enquanto nas sociedades de capitais, a responsabilidade dos sócios é sempre individual e limitada, nas sociedades de pessoas, os sócios respondem solidária e ilimitadamente pelas dívidas sociais. A afirmação não pode, porém, ser entendida na sua máxima extensão; mesmo pondo de parte a possibilidade de na sociedade civil portuguesa (como na sociedade simples italiana) alguns sócios responderem limitadamente pelas dívidas sociais – afastamento que se justifica por a limitação de responsabilidade dalgum sócio depender de estipulação contratual – nas sociedades comerciais em nome colectivo todos os sócios respondem ilimitada e solidariamente, na sociedade em comandita, o sócio comanditário responde limitadamente. Assim, pode dizer-se, com mais rigor, que nas sociedades de pessoas há sempre sócios que respondem ilimitada e solidariamente pelas dívidas sociais.

Desta primeira resulta uma segunda característica: a inerência da administração; os sócios – pelo menos os sócios ilimitadamente responsáveis – só por o serem têm o direito de administrar a sociedade. Tal princípio pode ir ao ponto de não ser permitida a administração da sociedade por pessoas que não sejam sócios.

Finalmente – sem referir outras características menores e meramente consequenciais – na sociedade de pessoas, as alterações da composição pessoal da sociedade determinam a extinção desta ou pelo menos dependem do consentimento dos outros sócios.

Esta regra aplica-se em primeiro lugar, à entrada de novos sócios, em acréscimo aos existentes, considerada até, por vezes, como um novo contrato de sociedade. Depois, aplica-se à cessão da participação social entre vivos, ou totalmente proibida ou subordinada ao consentimento unânime dos outros. Ainda rege a hipótese de morte dum sócio, que ou pura e simplesmente dissolve a sociedade ou afasta os herdeiros do sócio falecido, continuando a sociedade entre os sócios superstites e tornando os herdeiros meros credores da sociedade pela importância de liquidação ou quinhão.

Reflexamente, nas sociedades de capitais, além da limitação da responsabilidade de todos os sócios, teremos a dissociação entre a qualidade de sócio e a administração da sociedade, a qual é atribuída a sócios ou não sócios por um acto individual de escolha, no qual podem participar todos os sócios; a liberdade de transmissão da participação social, que assim se torna um valor de troca, destinado à circulação, facilitada esta, em certas sociedades, pela sua incorporação num título.

VII – DELIBERAÇÕES DOS SÓCIOS

1 – Voto – Conflito de interesses
2 – Oponibilidade das deliberações

VII
DELIBERAÇÕES DOS SÓCIOS

Tomando por enquanto a palavra "deliberação" num sentido muito amplo – manifestações de vontade de todos os sócios sobre o mesmo objecto – o Código Civil, no capítulo dedicado às sociedades, nada dispõe expressamente sobre o método ou forma de tomada dessas deliberações dos sócios. Daí, a transposição para o nosso direito do problema debatido em Itália quanto ao papel da colegialidade ou método colegial na sociedade simples. Em bom rigor, o problema consiste em determinar a forma necessária ou as formas possíveis dessas deliberações; na prática, o problema centra-se sobre a colegialidade, não só por ser uma das alternativas possíveis, como principalmente por constituir noutros tipos de sociedades ou a forma única ou a forma normal de deliberar.

O método colegial pode também, nas sociedades, ser chamado método de assembleia, visto ser este o nome consagrado para as reuniões dos sócios com fins deliberativos. Na verdade, aquele método caracteriza-se pela unidade de lugar e de tempo das manifestações individuais de vontade, para conseguir a qual é indispensável a reunião das pessoas; por sua vez, para conseguir esta reunião é normalmente indispensável convocar todos quantos possam emitir as vontades, delimitar os objectos sobre os quais as vontades podem ser manifestadas e identificar a reunião como sendo aquela destinada à manifestação dessas vontades. Admite-se, contudo, pacificamente: que as formalidades anteriores à reunião da assembleia possam ser dispensadas quando todos quantos nela possam participar estejam presentes e queiram constituir-se em assembleia; que não é essencial a esse método a possibilidade de tomada de deliberações por maioria, havendo assembleia mesmo quando a deliberação deve ser tomada por unanimidade; que a possibilidade de discussão, antes do voto, é natural mas não essencial ao método.

Colocando o problema acima referido pelo prisma da colegialidade, três são as soluções possíveis:

a) o método colegial é imposto para todas as deliberações de sócios das sociedades civis;

b) o método colegial é imposto para algumas deliberações de sócios das sociedades civis;

c) o método colegial não é imposto para nenhumas deliberações de sócios das sociedades civis.

As três soluções têm defensores na doutrina. É evidente que nas soluções b) e c) fica aberto um espaço, menos ou mais amplo, para as partes adoptarem voluntariamente o método colegial, pois parte-se do pressuposto certo de que, a ser imposto um método, seria o colegial e não outro.

A primeira solução quadra particularmente aos propugnadores da personalidade jurídica da sociedade civil. Mais lhes quadraria a imposição expressa do método colegial nas sociedades civis, pois daí mais facilmente subiriam à personalidade colectiva; no silêncio da lei sobre o método de deliberação, ou afirmam que o silêncio da lei não é tão completo como à primeira vista parece e que existe nela um método colegial "embrionário" ou "rudimentar" ou transportam para a sociedade civil o método colegial perfeito, como necessária consequência da personalidade colectiva. Na realidade, porém, o método colegial não anda aliado à personalidade colectiva, nem no sentido de ser esse o método <u>forçoso</u> das deliberações nas pessoas colectivas, nem no sentido de o método ser <u>exclusivo</u> das pessoas colectivas.

Certamente, o artigo 172.º e seguintes do Código Civil prevêem e regulam a assembleia geral das pessoas colectivas do tipo associação, mas daí não se segue que em todas as pessoas colectivas (mesmo só desse tipo) todas as deliberações tenham de ser tomadas em assembleia. O artigo 36.º da LSQ, depois de no seu corpo dizer que as deliberações dos sócios serão tomadas em assembleia, dispensa a reunião da assembleia quando todos os sócios concordem, por escrito, na deliberação ou quando todos os sócios concordem, por escrito, em que por esta forma se delibere.

Por outro lado, na propriedade horizontal, o artigo 1430.º e seguintes instituem uma assembleia de condóminos como órgão de administração das partes comuns do edifício, sem que por isso os condóminos formem uma pessoa colectiva.

Em abono desta mesma solução, aduzem-se argumentos retirados da natureza da deliberação. Insistir sobre a palavra, neste caso seria manifestamente inconclusivo; não se trata de definir o significado de "deliberação" e de, em seguida, deduzir dele todos os corolários possíveis; trata-se de saber se as manifestações de vontade dos sócios – sejam ou não designadas unitariamente por "deliberação" – exigem, por natureza, o método colegial. O argumento baseia-se numa espécie de transmudação das vontades individuais em vontade unitária duma colectividade (independentemente da "vontade" duma pessoa colectiva), a vontade do grupo ou a vontade da assembleia, para a qual só seria idóneo o método colegial; quer dizer, as vontades individualmente manifestadas manter-se-iam como vontades individuais se não fossem expressas pelo método colegial, quando expressas por meio deste perdem a sua natureza individual e passam a constituir meros elementos da formação duma outra vontade, a do grupo ou assembleia, assim se explicando que para a formação desta última vontade concorram tanto as vontades que formaram maioria, como os votos minoritários, pois uns e outros se dissolvem ou perdem a sua individualidade própria, como meros elementos de formação duma vontade diferente (ou até superior, donde a imposição da vontade do grupo às minorias dissidentes). O nome próprio destes actos de formação da vontade do grupo seria "deliberação".

No plano positivo, voltamos a lembrar o artigo 36.º da LSQ, que desmente tanto o emprego técnico da palavra deliberação como a necessidade do método colegial para as manifestações de vontade dos sócios. No campo dogmático, remetemos para o que já dissemos.

Faltando assim argumentos para impor a colegialidade na sociedade civil, pode, contudo, perguntar-se quais os motivos determinantes da diferença entre tomada de deliberações nas sociedades de capitais e nas sociedades civis; a doutrina que comunga nesta opinião contrária à colegialidade encontra-os na rapidez e prontidão com que devem ser tomadas as deliberações nas sociedades civis, as quais não se compadecem com as demoras e os formalismos das reuniões de assembleias. O motivo, embora não seja válido para excluir a utilização do método colegial quando adoptado pelos interessados, (isto é, embora não condene o método colegial como contrário à natureza das sociedades civis) pode ser completado com o reduzido círculo de sócios com que usualmente contam estas sociedades e com a intimidade das relações entre eles. Mais uma vez pode valer a comparação com o artigo 36.º da LSQ, que pretende colocar ao alcance dos sócios das sociedades por quotas de responsabilidade limitada (geralmente pouco numerosos) meios de actuarem em conjunto sempre que todos nisso concordem, sem quaisquer formalismos de reunião, bastando a vontade unânime de deliberar por escrito.

A segunda das soluções acima citadas – imposição legal do método colegial nalguns casos, enquanto nos outros a forma de manifestação de vontade dos sócios seria livre – não pode ser totalmente afastada. É realmente concebível que, para alguns casos, a lei imponha esse método (e a referência à lei não abrange apenas o Código Civil, mas outros diplomas legais onde porventura seja prevista uma deliberação dos sócios). O problema consiste, porém, em saber qual a força dessa imposição e quando ela se considera existente.

O aspecto da força da imposição não pode ser descurado, quando autores que entendem prescrever a lei o método colegial para certas deliberações, depois flectem, admitindo que a vontade das partes afaste esse método e vontade não só expressa no contrato de sociedade como até na própria forma, não colegial, da tomada dalguma deliberação. Isto corresponde realmente a admitir a validade das deliberações tomadas por qualquer método, só por tal método ter sido utilizado. Não podemos negar, em princípio, a possibilidade de serem meramente dispositivas normas que, para certos assuntos, prescrevem o método colegial, mas parece-nos exagerado admitir que todas as disposições onde esse método seja prescrito para assuntos concretos possam ser tão facilmente derrogadas; pelo contrário, afigura-se-nos que, como regra, deve considerar-se imperativa a determinação legal de certo modo de deliberar.

Onde a doutrina agora considerada parece inaceitável é no critério de escolha dos casos em que a lei prescreveria o método colegial e que consistiria apenas no uso da palavra deliberação. Indicámos acima motivos bastantes para não atribuir ao uso desta palavra esse radical valor; podemos acrescentar que o uso dela feito no capítulo do Código sobre as sociedades confirma esta opinião. São apenas três os preceitos desse capítulo que usam a palavra deliberação; o artigo 991.º fala em <u>deliberação da maioria</u>, expressão que, entendida à letra, contraria a tese por admitir que uma deliberação seja da maioria e não da totalidade, da tal vontade unitária apesar das suas contradições internas; no artigo 996.º, e na epígrafe do artigo 1005.º, cujo texto fala em voto da maioria. É, contudo, indemonstrável que os assuntos sobre os quais os três citados preceitos prevêem a deliberação exijam o método colegial mais do que todos os outros onde apenas se fala em voto, assentimento, consentimento dos outros sócios, unânimes ou da maioria.

A terceira solução, segundo a qual a colegialidade não é imposta pelo Código Civil, resulta em primeiro lugar da exclusão das outras possíveis. Abona-se ainda com a letra dos preceitos e com os argumentos já acima referidos que a consideram mais consentânea com a natureza e as características deste tipo de sociedades. A doutrina italiana invoca ainda a seu favor um argumento de texto, igualmente utilizável no nosso direito; trata-se do artigo 1008.º n.º 2 (cod. ital. art. 2273), quando prevê a prorrogação tácita da sociedade: considera-se tacitamente prorrogada a sociedade, por tempo indeterminado, se os sócios continuarem a exercer a actividade social, salvo se das circunstâncias resultar que não houve essa intenção. A prorrogação constitui uma modificação do contrato social, em que fora estabelecido o prazo de duração da sociedade, prazo cujo decurso produz a dissolução da sociedade (art. 1007.º al. b), a sociedade dissolve-se pelo decurso do prazo fixado no contrato, não havendo prorrogação); as modificações do contrato social requerem o acordo de todos os sócios, excepto se o próprio contrato o dispensar (art. 981.º n.º 1); o acordo de todos os sócios para a alteração do contrato por meio de prorrogação pode consistir em procedimentos concludentes dos sócios e, portanto, não é necessário nesse caso reunir uma assembleia e aí deliberar. O artigo 1008.º n.º 2 contém o afloramento do princípio geral da admissibilidade de deliberações tácitas, o qual por sua vez é incompatível com o método de assembleia e, portanto, prova a desnecessidade legal deste.

Ressalvadas as disposições estatutárias que exijam certo método, os sócios podem, portanto, manifestar as suas vontades separadamente e por qualquer forma admissível em direito. Haverá necessariamente um mínimo de formalidades de recolha dessas manifestações, quando expressas, e de prova das deliberações tácitas, mas a qualquer interessado é lícito provar em qualquer momento que os consentimentos foram emitidos. Discute-se, porém, se, quando as deliberações possam ser tomadas por maioria, é ou não indispensável proceder à recolha das vontades de todos os sócios; a jurisprudência e parte da doutrina italiana pronunciam--se negativamente, entendendo bastante que se reúnam os votos que formam a maioria; outros autores entendem que devem ser interpelados todos os sócios, embora a partir de certa altura já esteja formada maioria. Para estes últimos, a dispensa do método colegial isenta os sócios de se reunirem formalmente, mas não vai ao ponto de dispensar a audição de todos; consequentemente, ainda haverá um processo, embora rudimentar, só podendo considerar-se tomada a deliberação quando esse processo termine.

1 – Voto – Conflitos de interesse

No capítulo dedicado ao contrato de sociedade o nosso Código Civil não contém preceito genérico sobre a privação do direito de voto no caso de conflito de interesses entre o sócio votante e a sociedade. A propósito das associações, porém, o artigo 176.º disciplina aquela privação.

De harmonia com os princípios que antes determinámos quanto à aplicabilidade às sociedades civis reguladas no Código da disciplina emanada do mesmo Código para as associações, o artigo 176.º é analogicamente aplicável às referidas sociedades. O estatuído nesse artigo nem parece exclusivo das pessoas colectivas que não sejam sociedades nem repugna a conflitos de interesses surgidos quanto a voto em sociedades.

A fonte deste artigo 176.º deve, aliás, ter sido o artigo 2373.º do Código Civil italiano, que regula os conflitos de votos nas assembleias de sociedades por acções. Embora não haja reprodução tão completa como noutros casos, é muito semelhante o regime fundamental estabelecido nos dois artigos.

O associado – no nosso caso, o sócio – não pode votar, <u>por si ou como representante de outrem</u>; por si, exercendo ele próprio o direito de voto correspondente à sua participação social; como representante de outrem, exercendo ele o direito de voto correspondente à participação de outro sócio. Em nenhuma dessas qualidades – própria ou como representante – pode o sócio votar nas matérias em que haja conflito de interesses entre a sociedade e <u>ele</u> (ou <u>seu</u> cônjuge, ascendente ou descendente).

Pensando-se no quadro das possíveis combinações entre a pessoa que exerce o direito de voto e o titular do interesse em conflito com a sociedade, encontra-se, além da hipótese de o voto ser exercido pelo titular do interesse em conflito ou por exercício directo ou como representante de outro sócio, a hipótese de o sócio, como representante de outro sócio, exercer o voto numa matéria em que o interesse da sociedade esteja em conflito com o interesse do sócio representado pelo votante. Esta segunda hipótese parece ser a contemplada no artigo 2373.º do Código Civil italiano, quando dispõe: "O direito de voto não pode ser exercido pelo sócio nas deliberações em que ele tenha, <u>por conta própria ou de terceiros</u>, um interesse em conflito com o da sociedade". Um interesse <u>por conta própria</u> é um interesse do próprio votante (ferido com a privação de voto); um interesse <u>por</u>

114   *Apontamentos sobre Sociedades Civis*

conta de terceiro é um interesse directamente do terceiro e só indirectamente do sócio votante. No entanto, a doutrina italiana não é unânime quanto à hipótese prevista no artigo; uns autores entendem que ela consiste apenas em o sócio votante agir como representante de outro sócio titular do interesse em conflito com o da sociedade; outros sustentam que no preceito estão abrangidas as hipóteses em que o terceiro ofereça ao sócio de cujo voto se discute a licitude uma vantagem patrimonial, a começar por dinheiro, para votar conforme o interesse do oferente.

Deste esboço resulta que para a interpretação do artigo 176.º convirá averiguar se ele abrange as hipóteses consideradas pela segunda corrente doutrinária italiana e ainda qual o regime do caso de voto como representante de sócio cujo interesse esteja em conflito com a sociedade. Quanto à primeira questão, o artigo 176.º não é aplicável; referindo-se apenas ao interesse do sócio votante, quer por si quer como representante, não pode abranger os casos em que o sócio é induzido a votar em certo sentido para satisfação de um interesse alheio em conflito com o interesse da sociedade; problema diferente é o de saber se essa indução ao voto cai sob a alçada de outros preceitos legais. Quanto à segunda questão, parece-nos que o sócio cujo interesse está em conflito com o da sociedade não pode votar por si nem por meio de representante; o voto proibido é, nesse caso, o voto do sócio representado e não o voto do sócio representante ou, por outras palavras, a interposição de representante não evita que o sócio titular do interesse em conflito com o da sociedade seja privado de voto, como expressamente está previsto no § 80 Abs. 4 do Regent da GMBHG (além do voto pessoal e do voto como mandatário).

O n.º 1 do artigo 176.º declara terminantemente que o associado não pode votar, e o artigo está epigrafado "Privação do direito de voto", mas o n.º 2 parece enfraquecer essa proibição, ao determinar que as deliberações tomadas com infracção do disposto no número anterior são anuláveis, se o voto do associado impedido for essencial à existência da maioria necessária. Com efeito, resulta deste n.º 2 que o sócio impedido pode (de facto) votar; que se o voto do sócio impedido não for essencial à existência da maioria necessária, nem voto nem deliberação são afectados; que, embora o voto do sócio impedido seja essencial à existência da maioria necessária, pode a deliberação ser válida (e com ela e por isso, o voto ser relevante), bastando que a anulação não seja requerida oportunamente. Donde, por sua vez é duvidoso se há uma privação do direito de voto ou apenas o dever de o sócio se abster, sancionado com uma possível anulabilidade da deliberação.

Dúvida idêntica tem sido debatida em Itália, perante os dois primeiros trechos do artigo 2373, o primeiro já acima transcrito e o segundo dispondo "em caso de inobservância da disposição do trecho precedente, a deliberação, quando possa causar dano à sociedade, é impugnável, ao abrigo do artigo 2377, se, sem o voto dos sócios que deveriam ter-se abstido da votação, não se teria alcançado a necessária maioria". Além de expressamente falar em "dever ter-se abstido da votação", o preceito italiano difere do nosso em subordinar a impugnação da deliberação à possibilidade de produção de dano à sociedade. Não admira, pois, que grande parte da doutrina italiana sustente que os dois trechos do artigo 2373 devam ser entendidos em conjunto, de modo que a anulabilidade das deliberações tomadas com o voto do sócio impedido apenas ocorre quando a deliberação possa causar dano à sociedade; em vez duma proibição ou privação do voto, pela existência do conflito de interesses, o sócio poderá avaliar se, apesar disso, a deliberação conforme ao seu interesse, pode ou não prejudicar a sociedade e, no caso negativo, concorrer com o seu voto para uma deliberação inimpugnável[34].

No nosso direito, e independentemente, por agora, da questão do possível dano da sociedade, o verdadeiro alcance do artigo 176.º n.º 1 resulta da sua conjugação com o respectivo n.º 2. Tanto a ligação entre os números como os corolários dela acima deduzidos são verdadeiros. A proibição ou privação de voto não

---

[34] JAEGER, pág. 214; FERRI, *Le società*, pág. 453; MENGONI, Riv. Soc. 1956, pág. 449; GAMBINO, *La disciplina del conflitto di interesse del socio*, Riv. Dir. Com. 1969, I, 371; em sentido contrário, GRAZIANI, GRECO, COTTINO, *Le convenzioni di voto*, pág. 245 e segs; FRÈ, pág. 309; TRIMARCHI, *Invalità*, pág. 180 e segs.

podem ser literalmente consideradas. O sócio está proibido de votar, mas o regime estabelecido para a infracção desse preceito legal (assim se exprime o n.º 2 do artigo 176.º) não consiste na nulidade absoluta do voto, que obstaria a que ele fosse, para todo e qualquer efeito, contado como voto produzido na assembleia e, portanto, automaticamente deixaria contar para o cômputo da maioria apenas os votos dos outros sócios. O voto do sócio impedido por conflito de interesses constitui um vício da deliberação tomada no sentido desse voto (quando este seja essencial para a formação de tal maioria), vício esse cuja consequência é uma mera anulabilidade da deliberação, passível da sanação, nos termos gerais dos contratos.

Daqui decorrem consequências importantes para alguns problemas de pormenor, mas praticamente importantes. Assim, quando se pergunta se o sócio cujo interesse esteja em conflito com o da sociedade pode ser impedido de votar, quer deixando de ser convocado, quer não lhe sendo facultado na assembleia (ou deliberação equivalente) o exercício do direito de voto, por iniciativa do presidente da mesa ou dos outros sócios, a resposta deve ser negativa. Mesmo sem discutir a esfera de competência do presidente da mesa da assembleia, quando o obstáculo ao voto resulte da intervenção dele, uma vez que a deliberação pode formar-se validamente embora nela tenha participado o sócio em conflito com a sociedade (validade resultante ou de a deliberação ser tomada contra o voto desse sócio, ou de o voto desse sócio não ser essencial para a formação da maioria, ou de a anulabilidade ser sanada), ele deve ser admitido a votar, apenas a ele cumprindo decidir se acata ou não o dever de se abster; consequentemente, o sócio deve ser convocado para a assembleia. Caso o seu voto tenha sido impedido, por falta de convocação ou por obstáculo na assembleia, o sócio poderá impugnar a deliberação tomada[35].

---

[35] BEVILAQUA, *Conflitto d'interessi ed esclusione del voto nell'assemblea*, Riv. Soc. 1956, recusa esse poder ao presidente da mesa, mas reconhece-o à assembleia; PETITI, *Note sul presidente dell'assemblea di società di capitali*, Riv. Soc. 1963, pág. 497. No sentido da exclusão do direito de voto, BUONOCORE, *Le posizioni*, com bibliografia.

Também das conclusões referidas pode retirar-se algo quanto à relevância do dano da sociedade para a anulabilidade da deliberação. Não sendo absolutamente nulo o voto emitido pelo sócio que deveria ter-se abstido e competindo aos outros sócios requerer a anulação da deliberação, esses outros sócios devem ponderar todas as circunstâncias, incluindo o dano ou falta dele, antes de procederem à impugnação. O problema não fica, porém, esgotado, visto que ele não consiste em saber se os sócios têm ou não uma oportunidade de ponderar o prejuízo trazido à sociedade pela deliberação tomada, mas sim em saber se o dano da sociedade é ou não um requisito da anulabilidade; se o não for, os sócios impugnantes não necessitam de o invocar na acção anulatória; se o for, a acção anulatória só pode ser proposta quando, entre outros requisitos, o dano da sociedade exista. Nem pode dizer-se que esse requisito está implícito no próprio regime da anulabilidade — que permite aos sócios a referida ponderação de prejuízos para o efeito de se decidirem a propor a acção — pois o dano pode constituir um requisito objectivo, cuja invocação se imponha aos sócios e assim condicione legalmente a sua decisão de impugnar a deliberação.

O artigo 176.º n.º 2, omitindo a referência ao dano da sociedade, não permite considerá-lo um requisito autónomo da anulabilidade. Não excluímos, no entanto, desde já, que o dano possível seja relevante para caracterizar o próprio conflito de interesses.

Ainda quanto ao dever de abstenção, pode perguntar-se se ele existe quanto ao voto em qualquer sentido nas matérias onde exista o conflito ou apenas quanto ao voto no sentido que se presume favorável ao interesse do sócio. Devem ser académicas as hipóteses em que um sócio vote contra o seu interesse em conflito com o da sociedade, mas praticamente é plausível a hipótese de o sócio votar contra o interesse do cônjuge, ascendente ou descendente; supondo que esse voto foi essencial à existência da maioria no sentido contrário ao interesse dessas pessoas, a deliberação poderá ser anulada? O artigo 176.º n.º 1 atribui ao sócio o dever de se abster de votar <u>nas matérias</u> em que haja conflito de interesses e esse preceito não pode ter em vista o sentido do voto, que, supondo-se cumprido o dever de abstenção, não chega a ser conhecido. Portanto, também a anulação ocorrerá qualquer que seja o sentido do voto, salva probabilidade, certamente maior, de os outros sócios não requerem a anulação. Essa parece a solução mais prudente, pois é difícil determinar a forma concreta como o interesse da sociedade pode ser contrariado pelo voto do sócio em todas as hipóteses possíveis.

O disposto no artigo 176.º assim interpretado, tem sido substancialmente justificado, na versão italiana, por considerações respeitantes à natureza do direito de voto – às quais não nos prendemos, por não as considerarmos essencialmente determinantes daquelas soluções – e por oportunismos de funcionamento de sociedades dominadas por outras ou de grupos de sociedade – que pomos de lado por nos parecer arriscado para resolver tais problemas específicos chegar a uma construção geral, tão importante. No fundo, o problema apresenta-se sob dois aspectos: saber se a defesa do interesse da sociedade em conflito com o do sócio deve ser tomada directamente pela lei ou confiada por esta aos sócios; saber a quem pertence o ónus da prova do conflito ou falta dele. O regime do artigo 176.º atribui aos outros sócios a defesa do interesse da sociedade, admitindo que, não vendo eles prejuízo para a sociedade apesar do conflito de interesses ou conformando-se com esse prejuízo, a deliberação fique válida; por outro lado, quando haja dúvidas sobre a existência do conflito de interesses, pertencerá aos outros sócios provar o conflito na acção de anulação. Perante casos específicos de potenciais conflitos, poderá a lei tomar orientação diferente, se falhar algum destes fundamentos da doutrina geral.

Assim, quando o artigo 1005.º n.º 1 Cod. Civil determina que a exclusão depende do voto da maioria dos sócios, não incluindo no número destes o sócio em causa, não fica margem para aplicar o artigo 176.º; contar-se-á o número de votos da maioria dos outros sócios e quer o sócio excluendo tenha ou não votado, o seu voto não será contado.

Igualmente o artigo 176.º não será aplicável à deliberação sobre a responsabilidade do sócio para com a sociedade[36]. Aí, o conflito de interesses está in re ipsa, como diz Ferri, assim como o prejuízo da sociedade. É isso que está de harmonia com todo o regime da responsabilidade dos administradores para com a sociedade, não podendo eles prevalecer-se duma disposição que forçaria os outros sócios a, primeiro, anular judicialmente a deliberação contrária à acção de responsabilidade, formada com o voto do sócio responsável, para só depois ser proposta esta acção.

Para o artigo 176.º ser aplicável, é preciso que haja conflito de interesses entre a sociedade (associação) e o sócio (associado), seu cônjuge, ascendentes ou descendentes, em determinada matéria. A equiparação ao interesse do sócio de um interesse de pessoas ligadas a ele por laços de família e que não são sócios da mesma sociedade mostra ter o legislador encarado situações em que o interesse contraposto ao da sociedade tem natureza extra-social. Exemplo típico é um negócio jurídico a celebrar entre a sociedade e o sócio (ou pessoas equiparadas a este), em que haja contraposição de interesses: compra e venda, locação, etc. Entendo, porém, que este conflito só é relevante quando possa causar prejuízo à sociedade. Não pretendo, por esta forma, introduzir no artigo 176.º o requisito de possibilidade de dano da sociedade exigido pelo artigo 2373.º italiano, tal como a respectiva doutrina o entende, mas julgo ser da própria natureza do problema discutido verificar se o conflito de interesses pode objectivamente e não pelas condições concretas do negócio prejudicar a sociedade. Tratando-se, por exemplo, de compra e venda, não importa provar se as condições da compra ou venda pela sociedade ou à sociedade são melhores ou piores do que se o negócio se realizasse com estranhos; na compra e venda está sempre ínsito um conflito de interesses em que a sociedade pode ser prejudicada.

---

[36] O terceiro trecho do artigo 2373 italiano determina que "os administradores não podem votar nas deliberações respeitantes à sua responsabilidade" e a doutrina não pensa em aplicar à hipótese as especialidades do segundo trecho.

Suponha-se, porém, que a sociedade delibera constituir o sócio seu mandatário ou que a sociedade delibera receber do sócio um empréstimo gratuito, aceitar uma doação do sócio, convencionar a renúncia a um direito do sócio sobre ela; esses negócios contêm um conflito de interesses, tal como conteriam se fossem realizados na direcção inversa (empréstimo gratuito da sociedade ao sócio, etc.), mas objectivamente não podem prejudicar a sociedade e o sócio não estará impedido de votar[37].

Nos casos acima citados há uma situação de incompatibilidade de interesses de sociedade e sócio, anterior à deliberação, objectiva e absoluta. Devem ser abrangidos pelo preceito todas as outras situações com idênticas características, mas só essas; na frase de Mengoni, "uma situação objectiva tal que revele de maneira típica a possibilidade de um conflito".

Assim, o interesse da sociedade define-se, nestes casos, pelo próprio conflito; a incompatibilidade entre o interesse da sociedade e o interesse do sócio delimita um interesse da sociedade; voltando a casos típicos, por serem incompatíveis os interesses de vendedor e comprador, delimita-se um interesse da sociedade como compradora ou vendedora; por ser incompatível o interesse do sócio em extinguir um débito e o interesse da sociedade em conservar um crédito, separa-se este interesse, etc. O interesse da sociedade equipara-se, pois, ao interesse de qualquer sujeito que entre em relações com outro, portador de um interesse incompatível com aquele.

Assim, por exemplo, a situação de concorrência entre a sociedade e um sócio não define um interesse concreto da sociedade, objectivamente determinado relativamente a certa situação; o sócio não está impedido de votar em todas as deliberações sociais, por em todas elas ter interesses em conflito com os da sociedade; pode, porém, em casos concretos a concorrência criar um conflito de interesses que se reflicta no voto do sócio: por exem-

---

[37] Veja-se, por exemplo, o § 252 do Código Comercial Alemão, que priva do voto quem, por uma deliberação, seria liberto de uma obrigação, mas não quem, pela deliberação, liberte a sociedade de uma obrigação.

plo, o sócio que apresente uma proposta para obter, para si, uma empreitada, não poderá votar na deliberação da sociedade a respeito da apresentação, por esta, duma proposta para a mesma empreitada ou não poderá votar nas deliberações que incidam sobre as próprias relações de concorrência.

Não é privado de voto sobre a admissão de novo sócio, o sócio que favoreça essa entrada por esta modificar a seu favor a situação intra-social, por exemplo, formando ele com o novo sócio uma maioria de votos ou minoria de resistência.

Mais delicado é o problema do voto do sócio nas deliberações respeitantes à sua própria participação social, que, embora mais vulgares nas sociedades comerciais, também podem ocorrer em sociedades reguladas pelo Código Civil. Geralmente, não pode descobrir-se nesses casos um conflito de interesses, no sentido exigido pelo artigo 176.º, pois o interesse do sócio não é incompatível com o interesse da sociedade, nem este pode definir-se ou delimitar-se por essa incompatibilidade; falta a possibilidade objectiva e típica do conflito. O sócio pode ter interesse em que a quota seja amortizada ou pelo contrário, em que o não seja e o mesmo sucede quanto à sociedade; o sócio que pede consentimento para a divisão da sua quota tem nisso um interesse, mas a este não se contrapõe objectivamente um interesse da sociedade em que a quota não seja dividida, etc.[38]. Nem se diga que o interesse social é o dos sócios que permanecem na sociedade e que por isso o sócio que pretende ou é forçado a sair da sociedade não poderá votar; o interesse da sociedade tem de ser apurado no momento em que a deliberação é tomada e nesse momento ainda todos são sócios; os tempos futuros não podem ser tomados em

---

[38] Não se chega a resultados diferentes quando se adoptam concepções menos rígidas do conflito de interesses do que a exposta no texto, com a de Minervini, Sulla tutela, pág. 321, para quem há conflito sempre que haja divergência entre o interesse do sócio e o da sociedade, no sentido de que o sócio tem interesse numa deliberação orientada em determinado sentido, enquanto ao interesse social corresponde uma deliberação orientada em sentido diverso. Se, por exemplo, o interesse do sócio é ceder a quota, não pode dizer-se que o interesse social consiste em que ele não ceda a quota.

consideração para o efeito, pois ou haveria um interesse permanente da sociedade na manutenção ou saída do sócio – o que é absurdo, perante todas as possíveis situações futuras – ou o conflito teria de ser apreciado perante todas as possíveis situações futuras, o que é impossível.

Admito, contudo, a existência de verdadeiro conflito de interesses em casos especiais. Quando por força da lei ou do contrato esteja criada entre sociedade e sócio uma situação direito-dever já perfeita e não apenas uma simples faculdade de deliberar sobre a situação do sócio. Será o caso de os herdeiros do sócio falecido terem, pelo contrato, o direito de exigir a amortização da quota e, portanto, a sociedade o dever de amortizar; será assim predeterminada uma situação objectiva de conflito entre a sociedade e os sócios, herdeiros do sócio falecido, pois são incompatíveis o direito destes e o dever daquela, não devendo os sócios intervir na deliberação que definirá a posição tomada pela sociedade quanto a esse conflito (amortizar, cumprindo o dever ou não amortizar e infringir a cláusula contratual).

O que fica dito não impede que o legislador se deixe alguma vez impressionar por outras circunstâncias, nomeadamente pela de o sócio abandonar a sociedade se conseguir realizar aquilo que pretende ou de o sócio não dever ser juiz em causa própria, quando, com fundamento em causas graves, os outros pretendam impor-lhe a saída. Confiará, portanto, a deliberação aos sócios que permanecem na sociedade, alargando a privação do voto para além do exigido pelo conflito de interesses. Essas disposições são excepcionais, pois se afastam da regra da privação do voto por conflito de interesses.

Não há conflito de interesses quando o sócio toma parte em deliberações que importam a sua nomeação para um cargo social ou a sua destituição desses cargos, pois não há um interesse objectivo da sociedade em que um sócio deixe de ser nomeado ou seja excluído.

Conflito existe, porém, quanto à remuneração do sócio nomeado, pois a deliberação sobre esse assunto importa um sacrifício patrimonial da sociedade para satisfação de um interesse individual do sócio, tal como na hipótese de ser estipulada uma remuneração por qualquer outro serviço prestado pelo sócio à sociedade. Não vemos diferença essencial, para este efeito, entre a remuneração do sócio gerente e a remuneração dum sócio consultor ou prestador de serviço que não seja a gerência. Pode dizer-se que, deixando apenas aos outros sócios a fixação da remuneração de gerência, pode praticamente destruir-se a faculdade de o sócio votar em si próprio; uma baixíssima remuneração pode levar o sócio a não exercer a gerência. Para evitar os abusos do sócio ou contra o sócio não basta a concessão ou privação do direito de voto, que podem provocar um ou outro. Concebe-se, portanto, que o legislador intervenha estabelecendo parâmetros para a remuneração, mas na falta de disposições desse género, deverá o sócio ser impedido de votar, sujeitando-se à deliberação tomada pelos outros (e naturalmente armado da retaliação que os seus votos lhe proporcionem).

2 – Oponibilidade das deliberações

A oponibilidade depende de um de três factos:

a) o registo;

b) o conhecimento;

c) o desconhecimento culposo.

Efectuado o registo a que estejam sujeitas tais deliberações, estas tornam-se imediatamente oponíveis aos terceiros que de futuro venham a contratar com a sociedade; nessa hipótese o conhecimento ou desconhecimento efectivos pelos terceiros que contratem com a sociedade é indiferente.

Faltando o registo a que estejam sujeitas as deliberações, estas são oponíveis aos terceiros que no momento do contrato as conheçam. Não interessa a forma ou a fonte do conhecimento; pode ter resultado de declaração dos sócios que contrataram pela sociedade, pode ter resultado de declaração constante do próprio contrato entre a sociedade e o terceiro, pode ter resultado de qualquer circunstância porventura fortuita.

124 *Apontamentos sobre Sociedades Civis*

A ignorância culposa produz também a oponibilidade. A lei não fornece outros elementos para apreciação dessa culpa, excepto considerar culposa a ignorância, se à deliberação foi dada a publicidade conveniente. Seja, porém, qual for o critério para apreciação da culpa, esta acaba por só ser excluída quando haja da parte dos sócios dolo ou má fé ou pelo menos culpa na ignorância do terceiro. Na verdade, a diligência normal de quem contrata com uma sociedade cujos sócios podem ser ou deixar de ser responsáveis, em medida maior ou menor, consiste em perguntar se existe e qual existe – limitação de responsabilidade; não pode considerar-se diligente quem não tenta averiguar quem ficará responsável pelas obrigações para com ele assumidas. Feita a pergunta e obtida a informação, passou a haver conhecimento. A ignorância só é mantida – e sem culpa – se a pergunta for respondida de modo a induzir o terceiro em erro.

A publicidade conveniente da deliberação torna culposa a ignorância do terceiro. Essa publicidade destina-se a tornar possível o conhecimento da deliberação por qualquer terceiro interessado, não consiste em notificação directa a certo terceiro; é, na terminologia dum autor italiano, uma publicidade colectiva, não individual.

A sociedade não tem o dever, nem sequer o ónus de dar à deliberação qualquer espécie de publicidade (distinta esta do registo, a que a deliberação possa estar sujeita). Se a der e ela for conveniente, produz oponibilidade da deliberação, pois torna culposa a ignorância dos terceiros.

O fim a que a publicidade se destina torna supérfluo que ela seja efectuada pela sociedade. Se os sócios interessados na oponibilidade da deliberação tomarem essa iniciativa, produz-se o efeito da oponibilidade. Reflexamente, os sócios interessados devem ser considerados legítimos para efectuar essa publicidade, pelo menos na parte da deliberação em que tenham interesse directo.

Diz a lei publicidade <u>conveniente</u>, substituindo o adjectivo usual, empregado no Projecto e que era deslocado, visto não haver publicidade <u>usual</u> para deliberações das sociedades civis e não poder ser tomada como tal a publicidade legal das sociedades comercial. Resta saber o que é a publicidade conveniente e só é isenta de dúvidas a publicidade da deliberação no Diário do Governo, III Série, pois é o único local onde qualquer pessoa pode razoavelmente procurar deliberações de sociedades. Outras publicações, por exemplo, em jornal diário não dão garantia razoável de tornar possível a um terceiro obter em qualquer momento a desejada informação.

Aliás, as dificuldades da conveniência da publicidade pouca importância prática terão, desde que a culpa do terceiro existe pela simples falta de pergunta "conveniente" aos sócios. A única vantagem visível do recurso à publicidade consistirá em dispensar a prova da falta da pergunta, provando logo a culpa do terceiro pela publicidade conveniente oportunamente efectuada.

VIII – FISCALIZAÇÃO DOS SÓCIOS

1 – O artigo 988.º
2 – Privação do direito de fiscalização
3 – Direitos de fiscalização
4 – Direitos de fiscalização e publicidade
5 – Direitos de fiscalização e órgão de fiscalização
6 – Natureza dos direitos de fiscalização
7 – Finalidade dos direitos de fiscalização
8 – O direito de informação
9 – O direito de consulta
10 – Pessoalidade dos direitos de informação e de consulta
11 – Recusa de informação
12 – Fiscalização e prestação de contas

VIII

FISCALIZAÇÃO DOS SÓCIOS

1 – O artigo 988.º – A redacção do artigo 988.º não é usual; literal e directamente emite uma proibição de privar os sócios de certos direitos, em vez de atribuir aos sócios certos direitos, regulamentar o exercício deles e qualificá-los como indisponíveis. Dir-se-ia, pois, que o legislador "encontrou" esses direitos como uma espécie de "direitos naturais" e apenas se preocupou com as tentativas para os suprimir nalgumas sociedades. Essa redacção explica-se por uma circunstância fortuita, derivada da conhecida "inspiração" italiana do Capítulo sobre a sociedade.

O artigo 2261 do C. Civil italiano atribui com uma redacção normal, aos sócios não administradores o direito de obter dos administradores notícia do desenvolvimento dos negócios sociais, de consultar os documentos relativos à administração e de obter a prestação de contas. A doutrina italiana dividia-se, porém, quanto ao carácter imperativo ou dispositivo deste preceito; sem entrar nos pormenores de argumentação, que deixam de interessar perante a solução adoptada no nosso Código, pode dizer-se que a discussão se encontra equilibrada, sem motivos decisivos para adoptar uma ou outra das opiniões (disponibilidade, salvo dolo ou culpa grave do administrador, FERRI, página 147; contra BOLAFFI, página 359; GRECO, página 149; GUIDINI, página 451). O nosso legislador adoptou a tese da indisponibilidade e sobre ela construiu a redacção do preceito, aliás com uma veemência verbal, cujo alcance nalguns pontos adiante será observado.

2 – Privação do direito de fiscalização – Seguindo a ordem do preceito, vejamos primeiro quais os sócios que não podem ser privados dos direitos ali referidos. Nenhum sócio não deixaria margem para distinguir entre sócios administradores (que não teriam esses direitos) e sócios não administradores (que os teriam), mas a dúvida subsiste por o artigo dizer em seguida "direito de obter dos administradores" parecendo não fazer sentido que os sócios administradores necessitem de um direito para obter informações ou consultar documentos, quando tais poderes estão ínsitos na sua competência de administradores (Westermann, I, página 181). Apesar da clara limitação desses direitos aos sócios não administradores feita pelo citado artigo 2261 italiano, há quem pense que os mesmos direitos assistem aos sócios administradores, não só quando sectores de administração estão especialmente adstritos a alguns desses sócios, como ainda em geral, porque todos têm igual interesse em conhecer todos os pormenores da administração, até para poderem exercer, se for caso disso, o seu direito de oposição (Ghidini, página 448). A solução lógica e praticamente adequada parece ser a distinção dos direitos do sócio, como tal, e os poderes do sócio administrador, nesta qualidade; aqueles manter-se-ão na medida em que o seu âmbito seja mais lato do que o dos outros poderes; na parte coincidente, o administrador fiscalizará a administração dos sócios com fundamento no seu poder de administração, ou melhor, este poder servir-lhe-á para tomar conhecimento do que se passa na sociedade, sem necessidade de invocar um direito estranho a essas funções; na parte excedente, se a houver, o sócio administrador poderá agir com base na sua simples qualidade de sócio, para conseguir aquilo que a sua qualidade de administrador não consegue porventura alcançar.

Os direitos de fiscalização não podem ser retirados com o fundamento na concorrência, legal (mediante autorização dos consócios) ou ilegal exercida por um sócio, designadamente, a autorização para o exercício de actividade igual à da sociedade não pode ser condicionada ou ter como contrapartida a privação daqueles direitos. Igualmente, no caso de concorrência ilegal tolerada pelos consócios, estes não podem retirar a fiscalização, tendo ao seu alcance a arma mais radical da exclusão do sócio concorrente.

Por outro lado, os direitos de fiscalização conferidos pelo artigo 988.º respeitam exclusivamente aos sócios, não abrangendo quem ainda não seja, quem já não seja e quem nunca venha a ser sócio. O cessionário do sócio antes da cessão efectuada pode ter interesse em conhecer a situação da sociedade, mas não poderá valer-se daquele artigo. Os herdeiros do sócio falecido podem ter igual interesse para pesarem as vantagens e inconvenientes de continuarem ou não na sociedade ou para avaliarem as importâncias a que tenham direito por uma saída imposta pela sociedade, mas só poderão usar o artigo 988.º se forem sócios; na verdade, como pode haver cláusulas e preceitos legais de vários conteúdos para o caso de morte do sócio, e sem estar agora a apreciar tais cláusulas, para os efeitos da fiscalização há que distinguir conforme essas cláusulas ou preceitos prevejam a transmissão da posição para os herdeiros embora posteriormente estes possam querer sair da sociedade ou ser forçados a isso – caso em que o artigo 988.º é aplicável – e as cláusulas em que os herdeiros não chegam a ser sócios, tendo apenas direito à liquidação da quota do falecido – caso em que o citado artigo não pode ser invocado por eles. Do mesmo modo, o sócio exonerado ou excluído não pode invocar o artigo 988.º para participar dos lucros e perdas resultantes dos negócios em curso, em que eles participam (artigo 1021.º n.º 1), sem prejuízo de se valerem dos meios gerais de obtenção de informações de que necessitem (contra, COSTI, *Note sul diritto di informazione e di ispezione del socio*, RS 1963, página 82 e GALGANO, *Le Società di persona*, pág. 219). As ligações de interesses entre o sócio e outras pessoas que se mantenham estranhas à sociedade – associação à quota – não atribuem direitos de fiscalização.

A qualidade de sócio mantém-se na fase de liquidação da sociedade e, portanto, os sócios de sociedade dissolvida mantêm os direitos de fiscalização durante a referida fase. Pode suceder que alguns desses direitos sejam alterados pela mudança que a sociedade sofreu – v. adiante, direito à prestação de contas – mas aqueles direitos só poderiam cessar, caso a fase de liquidação fosse incompatível com eles. Tal incompatibilidade não existe quando a sociedade dissolvida é autorizada a continuar temporariamente as suas operações durante a fase de liquidação, mas mesmo que assim não aconteça, os sócios têm interesse em conhecer as operações de liquidação, como têm interesse em conhecer as operações normais da sociedade; basta lembrar que os actos de liquidação influem, como as operações normais, nos lucros ou perdas que o sócio suportará. Assim, parece-me que, em vez de argumentar com a letra do artigo 988.º – que fala em "administradores" e "negócios" da sociedade – para restringir o alcance do preceito, deve-se antes, para atingir o seu espírito, interpretar "administradores" como as pessoas que ordenam as operações da sociedade, incluindo os liquidatários, e como "negócios" todos os actos ou operações imputáveis à sociedade, embora destinados a liquidá-la.

Nenhum sócio pode ser privado dos três direitos referidos no artigo 988.º. Privação do direito é a sua supressão; não fica excluída a possibilidade de os sócios regulamentarem o exercício desses direitos, desde que os respectivos termos não correspondam na realidade a uma privação. A própria lei dá o exemplo, quando, no respeitante ao direito de exigir a prestação de contas, declara (artigo 988.º n.º 2) que as contas são prestadas no fim de cada ano civil, salvo se outra coisa for estipulada no contrato; esta estipulação de tempo constitui uma regulamentação do exercício de tal direito. A propósito de cada um dos direitos, citar-se-ão exemplos de tais regulamentações.

A lei indica e afasta um dos possíveis meios de privação dos direitos de fiscalização – cláusula do contrato – para mostrar que se nem esse meio, de eficácia mais provável, é eficaz para a privação, nenhum outro o será. Assim, são implicitamente afastadas as deliberações dos sócios, quer unânimes quer por maioria, e renúncia individual de um sócio. Poder-se-ia talvez dizer que a lei ao dispôr que "nenhum sócio <u>pode ser</u> privado", inculca uma acção externa ao sócio e tendente a impor-se-lhe, de modo que o sócio não <u>pode ser</u> privado mas pode <u>privar-se</u> daqueles direitos; o raciocínio é, porém, desmentido pela expressa indicação da cláusula contratual como meio inadmissível de privação, pois essa cláusula exige, por natureza, a participação e vontade de cada um dos sócios.

Manifestamente, a falta de exercício desses direitos, por negligência, desinteresse, dificuldade, impossibilidade por parte do sócio, não constituem renúncia.

Constitui privação dos direitos de fiscalização a sua atribuição apenas a um ou mais dos sócios. É lícita a cláusula contratual que atribua a um sócio poderes-deveres especiais de fiscalização e também nada impede que o contrato crie um órgão mais ou menos rudimentar de fiscalização, mas tais cláusulas têm de entender-se como reforço da fiscalização individual e não como substituição dela; quando seja clara a vontade dos sócios de atribuir os direitos de fiscalização exclusivamente a esse sócio ou sócios, a cláusula será nula. O mesmo é dizer que os direitos individuais de fiscalização se mantêm nas sociedades em que sejam organizados meios especiais de fiscalização.

3 – Direitos de fiscalização – O artigo 988.º enumera três direitos de fiscalização: 1.º, obter dos administradores as informações de que o sócio necessite sobre os negócios da sociedade; 2.º, direito de consultar os documentos pertinentes aos negócios da sociedade; 3.º, direito de exigir a prestação de contas. Uma vez delimitado o conteúdo de cada um desses direitos e averiguado que não esgotam as formas possíveis de fiscalização, pergunta-se se os direitos de fiscalização dos sócios podem ser aumentados. É opinião generalizada que o podem ser pelo contrato social, apenas com o limite natural de que se mantenha a natureza de direitos de fiscalização da administração e não constituam, portanto, verdadeiras actividades de administração. Há, porém, quem vá mais longe e entenda que esses outros direitos pertencem aos sócios independentemente de consagração expressa no contrato social (GHIDINI, página 453), argumentando que a lei referiu o conteúdo mínimo do direito de fiscalização, que o

134 *Apontamentos sobre Sociedades Civis*

silêncio da lei não significa exclusão desses outros direitos e que estes não podem ser negados aos contitulares do património social; é preferível a primeira opinião, por motivos adiante indicados.

Entre os direitos contratuais de fiscalização podem incluir-se os de inspeccionar directamente os bens e actividades da sociedade, por exemplo, certificar-se do dinheiro em caixa e das existências em armazéns, verificar como estão decorrendo trabalhos a que a sociedade esteja procedendo, analisar a qualidade dos produtos fabricados. Mais discutível é se os sócios não administradores podem assistir a actos de relevância externa (como contratos) praticados por administradores e às reuniões em que porventura os administradores tomem deliberações; não parece que a mera assistência, sem discussão nem voto, implique passagem do campo da fiscalização para o campo da administração e, portanto, é lícita a cláusula onde tais direitos sejam estabelecidos (contra GHIDINI, página 454).

Os três direitos reunidos no artigo 988.º sob a rubrica "fiscalização dos sócios" não eram inteiramente desconhecidos na nossa legislação: o artigo 118.º do Código Comercial atribui aos sócios de todas as sociedades comerciais, no n.º 2, o direito de tomar as contas aos administradores na época e pela forma para isso designadas na convenção ou na lei e, no silêncio de uma ou outra, sempre que a maioria dos associados assim o entenda conveniente, no n.º 3, o direito de examinar a escrituração e os documentos concernentes às operações sociais, nas épocas em que a convenção ou a lei lho permitam e, no silêncio de uma e outra, sempre que o deseje. Sendo preceitos aplicáveis a todos os tipos de sociedades regulados no Código, compreende-se que não pudessem ser mais concretos e remetessem para a lei, ou seja, para os preceitos especiais de cada um desses tipos. Também os três direitos enumerados no artigo 988.º são os geralmente apontados em preceitos idênticos estrangeiros (Cód. Civ. italiano, artigo 2261; cod. com. alemão § 118).

Não fornece o nosso Código uma designação genérica desses direitos, mas a rubrica "fiscalização dos sócios" pode ser utilizada para os denominar "direitos de fiscalização"; para os distinguir, podemos chamar-lhes, pela ordem de aparecimento no artigo, direito de informação, direito de consulta e direito à prestação de contas. A terminologia é convencional, como qualquer outra, na falta de denominação dada pela lei; poder-se-ia falar em "direitos de informação", fazendo ressaltar o traço comum de, pelo exercício de qualquer deles, os sócios tomarem conhecimento de factos respeitantes à sociedade, havendo nesse caso que encontrar outro nome para o direito de obter notícias, mas "direitos de fiscalização" aponta a finalidade da atribuição legislativa de tais direitos. Vejam-se as dificuldades paralelas a estas, para as qualificações italianas *"diritti di controllo"* e *"diritti di informazione"*.

4 – Direitos de fiscalização e publicidade – Os direitos de fiscalização aproximam-se da <u>publicidade</u>, porque ambos constituem meios de trazer certos factos ao conhecimento de pessoas diferentes daquelas que neles pessoalmente participaram, podendo mesmo suceder que a publicidade traga informações a pessoas que poderiam obtê-las como exercício de um direito (por exemplo, o registo da renúncia de um administrador serve de meio de comunicação indirecta a todos os sócios, sem prejuízo de estes poderem exercer a esse respeito o direito de informação). No entanto, há entre publicidade e direito de informação diferenças essenciais: "a publicidade produz, removendo a condição de secreto, uma situação objectiva que se caracteriza como "notoriedade"; o poder de informação provoca, ao contrário, uma situação subjectiva de conhecimento a favor do sócio ou de órgãos sociais, continuando a tutelar, por outro lado, a condição de secreto relativamente a factos sociais e para com terceiros (FOSCHINI, *II diritto dell'azionista all'informazione*, pág. 24).

Entre a publicidade propriamente dita e os direitos de fiscalização dos sócios situa-se uma zona caracterizada pela imposição legal aos administradores de proceder a determinadas comunicações aos sócios; constituem essas comunicações meios fornecidos aos sócios para fiscalizar a administração da sociedade, mas não se integram nos direitos previstos pelo artigo 988.º, os quais têm o

136 *Apontamentos sobre Sociedades Civis*

sentido de uma actuação positiva do sócio para obter o conhecimento dos factos (neste sentido, Costi, pagina 67; contra, Foschini, página 43).

5 – Direitos de fiscalização e órgão de fiscalização – Igualmente distintos dos direitos de fiscalização dos sócios, tal como atribuídos pelo artigo 988.° são os poderes-deveres de órgãos de fiscalização, nas sociedades em que existam. Por exemplo, para as sociedades anónimas, o conteúdo dos poderes concedidos pelo artigo 11.° n.° 1 alíneas a) e b) do Decreto-Lei n.° 49381 de 15 de Novembro de 1969 coincidem em parte com os direitos de fiscalização dos sócios, mas têm diferente natureza (no sentido de que o direito de inspecção é um poder-dever mas o direito de obter informações e esclarecimentos dos administradores seria um verdadeiro direito subjectivo <u>do conselho fiscal</u>, Foschini, página 47). Não é o caso na nossa sociedade civil nem na sociedade simples italiana, mas pode também suceder que a existência de órgãos fiscalizadores dotados de referidos poderes deveres retire aos sócios total ou parcialmente os seus direitos de fiscalização (v. cod. civ. ital. art. 2489, quanto a sociedades de responsabilidade limitada: "Nas sociedades em que não existe um colégio sindical, cada sócio tem direito de obter dos administradores notícia, etc.").

6 – Natureza dos direitos de fiscalização – Na doutrina italiana, a natureza dos chamados direitos de fiscalização aparece umas vezes como poderes (Greco, página 149), outras como direitos subjectivos dos sócios (Graziani, página 88, Costi, página 72 e muitos outros); a doutrina alemã dominante considera os Kontrollrechte e o Auskunftsrecht direito subjectivo (Westermann I, página 182; Ebenroth, *Das Auskunftsrecht des Aktionärs und seine Durchsetzung im Prozess*, pág. 20). Como poderes concedidos no próprio interesse do sócio, constituem realmente direitos subjectivos. A característica destes direitos como inderrogáveis e irrenunciáveis é, como se viu, clara no nosso Código Civil.

Os direitos de fiscalização tutelam interesses individuais dos sócios e só indirecta ou incidentalmente o interesse social. Dizendo interesses individuais, não pretendemos referir interesses a-sociais ou anti-sociais, mas aqueles interesses que cada um dos sócios visa realizar quando contrata uma sociedade. A afirmação que parece muito teórica, tem o alcance prático de não constituir requisito do exercício de cada um desses direitos a prova de que o sócio tem em vista o interesse social nem os administradores poderem escusar-se alegando que nesse caso o exercício dos direitos não visa o interesse social, mas o interesse individual do sócio.

7 – Finalidade dos direitos de fiscalização – Diz-se que a concessão destes direitos aos sócios tem a finalidade de lhes atribuir certa fiscalização sobre a administração da sociedade e de os habilitar a exercer o seu direito de voto. Primariamente, o exercício desses direitos traz aos sócios um mero conhecimento de factos, o que também pode, em si mesmo, constituir uma finalidade importante. É, contudo, natural, que desse conhecimento resulte ou que tal conhecimento torne provável uma actuação; quando a actuação possível seja apenas o direito de voto, essa será a finalidade última, mas, para abranger outras actuações possíveis – requerimento de destituição judicial de administrador, requerimento de nomeação judicial de administrador ou qualquer outra providência tornada possível aos sócios por disposições legais ou contratuais – melhor será dizer que os direitos de fiscalização habilitam ao exercício de outros direitos ou poderes dos sócios. Indirectamente, a informação dos sócios é uma forma de contenção da administração nos limites e propósitos legais.

Não tem interesse abrir entre os três direitos uma distinção que separe, para um lado, o direito de simples informação e para outro os direitos de fiscalização em sentido restrito, que se traduziriam na inspecção e fiscalização da administração em concreto, nem parece que dogmaticamente a distinção se justifique (contra, Foschini, *passim*, maxime pág. 34).

138 *Apontamentos sobre Sociedades Civis*

8 – O direito de informação – O direito de informação permite ao sócio obter dos administradores as informações de que necessite sobre os negócios da sociedade. O sócio deve dirigir-se aos administradores e, sem directamente contactar com coisas, outras pessoas, ou documentos, pedir uma informação. A forma do pedido de informação não é fixada na lei, podendo, contudo, ser regulada no contrato; também o silêncio da lei sobre a ocasião do pedido mostra que, faltando regulamentação contratual, pode o pedido ser formulado em qualquer altura, facto esse importante para contrapor o exercício deste direito nas sociedades simples ou o seu exercício noutros tipos de sociedades em que a ocasião do pedido de informações é apenas a reunião de assembleias gerais. A regulamentação nas sociedades civis que limitasse a ocasião do pedido à reunião de assembleias ou por outra forma coarctasse severamente o exercício do direito, deveria considerar-se nula.

O pedido de informações deve ser dirigido aos administradores. Seja a administração conjunta ou disjunta, basta dirigi-lo a um dos administradores, pois os administradores não estão nesse caso a praticar um acto sujeito a tais regras; respondem na qualidade de administradores, mas não estão a praticar um acto de administração. A lei é omissa sobre a forma e a demora da resposta do administrador, aspectos reguláveis contratualmente, sempre com a ressalva do impedimento de facto ao exercício do direito. Da razão do preceito deduz-se que a resposta deve ser pronta, verdadeira e completa.

Objecto do pedido são informações, não opiniões. O sócio pode inquirir sobre a existência de um facto (incluindo o facto de haver a intenção de praticar um futuro acto) e bem assim pode pedir a indicação dos motivos que levaram à existência do facto, mas não pode exigir que o administrador faça comentários ou exponha as suas opiniões pessoais. Por exemplo, não pode solicitar que o administrador exponha a sua opinião sobre o futuro da sociedade, embora possa pedir uma informação global sobre o estado dos negócios da sociedade e não apenas sobre factos isolados; muito menos razão haverá para limitar os pedidos àqueles aspectos globais e não a factos isolados (contra, BOLLAFFI, pág. 363).

A informação deve versar sobre negócios sociais, expressão a entender amplamente, para compreender não só os actos e operações que constituam a actividade-objecto da sociedade, como também todos os actos ou factos em que se concretize a actividade administrativa, tais como as respeitantes ao pessoal empregado pela sociedade e às próprias relações entre sociedade e sócios.

O nosso Código, ao contrário do italiano que apenas diz "notícias sobre o desenvolvimento dos negócios sociais", parece limitar as informações quando preceitua "informações de que necessite". Não julgo, porém, que essa limitação – se a é – tenha qualquer relevância prática, salvo para evitar que os administradores sejam incomodados com pedidos de informações que o sócio já possua e por isso lhe seja desnecessária. Desde que este direito tutela um interesse individual do sócio e que a lei não especifica o fim para que o sócio necessita a informação a prestar pelo administrador, o administrador visado não pode inquirir, como prévio requisito do exercício do direito, qual a necessidade que o sócio tem da informação. Entendo, pois "de que necessite" como "que ainda não possua".

9 – O direito de consulta – O segundo direito de fiscalização é o de consultar os documentos pertinentes aos negócios. Não exige colaboração dos administradores, podendo o sócio pedir esses documentos directamente às pessoas que os detenham, embora não sejam administradores ou consultá-los onde os encontre sem intervenção de qualquer outra pessoa. Repetimos aqui o que ficou dito sobre a possibilidade de regulamentação do direito de informação. Lê-se geralmente, na falta de regulação contratual, os documentos podem ser consultados nos locais da administração e no horário habitual; assim será, em princípio, mas nada obsta a que circunstâncias especiais permitam a consulta noutros locais e noutras ocasiões.

Por consulta entende-se o exame dos documentos – a verificação da sua existência e a leitura do seu conteúdo. Admite-se pacificamente que a consulta abrange ainda o direito de tomar apontamento e de extrair cópias, mesmo fotográficas, mas não a facul-

140 *Apontamentos sobre Sociedades Civis*

dade de fazer transportar os documentos para fora da sede social, ou melhor, para local diferente daquele onde o sócio os encontrou.

São consultáveis pelo sócio os documentos pertinentes aos negócios sociais, dando a negócios sociais a extensão acima referida. Outras leis dizem livros e documentos, tendo especialmente em vista os livros de contabilidade, que manifestamente estão incluídos nos documentos referidos pela nossa lei. A contabilidade não constitui limite de consulta (podem ser consultados todos os documentos de qualquer espécie, mesmo que nenhum reflexo tenham na contabilidade) nem é limitável (pode ser consultado tudo quanto respeite à contabilidade, mesmo que não sejam os livros obrigatórios de contabilidade); se houver "livros secretos" tal segredo não vincula os sócios, que possivelmente terão mais interesse em consultá-los do que os livros patentes. Admite-se também geralmente que o sócio possa consultar livros pessoais dos administradores onde estes tenham anotado dados sociais.

O direito de consulta respeita a documentos; está excluída a inspecção de outras coisas (caixa, armazéns, etc.).

O direito de consulta pode ser exercido judicialmente, mediante o processo especial contido nos artigos 1497.º e seguintes do Código de Processo Civil. Tal processo é acessível ao sócio a quem seja recusado o exercício do direito que tenha de examinar a escrituração e documentos concernentes às operações sociais; como preceito de natureza processual, o artigo 1497.º não confere o direito de consulta, reportando-se ao direito que o sócio tenha, mas abre a via judicial de exercício. O sócio de sociedade civil tem esse direito por força do artigo 988.º e não se vê motivo para limitar o processo regulado naqueles artigos aos sócios de sociedades comerciais.

10 – Pessoalidade dos direitos de informação e de consulta – Comuns ao direito de informação e ao direito de consulta são os problemas da pessoalidade e dos limites do seu exercício.

A generalidade da doutrina italiana considera estes direitos pessoalíssimos, no sentido de que devem ser exercidos pessoal e isoladamente pelo sócio interessado (além dos livros gerais,

Messineo, *Controllo del socio sull'amministrazione delle società di persone e rappresentanza*, in Studi di diritto delle società, pag. 79; Foschini, pág. 33 nota 41). O mesmo sucede na doutrina alemã, mas aí com algumas atenuações, como a possibilidade de exercício por meio de um terceiro quando o sócio estiver impedido de o fazer pessoalmente por motivo de doença ou outras graves dificuldades e ainda a possibilidade de nomear um perito em casos de especial delicadeza, até por falta de conhecimentos do sócio, embora se reconheça à sociedade o direito de recusar o perito quando entenda haver perigo para a sociedade (Hueck, pág. 136; Sudhoff, pág. 146; Westermann, I, pág. 181). Em Itália, porém, alguns autores têm posto em causa a doutrina corrente ou chamado a atenção para a ineficácia prática daqueles direitos, em muitos casos, se o respectivo exercício for limitado ao sócio, (Graziani, pág. 89 nota 3) ou atacando directamente os fundamentos daquela doutrina (Costi, pág. 77.).

Note-se que, para todos, a pessoalidade não vai ao ponto de impedir o exercício desses direitos por meio de representante legal ou do marido quando tenha a administração do património da mulher em que se inclui a quota na sociedade. Já quanto aos credores pessoais dos sócios, o exercício desses direitos por via subrogatória é impedido pela tese da pessoalidade.

O carácter pessoalíssimo destes direitos resultaria do *intuitus personae* que liga os sócios entre si neste tipo de sociedades e na conveniência de manter o segredo dos negócios sociais. Destes fundamentos resulta imediatamente, em meu entender, que a pessoalidade não afecta uma delegação de sócio para sócio, pois nesse caso mantém-se o *intuitus personae* e o segredo não atravessa os muros da sociedade. A hipótese, porém, faz pouco sentido prático, pois não é provável que um sócio, com acesso directo e pessoal às informações e documentos, invoque, para os conseguir, a delegação de outro sócio.

No respeitante a terceiros, a tese da delegabilidade impressiona mais pelos argumentos práticos do que pelos teóricos; nos primeiros contam-se a já referida ineficácia prática desses direitos quando o sócio não tenha conhecimentos bastantes para apreciar

142 *Apontamentos sobre Sociedades Civis*

por si os negócios e papéis da sociedade (recorde-se que os acasos da sucessão mortis causa torna frequentes situações desse género) e a possibilidade de o sócio obter cópias dos documentos, que fará analisar por terceiros, ou por outras formas submeter à apreciação de terceiros os negócios sociais. Nos argumentos destinados a contrariar os fundamentos da pessoalidade, diz-se que o *intuitus personae* não seria violado quando o terceiro escolhido fosse pessoa de confiança (o que supõe a faculdade de os consócios não aceitarem o terceiro desprovido de tal requisito) e que o desrespeito do segredo social acarretaria a responsabilidade do terceiro e do sócio delegante.

Em teoria, pendo para a tese da pessoalidade, sobretudo porque, como adiante se verá, o exercício daqueles direitos não é limitado pelo segredo social. Certamente pode suceder que o sócio leve ao conhecimento de terceiros factos por ele conhecidos através do exercício dos referidos direitos, mas isso não é motivo para dar aos terceiros conhecimento directo de tais factos. Quanto à dificuldade prática que podem alguns sócios experimentar na apreciação do que souberem, virem ou lerem, não é maior do que a que podem experimentar no exercício de qualquer outro direito social e é bastante reduzida pela possibilidade de obter cópias de documentos. A pessoalidade não poderá, contudo, ser invocada contra o requerimento de inquéritos judiciais, nos termos do artigo 1479.º do Código de Processo Civil, assim como esses inquéritos não podem ser recusados com o fundamento da possibilidade de os sócios directamente se informarem.

No nosso direito positivo, há, porém, que considerar o artigo 1497.º do Código de Processo Civil, quando diz "O requerente pode solicitar que seja autorizado a fazer-se acompanhar por um técnico de sua escolha". Desta possibilidade resulta, em princípio, que também no exame voluntariamente consentido pelos sócios administradores o sócio requerente possa fazer-se acompanhar por um técnico de sua escolha. Pouco sentido faria que ao sócio fosse consentida, na via judicial, uma companhia negada na via extra-judicial e ainda menos seria lógico que, entendendo-se recusado o exercício do direito de consulta por o sócio pretender ser acompanhado, fosse depois ser conseguido o mesmo por imposição judicial.

A pessoalidade – que continuamos a considerar regra – não desaparece totalmente por força do artigo 1497.º. Assim: este artigo não impõe nem permite a delegabilidade noutra pessoa, mas apenas o acompanhamento por um técnico; na via judicial, o acompanhamento deve ser requerido ao tribunal e por este autorizado ou não, conforme as circunstâncias do caso, depois de ouvida a sociedade; paralelamente, na via extra-judicial, o sócio deverá solicitar ao administrador autorização para se fazer acompanhar pelo técnico, podendo a recusa ser ou não correcta e consequentemente, ser ou não lícito o recurso à via judicial.

11 – Recusa de informação – É opinião generalizada que nestas sociedades os administradores não podem recusar as informações pedidas ou a consulta desejada alegando segredo social ou, para evitar divergências quanto ao conceito de segredo, alegando o interesse da sociedade em que certos assuntos não sejam conhecidos senão pelos administradores; funda-se essa opinião segundo uns, na responsabilidade ilimitada dos sócios (argumento que, nas sociedades simples, nem sempre pode valer, dada a possibilidade de limitação de responsabilidade) e, segundo outros, na íntima compenetração do interesse de todos os sócios e da sociedade e no fundamento fiduciário da relação (GHIDINI, pág. 450). Grande parte da doutrina atende, porém, ao uso que o sócio provavelmente fará dos conhecimentos obtidos, permitindo a recusa a sócios concorrentes (já acima disse que a concorrência só por si não pode justificar essa recusa), ao sócio que pretenda transmitir as informações a um terceiro concorrente e, de maneira geral, quando o exercício destes direitos se mostre abusivo, nos termos gerais (Contra a aplicação do abuso de direito, COSTI, pág. 82).

12 – Fiscalização e prestação de contas – O artigo 988.º deixa em aberto os principais problemas que na prática têm surgido quanto à prestação de contas dos administradores; com efeito, depois de no n.º 1 atribuir a cada sócio, nos termos já conhecidos, o direito inderrogável de exigir a prestação de contas, limita-se no n.º 2 a regular a época ou tempo da prestação das contas.

Deve-se confirmar desde já que o direito de exigir a prestação de contas é, tal como os outros dois direitos de fiscalização, um direito individual de cada sócio. O argumento textual que em Itália tem sido usado para chegar a solução contrária ou pelo menos para suscitar a dúvida, não existe no nosso preceito. O artigo 2261 italiano contém dois parágrafos, como o nosso artigo 988.º, mas nele as matérias estão distribuídas de maneira diferente; no primeiro, depois de referir os outros dois direitos de "controlo dei soci", diz quanto ao direito de exigir a prestação de contas: *"...e di ottenere il rendiconto quando gli affari per cui fu costituita la società sono stati compiuti"*; no segundo, em que prevê a duração da sociedade superior a um ano, diz que <u>os sócios</u> têm direito em certas épocas. Esta referência à pluralidade dos sócios no segundo parágrafo tem sido o motivo da dúvida e a omissão no n.º 2 do nosso artigo evita tal dúvida, sem prejuízo do que adiante se dirá quanto à intervenção de todos ou duma pluralidade de sócios no processo de prestação de contas.

A fixação do termo de prestação de contas no artigo 988.º tem alcance mais vasto que esse. Por um lado, delimita o exercício do direito individual e inderrogável de cada sócio à exigência de prestação de contas; tal direito só pode ser exercido nas alturas fixadas por aquele artigo. Por outro lado, todavia, confirma algo que já se deduziria dos princípios gerais e que afasta o direito de exigir a prestação de contas dos direitos de informação e consulta; enquanto estes dois (em princípio, pois o contrato pode estabelecer para os administradores o dever de fornecer, independentemente de exigência individual, certas informações ou preparar para consulta certos documentos) não supõe um concomitante mas independente dever dos administradores, a prestação de contas é objecto de um direito individual mas simultaneamente é também objecto de um dever funcional dos administradores. Por isso o artigo 988.º n.º 2 não diz que o sócio tem o direito de exigir as contas em certas épocas.

IX – USO DE COISAS SOCIAIS

IX

USO DE COISAS SOCIAIS

O artigo 1270.º n.º 2 do Código Civil de 1867 dispunha, como preceito supletivo, "Pode qualquer dos sócios servir-se, na forma do costume, das coisas da sociedade, contando que esta não seja prejudicada, ou os outros sócios privados do uso a que também tenham direito". O artigo 2179.º tornava este preceito aplicável à compropriedade.

Tanto por esta extensão à compropriedade, como pelos próprios dizeres – "uso na forma do costume", privação do uso a que outros sócios tenham direito – o quadro que o legislador visara era o uso <u>pessoal</u> por algum dos sócios de coisas pertencentes à sociedade (ou em compropriedade), segundo o seu destino económico-social e não como base de exploração económica. Quando alguns códigos comerciais e para sociedades comerciais proibiam o uso da coisa pelos sócios, é natural que esse quadro fosse substituído ou pelo menos alargado de modo a compreender apenas ou também o emprego de coisas pertencentes à sociedade como elemento de uma exploração económica por um sócio; assim se compreende, por exemplo, que o artigo 110.º do Código Comercial italiano sancionasse essa proibição com o reembolso à sociedade das vantagens conseguidas pelo sócio mediante o emprego abusivo das coisas da sociedade, como o nosso artigo 157.º Cod. Com. faz para os sócios que pratiquem actos comerciais sem consentimento da sociedade.

No actual Código, o artigo 989.º dispõe que o sócio não pode, sem consentimento unânime dos consócios, servir-se das coisas sociais para fins estranhos à sociedade, mas o artigo 1406.º

148   *Apontamentos sobre Sociedades Civis*

n.º 1 mantém para a compropriedade a regra do Código anterior, considerando lícito a qualquer dos comproprietários servir-se da coisa comum, contanto que a não empregue para fim diferente daquele a que a coisa de destina e não prive os outros consortes do uso a que igualmente têm direito.

O nosso artigo 989.º reproduz o artigo 2256 italiano, com algumas alterações formais, a mais importante das quais consiste em dizer "para fins estranhos à sociedade", em vez de "para usos estranhos aos da sociedade", revelando assim a influência da doutrina italiana que fala em "fins" estranhos à sociedade, aliás sem explicar a alteração.

Do preceito italiano – e as modificações verbais do nosso artigo não influem nos raciocínios a seguir indicados – tem a doutrina deduzido argumentos contra a personalidade jurídica da sociedade simples, considerando que a proibição de uso individual seria desnecessária e não faria sequer sentido se a sociedade fosse pessoa jurídica e as coisas lhe pertencessem, pois não seria preciso dizer que os sócios não podem usar coisas pertencentes a um terceiro. O argumento não é conclusivo, pois a autonomia patrimonial da sociedade também tornaria o preceito desnecessário, não sendo natural que um sócio possa usar para seus fins individuais coisas que têm no património social uma afectação específica. Aliás, os autores italianos reconhecem este facto, ao dizerem que o preceito é evidentíssimo e resultaria, sem necessidade de particular previsão, do destino específico que é dado aos bens conferidos pelo contrato social.

O uso pelo sócio é lícito quando consentido pela unanimidade dos consócios. É de aceitar a imperatividade do preceito, não bastando a autorização da maioria dos outros consócios, embora, em regra, numa sociedade, as deliberações sejam tomadas por maioria, em virtude de cláusula contratual. Também manifestamente não basta a autorização de todos os sócios administradores, quando haja outros sócios sem poderes de administração; é bem clara a exigência da unanimidade dos <u>consócios</u>.

Com o consentimento unânime dos consócios, pode o sócio servir-se da coisa para fins estranhos à sociedade, mas parece que

Uso de coisas sociais 149

esse consentimento é limitado pelo uso ou serviço, entendido como utilização pessoal da coisa e não como elemento de exploração económica. Autores italianos têm colocado o problema da defesa dos credores, atribuindo a estes a acção revocatória do consentimento dos sócios, como defesa do património social que garante os seus créditos; vamos mais longe, entendendo que nem o consentimento unânime dos sócios pode permitir que qualquer deles se sirva da coisa como se sua fosse para o exercício duma actividade económica; interpretamos, pois, o uso ou serviço em sentido restrito, como o aproveitamento pelo sócio do <u>uso</u> da coisa, que normalmente seria usada pela sociedade.

A violação do preceito acarreta para o sócio responsabilidade pelos prejuízos causados à sociedade, salvo estipulação contratual que estabeleça outras sanções. Na interpretação que damos ao uso ou serviço, nem sequer faria sentido a forçada entrada no património social das vantagens conseguidas pelo sócio podendo até argumentar-se com a falta de tal sanção – natural no caso de uso da coisa para actividades económicas – para chegar àquele conceito restrito de uso ou serviço.

Ao contrário do disposto na parte final do artigo 990.º, o artigo 989.º, não remete para uma possível exclusão do sócio, nos termos da alínea a) do artigo 1003.º ("quando lhe seja imputada violação grave das obrigações para com a sociedade"), mas, apesar disso, pode haver lugar à exclusão, ao abrigo dessa alínea. O legislador considerou a violação da proibição de concorrência (artigo 990.º) como uma falta que, em princípio, justifica a exclusão; no âmbito do artigo 989.º cabem hipóteses de gravidade tão diversa que não se justificaria <u>sempre</u> uma providência igual, mas, quando a violação do artigo 989.º atinja tal gravidade que se enquadre no artigo 1003.º alínea a), o sócio pode ser excluído com esse fundamento.

X – PROIBIÇÃO DE CONCORRÊNCIA

X

PROIBIÇÃO DE CONCORRÊNCIA

Discute-se em Itália se a proibição de concorrência estabelecida pelo artigo 2301.º para os sócios de sociedades em nome colectivo é extensível às sociedades simples. As opiniões vão desde uma ampla extensão (BOLLAFFI página 376), à recusa de extensão (FERRI, página 375, GHIDINI, página 463), passando por uma extensão mitigada, como por exemplo, às actividades agrícolas por conexão, em que seja possível um desvio de clientela (GRAZIANI, página 92) A opinião negativa funda-se em que o fenómeno concorrencial é relevante na actividade comercial mas não fora desta ou em que o objecto não comercial da sociedade simples exclui, em regra, a possibilidade de uma concorrência prejudicial.

O nosso legislador optou por estabelecer expressamente a proibição no artigo 990.º servindo-se para isso da primeira parte do artigo italiano, em vez de utilizar os artigos 157.º e 158.º do C. Com., talvez por não ter cabimento a distinção feita nestes entre sociedades "para que não se haja determinado espécie alguma de negócio" e sociedades constituídas para certa espécie de comércio.

Os comentadores do Código Civil fundamentam esta proibição no sentido de evitar que o sócio se aproveite dos seus conhecimentos e da sua acção dentro da sociedade para obter lucros próprios, em prejuízo de outros sócios; mesmo, porém, que não haja concorrência desleal, deve razoavelmente exigir-se de todo o sócio que dirija a sua actividade no sentido de obter os

154 *Apontamentos sobre Sociedades Civis*

melhores resultados para a sociedade, o que é praticamente incompatível com o exercício da mesma actividade em benefício próprio (P Lima e Varela, II, 240; ideia semelhante era exposta quanto aos citados artigos do Código Comercial, por José Tavares, página 282). A tal fundamentação, que também aparece em autores italianos (Ghidini, página 463), pode opor-se que os possíveis actos de concorrência desleal tornados possíveis pela actuação do sócio dentro da sociedade caíriam dentro das regras legais que reprimem a concorrência desleal, sem necessidade de preceito expresso; que parece excessivo proibir toda e qualquer concorrência exercida em moldes de perfeita lealdade, apenas para evitar o perigo de um ou outro possível acto de concorrência desleal; que o sócio pode exercer actividade concorrente desde que autorizado por todos os consócios e que não é crível que o legislador preveja e permita que todos os consócios autorizem outro a praticar actos de concorrência desleal (Ferri, página 374). Nem se diga que a autorização dos sócios respeita apenas a actos de concorrência leal; se assim fosse, os consócios poderiam exercer os direitos resultantes de actos de concorrência desleal, mas o fundamento da proibição geral de concorrência deixaria de residir no perigo de concorrência desleal. A exigência de que o sócio dirija a sua actividade no sentido de obter os melhores resultados para a sociedade, e como especial forma de colaboração devida pelos sócios nas sociedades em que vigora a proibição de concorrência (Ferri *cit.*) ou ainda o dever de fidelidade invocado na doutrina alemã (Westermann, I, 182, que o desdobra nos dois fundamentos, na realidade separados, referidos pelos nossos comentadores) não parecem constituir fundamentos satisfatórios; não é bastante dizer que o sócio tem o especial dever de colaborar com a sociedade não exercendo actividades concorrentes e por outro lado, parece exagerado requerer que o sócio dedique todas as forças à sociedade, ficando, aliás, por explicar o motivo que só tornaria relevante o desvio dessa actividade quando o sócio entrasse em concorrência com a sociedade. Talvez o fundamento mais razoável se encontre no prejuízo causado pela actividade concorrente conjugado com a existência de sócios de responsabilidade ilimitada; a concorrência traduz-se num potencial prejuízo para a sociedade na actividade por ela exercida e, portanto, aumenta os riscos de os consócios serem atingidos pela responsabilidade ilimitada, enquanto o sócio concorrente se colocaria em melhor situação, cobrindo com actividade própria os prejuízos causados à sociedade pela sua concorrência.

Proibido ao sócio é o exercício de uma <u>actividade igual</u> à da sociedade e, embora possa reconhecer-se a possibilidade de os consócios serem prejudicados por actividades semelhantes mas não iguais, o preceito deve ser interpretado restritamente, uma vez que estabelece limitações ao direito fundamental de cada um desenvolver as suas próprias actividades. A igualdade tem de se entender também quanto ao fim económico da actividade, que deve existir na actividade proibida do sócio como existe na da sociedade. Exemplos como o sócio duma sociedade de construções que constrói uma casa para habitar ou para investimento (ASCARELLI, *Teoria della concorrenza*, página 67) mostram que a proibição não pode abranger actos isolados do sócio, em seu benefício directo, sem intenção especulativa.

Como actividade da sociedade entendem alguns autores as actividades estatutariamente permitidas à sociedade e outros autores consideram para o efeito apenas as actividades que a sociedade efectivamente exerce. Além, contudo, da diferença entre um objecto estatutário, mais amplo, e um objecto real constituído apenas por parte daquele, há a considerar a hipótese de objecto real diferente do objecto estatutário. Quanto à primeira hipótese e no sentido de ser tomada em conta apenas a actividade real ou efectivamente exercida pela sociedade em certo momento, pode dizer-se que a intenção da lei é proteger a sociedade contra prejuízos causados por uma actividade individual do sócio e não reservar para a sociedade um conjunto de actividades proibidas aos sócios e que a actividade do sócio não causa quaisquer prejuízos à sociedade se esta efectivamente não exerce actividade igual. A mesma possibilidade de causar prejuízos à sociedade conduz à preferência do objecto real, no caso de este ser diferente do objecto estatutário; em contrário, poderia argumentar-se com a irregularidade da sociedade quando exerce uma actividade não compreendida no objecto social, mas essa irregularidade não deve poder ser alegada pelo sócio concorrente, que tem, quanto à manutenção dela, culpa igual à de todos os sócios.

Há que coordenar os inícios das actividades concorrentes do sócio e da sociedade:

a) o sócio já exercia a actividade (que veio a tornar-se concorrente) antes de a sociedade ter sido constituída ou ele ter adquirido a qualidade de sócio;

b) o sócio já exercia a actividade antes de a sociedade a ter iniciado;

i. porque a sociedade inicia uma nova actividade já permitida pelo contrato;

ii. porque a sociedade altera o contrato permitindo o exercício de nova actividade;

c) o sócio inicia o exercício depois de a sociedade estar a exercer actividade igual.

No caso da alínea a) pode dizer-se, por uma lado, que a actividade que já estava a ser exercida não deve ser afectada por um facto posterior, mas por outro lado nota-se que a constituição da sociedade resulta da vontade de todos os sócios, incluindo o concorrente, que não pode desconhecer a proibição de concorrência (o mesmo se dirá na hipótese de entrada subsequente de sócio concorrente em sociedade já constituída). O artigo 2301.º italiano resolve a dificuldade criando para esse caso uma presunção de que todos os sócios consentiram no exercício da actividade concorrente, desde que todos tivessem conhecimento dela, presunção essa que o nosso artigo 990.º omite, e que também não pode ser utilizada como presunção *hominis* (se todos os sócios sabem que um deles exerce uma actividade igual à que a sociedade vai exercer e não está disposto a abandoná-la; se, apesar de tal conhecimento, celebram o contrato de sociedade, pode presumir-se que deram consentimento à continuação da actividade do sócio) porque o artigo 990.º exige autorização expressa. Assim, caso o sócio não tenha tido o cuidado elementar de se prevenir com a autorização expressa dos consócios, fica sujeito à proibição de concorrência. Igual solução atribuímos às hipóteses sub b), pois o objecto da sociedade não pode ser modificado sem o consentimento de todos os sócios, incluindo o do interessado na actividade concorrente. A hipótese sub c) entra directamente no âmbito do preceito.

Durante a vida da sociedade e a manutenção da qualidade de sócio, este fica livre para exercer uma actividade que foi igual a uma da sociedade, quando esta deixe de a exercer. Só, porém, pela extinção da qualidade de sócio, fica este liberto da proibição geral de concorrência prescrita no artigo 990.º. A extinção da qualidade de sócio pode ser individual ou geral.

Quanto à extinção individual, a proibição específica de concorrência termina nesse momento, sejam quais forem as circunstâncias em que a extinção tenha ocorrido; salva a possível relevância para efeitos gerais de concorrência desleal, o facto de a extinção da qualidade de sócio ser procurada pelo sócio (por meio de cessão, exoneração ou até provocando os pressupostos da exclusão) para poder exercer uma actividade concorrente, não faz permanecer a proibição específica do artigo 990.º.

Quanto à dissolução e liquidação da sociedade, a dúvida consiste em saber se a proibição de concorrência termina quando a sociedade se dissolve e a liquidação se inicia ou apenas quando a liquidação termina; logicamente, só este último momento deve interessar, pois só então se extingue a qualidade de sócio e essa é a solução mais conforme às necessidades práticas, capaz de cobrir todas as possíveis modalidades de liquidação da sociedade; aos sócios caberá, portanto, apreciar para efeitos de autorização, se a sociedade dissolvida pode ou não ser afectada pela concorrência de algum deles.

Ficam sujeitos à proibição de não concorrência todos os sócios e quer estes actuem por conta própria ou alheia. Não há assim que limitar o preceito a sócios administradores (contra, relativamente ao C. Com, ADRIANO ANTERO, página 291) ou a sócios de indústria. Quanto ao exercício por conta alheia, as principais dúvidas suscitadas na doutrina respeitam ao emprego do

158 *Apontamentos sobre Sociedades Civis*

sócio como trabalhador subordinado de outra empresa e à participação dele noutras sociedades. Na primeira hipótese, a doutrina tende para evitar uma solução geral e averiguar caso a caso se o serviço prestado a outra empresa é ou não relevante para colocar esta segunda empresa em situação de concorrência maior do que a previsível se nela não prestasse serviço aquela pessoa.

A participação em sociedades é expressamente prevista no artigo 2301.º italiano, aliás em termos que permitiriam concluir que não está directamente incluída na actividade por conta alheia ("o sócio não pode, sem o consentimento dos outros sócios, exercer por conta própria ou alheia uma actividade concorrente com a da sociedade, nem participar como sócio ilimitadamente responsável noutra sociedade concorrente"). A falta de preceito semelhante na nossa lei leva a investigar conforme o tipo de sociedade e as funções nela exercidas pela pessoa em causa. Assim, o exercício de funções de administrador ou gerente em qualquer tipo de sociedades é de considerar exercício de actividade por conta alheia. A participação como sócio sem gerência ou administração é geralmente considerada relevante para o efeito quando se trate de sociedade de responsabilidade ilimitada (ou pelo menos, para abranger as comanditas, de sócios de responsabilidade ilimitada) e como irrelevante nas sociedades anónimas; as dúvidas quanto às sociedades por quotas resulta da diversidade de modos como este tipo de sociedades é encarada pelos autores (A. ANTERO, página 291 junta-as às sociedades em nome colectivo).

A proibição de concorrência é excluída pela expressa autorização de todos os outros sócios. A forma da autorização deve ser expressa, embora não necessite de ser escrita; não são, pois, de acolher entre nós as tentativas da doutrina italiana para reduzir o alcance da proibição, admitindo formas bastante vagas de consentimentos tácitos, até ao simples facto de os consócios não reagirem durante algum tempo contra a actividade concorrente. Todos os outros sócios e não apenas alguns – sócios administradores, sócios de responsabilidade ilimitada – devem dar a autorização e a falta de uma só autorização importa a proibição da concorrência.

O sócio que viole a proibição de concorrência é responsável pelos danos que causar à sociedade e pode ser excluído, nos termos da alínea a) do artigo 1003.º. O Código Civil não criou, portanto, um Eintrittsrecht, como o § 113 do Código Comercial alemão ("...a sociedade pode exigir ao sócio que ponha por conta da sociedade os negócios que realizou por sua conta própria, e que lhe restitua os lucros realizados por negócio feitos por conta de outrém, ou que lhe ceda o seu direito ao lucro") – v. Cod. Com. artigo 157.º, "sob pena de perderem para esta os benefícios realizados".

A sociedade actuará, nos termos gerais, contra o sócio infractor, para obter a indemnização correspondente aos danos sofridos, que normalmente consistirão nos lucros que proviriam da operação realizada pelo sócio, se tivesse sido realizada pela sociedade. Note-se, porém:

a) não basta provar que o negócio efectuado pelo sócio trouxe a este um certo lucro para a sociedade o poder reclamar como seu dano, pois isso seria um Eintrittsrecht; a sociedade deverá provar que o negócio poderia ter sido realizado por ela se não existisse a actividade concorrente do sócio e o dano correspondente ao lucro que a sociedade teria auferido nesse caso, o qual pode ser maior ou menor do que o lucro efectivo do sócio;

b) a prova da possibilidade de o negócio ter sido realizado pela sociedade é provavelmente facilitada quando o sócio concorrente seja administrador;

c) a indemnização é devida à sociedade e não apenas aos outros sócios, não sendo dela deduzida a parte que ao sócio concorrente caberia no lucro apurado e exigido;

d) no caso de o sócio concorrente ser administrador a indemnização por violação do artigo 990.º é independente da indemnização que porventura corresponda à infracção do dever geral de diligência por falta de organização dos meios que permitissem superar a concorrência.

Pela alínea a) do artigo 1003.º, a exclusão de um sócio pode dar-se quando lhe seja imputável violação grave de obrigações para com a sociedade. A expressa remissão feita na parte final do artigo 990.º tem o alcance de dispensar alegação e prova da gravidade da infracção, pois a infracção do artigo 990.º é directamente qualificada como uma violação grave, que justifica a exclusão do sócio.

XI – CESSÃO DE QUOTAS

1 – Possibilidade de cessão de quota
2 – Extensão da cessão de quota
    2.1 – Direito a distribuição não proporcional de lucros
    2.2 – Direito a lucros vencidos
    2.3 – A administração da sociedade
3 – O consentimento à cessão
4 – Responsabilidade por novas e antigas obrigações sociais
5 – Forma da cessão

XI

CESSÃO DE QUOTAS

O artigo 995.º ocupa-se da cessão de quotas. Tem a originalidade de não corresponder a preceito algum da regulamentação italiana da sociedade simples, onde o assunto é omisso. Substancialmente o seu n.º 1 coincide com o artigo 161.º do Código Comercial.

Afastando em primeiro lugar uma questão de palavras, note-se ser indiferente (ou meramente convencional) dizer que a quota é intransmissível por a sua transmissão depender do consentimento dos outros sócios (isto é, que a intransmissibilidade consiste na impossibilidade de transmitir sem o consentimento dos outros sócios) ou que a quota é transmissível com o consentimento dos outros sócios. Praticamente, os resultados são idênticos e dogmaticamente parecem excessivas as consequências que se pretendesse tirar da diferença.

1 – Possibilidade de cessão de quota – Problema diverso é o de saber se, nestas sociedades, pode haver verdadeira cessão de quota ou se esta encobre uma realidade diferente: a extinção dum vínculo social (o do chamado cedente) e a criação dum vínculo novo (o do chamado cessionário). Segundo esta teoria, a cessão vem a desdobrar-se em dois actos, com sujeitos parcialmente diferentes; o primeiro entre o cedente e o cessionário, convencionando a saída do primeiro e a entrada de outro (e talvez também um acto entre o cedente e a sociedade, para aquele poder libertar-se do vínculo); depois, um acto entre o cessionário e a socie-

164 *Apontamentos sobre Sociedades Civis*

dade, para a admissão daquele. O motivo deste complicado mecanismo estaria na pessoalidade do vínculo, tomada como impeditiva duma substituição de pessoas no mesmo vínculo. Parece-nos exagerado esse alcance da pessoalidade. Esta não tem medida certa; pode ir ao ponto de impedir totalmente a transmissão ou pode contentar-se com a exigência do consentimento dos outros sócios "pessoalmente interessados". Não sendo possível estabelecer a priori um grau de pessoalidade e as suas inevitáveis consequências, haverá que atentar no tratamento legal de cada hipótese.

Nada indica na lei portuguesa a extrema amplitude da pessoalidade pressuposta pela doutrina criticada. Por um lado, o Código trata a transmissão da quota como uma cessão; por outro lado, não inclui a saída do sócio (cedente) nas hipóteses, expressamente disciplinadas, de extinção do vínculo social (dissolução limitada a um sócio) do sócio considerado. Tudo aponta a construção simples da verdadeira cessão, mantendo-se o vínculo, apenas com alteração do sujeito. Nem se vê motivo para construção diferente; fora de vagos e teóricos conceitos de pessoalidade, estão em causa interesses dos outros sócios, tanto quanto à saída do cedente como quanto à entrada do cessionário e tais interesses são inteiramente satisfeitos pela necessidade do seu consentimento.

Faltando-lhe texto expresso a permitir e regular a cessão de quota, a doutrina italiana, quando não leva a pessoalidade ao extremo acima referido, vale-se desta para atingir a necessidade de consentimento dos outros sócios, através da qualificação intermédia da cessão como uma alteração ou modificação contratual; com efeito, dizem, se a identidade e as qualidades pessoais dos contraentes são determinantes da vontade de contratar por parte dos outros sócios, a substituição do sócio implica uma modificação das estatuições originais que, como qualquer outra, evita essa construção e torna inconfundíveis as alterações ou modificações do contrato, reguladas no artigo 982.º, que respeitam ao conteúdo do contrato, e a cessão, que respeita às pessoas e está regulada no artigo 995.º.

Da referida construção há quem deduza a necessidade de consentimento dos outros sócios quando a cessão de quota é realizada entre sócios, pois haveria ainda uma alteração pela saída

Cessão de quotas

165

do sócio cedente (ou, segundo outros, uma alteração das relações inter-sócios pela nova posição assumida pelo sócio cessionário. Refere-se o artigo 995.º a cessão de quota a terceiro, palavra esta que exclui quem for sócio à data da projectada cessão. *A contrario sensu*, a cessão de quota a outro sócio é livre, não dependendo do consentimento dos outros sócios.

Nada impede que o contrato subordine a cessão da quota para outro sócio ao consentimento dos restantes. Discutível é a hipótese inversa: estipulação da liberdade de cessão de quota para terceiro, cuja validade dependerá do carácter imperativo ou dispositivo do artigo 995.º n.º 1. Podem distinguir-se várias espécies de cláusulas; umas são propriamente cláusulas de consentimento, dado previamente e não apenas na altura da cessão, e exigem a indicação concreta das pessoas dos cessionários; outras dispensam o consentimento dos outros sócios para quaisquer cessões ou cessionários ou algumas categorias de cessões ou cessionários. Mesmo na doutrina mais rigorosa quanto ao segundo grupo de cláusulas é admitida a validade das primeiras, mas a nosso ver ilogicamente dentro dos pressupostos dessa doutrina; diz-se, por exemplo, que é válida a cláusula pela qual seja consentida a cessão da quota para pessoas de família do cedente desde que essas pessoas existam à data da cláusula de consentimento (não de quem venha a fazer parte da família, como os filhos ainda não nascidos), mas se a doutrina se funda na apreciação concreta das pessoas que por meio da cessão venham a ingressar na sociedade, não pode esquecer-se que as qualidades das pessoas mudam e não vemos diferença, neste aspecto, entre dar consentimento para quem venha a nascer e dar consentimento para a cessão (a ocorrer muitos anos depois, possivelmente) a um filho ainda muito jovem quando a cláusula é estipulada.

Pode tentar-se resolver o problema suscitado pelo segundo género de cláusulas reconduzindo-as ao primeiro género; elas constituiriam um consentimento antecipado e aberto a todos os cessionários; essa não é, porém a sua verdadeira natureza, pois não consentem cessões, antes dispensam o consentimento. Tratar-se-ia de simples jogo de palavras, que nada adiantaria, pois passaria a perguntar-se se a lei ficaria satisfeita pelo consentimento genérico ou exigiria o consentimento específico.

A doutrina alemã criou um sistema intermédio consistente em validar as cláusulas de dispensa de consentimento, mas atribuir aos outros sócios uma faculdade de rejeitar o cessionário, quando este for concretamente conhecido, com fundamento em circunstâncias que justifiquem a recusa da sua entrada na sociedade. Aceitamos o sistema quando contratualmente estabelecido, mas não nos parece que ele resolva o problema de interpretação da lei agora discutido, pois ele consiste, no fundo, numa presunção de aceitabilidade do cessionário, ilidível em função de certas circunstâncias concretas.

Não há dúvida de que o consentimento específico para uma cessão actual constitui a protecção dos sócios e corresponde mais perfeitamente à pessoalidade dos vínculos sociais; resta saber se, não estando, como não estão, em causa interesses de terceiros (vide adiante os efeitos da cessão para com terceiros) mas apenas interesses dos sócios, estes podem ou não dispor deles e se a pessoalidade se impõe aos sócios até ao referido ponto. A nosso ver, a resposta é negativa. Nem se diga que os sócios escolheram um tipo de sociedade pessoal e, feita a escolha, devem conformar-se com as exigências do tipo escolhido; com tal argumento, voltaríamos ao princípio, para determinar se o consentimento específico e actual é um elemento essencial do tipo. Nem se argumente também com a responsabilidade ilimitada e solidária dos sócios, pois podem aplicar-se-lhe as mesmas dúvidas acima expostas, visto essa responsabilidade ser afinal a grande determinante da pessoalidade. Todos esses argumentos demonstram ser pouco natural o aparecimento de cláusulas de inteira liberdade de cessão de quotas em sociedades deste tipo, dado os riscos assim criados para os sócios, mas não provam que os sócios estejam proibidos de correr esses riscos.

Cessão de quota como cessão de posição contratual – Dentro da teoria geral do negócio jurídico, a cessão de quota qualifica-se como uma cessão de posição contratual. A doutrina italiana tem-se dividido a esse respeito, mas nas obras mais recentes, esta qualificação abre caminho. Ao estudar, noutro lugar, a cessão de quota de sociedade por quotas de responsabilidade limitada, colocámos o problema e criticámos a argumentação da doutrina oposta. Também já acima discutimos a natureza da participação social, que constitui agora pressuposto essencial da natureza atribuída à cessão de quota.

Desta qualificação resulta que a regulamentação legal da cessão de posição contratual se aplicará subsidiariamente à cessão de quota, quando falte regulamentação legal própria e aquela não seja contrariada pela especialidade do objecto, a "quota". Adiante veremos aplicações deste princípio.

2 – Extensão da cessão de quota – Relativamente à extensão da cessão de quota tem-se discutido se ela abrange necessariamente todos os direitos do cedente relativamente à sua sociedade, tal como se encontram estipulados no contrato; se abrange o direito a lucros já aprovados mas ainda não pagos; se abrange o direito de administrar a sociedade de que o cedente fosse titular.

2.1 – *Direito a distribuição não proporcional de lucros* – O primeiro problema aparece na prática sobretudo a propósito de cláusulas que atribuem a certos sócios (geralmente, alguns dos sócios fundadores) uma proporção nos lucros superior à que resultaria do valor respectivo das quotas e costuma ser colocada como um problema de saber se esse direito especial do cedente é meramente pessoal – e portanto não se transmite – ou, se incluído na quota, é transmitido. Admitimos que a decisão resulte da interpretação da vontade das partes manifestada no contrato de sociedade; assim como é lícito aos sócios criar uma vantagem especial inerente à quota, seja quem for o respectivo titular, é-lhes lícito pactuar que a vantagem é limitada à pessoa do sócio, cessando quando este perder tal qualidade. Como, porém, é raro que os contraentes pensem no problema na altura em que o contrato é celebrado, os contratos raramente fornecem elementos para uma interpretação decisiva. Os argumentos colaterais também não costumam ser decisivos; suponha-se que o contrato atribui a um sócio uma porção não proporcional de lucros, porque os sócios reconheceram que, para além da sua entrada de capital, a pessoa do sócio tem considerável influência no êxito da sociedade ou até simplesmente porque necessitavam da entrada desse sócio (por exemplo, entrada com certo bem essencial à sociedade) e doutro modo não a conseguiriam; poderá dizer-se que, sendo a vantagem determinada por qualidades da pessoa, deve cessar com a saída dessa pessoa, mas o raciocínio é apressado, visto que a vantagem conseguida pelo sócio tanto pode ter consistido apenas numa maior porção de lucros enquanto for sócio, como na valorização da própria quota por lhe corresponder uma maior porção de lucros, vantagem esta que desapareceria se a cessão da quota importasse a redução dos correspondentes lucros. O problema centra-se afinal no encontro do critério normal para os casos duvidosos: deve presumir-se que a vantagem é pessoal ou real? O critério normal deve ser a inclusão dessa vantagem na quota e a sua correlativa transmissibilidade. O direito aos lucros faz parte da quota e a sua medida é irrelevante para o efeito; da quota tanto faz parte um direito aos lucros medido pelo valor das entradas como um direito aos lucros convencionalmente superior; logo, em princípio, o direito aos lucros transmite-se tal como existe, sendo absurdo considerar esse direito incluído na quota até à proporção das quotas (a qual é legal, mas simplesmente dispositiva) e excluído dela ou exterior a ela no excedente a essa proporção. Aliás, a desvalorização da quota do sócio em causa, pela redução ao critério legal supletivo do montante dos lucros, tem um reflexo na valorização das quotas dos outros sócios, pelo correlativo aumento da sua porção de lucros; ora, é pouco provável que o sócio beneficiário da vantagem tivesse a intenção de beneficiar os seus consócios, em prejuízo de si próprio no caso de cessão entre vivos e em prejuízo dos seus herdeiros no caso de cessão mortis causa.

Cessão de quotas

2.2 – *Direito a lucros vencidos* – A transmissão do direito a lucros vencidos depende dos acordos estabelecidos entre cedente e cessionário, tanto sendo lícito incluí-los ou excluí-los, com natural compensação no preço da cessão; este preço poderá fornecer um indício da intenção das partes, na falta de estipulação expressa. Em princípio, contudo, a natureza desses direitos não impõe a sua separação da quota e consequente exclusão da cessão, pois ele inclui-se na quota e não é forçosamente exterior a ela (embora possa ser voluntariamente ou por força da lei separado da quota).

2.3 – *A administração da sociedade* – A situação do cessionário relativamente à administração da sociedade tem sido considerada sob dois aspectos: o aspecto da admissibilidade do cessionário à administração da sociedade e o da transmissão dos seus poderes de administrador.

O primeiro aspecto envolve a colocação de falsos problemas. Se o cedente não era administrador da sociedade, nem surge sequer um problema de transmissibilidade dum poder que ele não tinha; se ele não era mas, pelo contrato, podia ser administrador, se ele não era nem podia ser administrador, a posição do cessionário tem de ser considerada em si própria e não como reflexo da posição do cedente. Cedente cuja idade excede a permitida pelo contrato para a nomeação dos administradores não transmite esse defeito a um jovem cessionário, mas cedente que não podia ser administrador por a administração estar limitada a quem possua quotas de certo montante, não cede essa incapacidade – cede uma quota cujo montante também não permite ao cessionário candidatar-se a administrador. O contrato não se modifica por efeito da cessão; as suas cláusulas aplicam-se directamente ao cessionário como se aplicavam ao cedente.

Está muito generalizada na doutrina estrangeira a tese de que, sendo o cedente administrador da sociedade (ou único ou conjuntamente com outros sócios), o cessionário adquire imediatamente e por transmissão os mesmos poderes, tese de que discordamos. Na quota está incluída – ou pode estar – e transmite-se por cessão o direito de ser nomeado administrador, mas a situação do administrador, uma vez eleito ou nomeado mesmo no contrato não é transmissível nem separadamente nem juntamente com a quota; tem natureza intrinsecamente pessoal, baseia-se na confiança que os outros sócios têm na pessoa e que não se estende a pessoas indiscriminadas.

Este último aspecto tem sido utilizado para fornecer argumento à doutrina contrária; diz-se que, sendo a admissão do novo sócio sujeita ao consentimento dos outros sócios, se estes consentem na admissão implicitamente consentem na administração, pois, se não quisessem manter ao cessionário esses poderes, recusariam admiti-lo. São, contudo, diferentes o consentimento para admissão como sócio e a concordância para o cargo de administrador, podendo requerer qualidades diversas e distintos graus de confiança, de modo que não pode considerar-se um implícito no outro. Haveria ainda inconvenientes práticos graves, na medida em que, para separar as duas qualidades, a sociedade seria forçada a recusar o consentimento à admissão mesmo que apenas lhe repugnasse consentir na administração. De resto, a intransmissibilidade da qualidade de administrador é regra nas cessões de participações em sociedades de capitais, não se vendo justificação para fazer aqui funcionar a pessoalidade ao contrário, isto é, para postergar os requisitos pessoais.

3 – O consentimento à cessão – O consentimento deve ser dado por todos os outros sócios; basta um recusá-lo, para a cessão não produzir efeitos. O consentimento de todos os sócios não equivale, porém, a uma deliberação social por unanimidade; trata-se de actos individuais dos sócios e não duma deliberação social, embora seja exagerado pensar que o consentimento exigido por lei falta se todos os outros sócios manifestarem a sua vontade de consentir, sob a forma de deliberação social.

Nada diz a lei sobre a oportunidade e a forma de consentimento. O consentimento pode ser dado antes ou depois do contrato, como para o caso de cessão de posição contratual expressamente dispõe o artigo 424.º Código Civil. Quanto à forma, o consentimento não necessita de se revestir da forma do acto de cessão e não está subordinado a qualquer solenidade. Admitimos também o consentimento tácito, nos termos gerais de direito, por exemplo, pela concordância dos outros sócios na participação do cessionário em actos sociais; nem sequer pode nestas sociedades fazer-se depender esta conclusão da possibilidade de deliberações sociais tácitas, pois como já dissemos, o consentimento é individual.

O papel do consentimento dos outros sócios na estrutura do negócio de cessão da quota influencia alguns problemas práticos, como o de saber se, recusado o consentimento, a cessão é eficaz entre cedente e cessionário, embora não o seja para com a sociedade e os outros sócios. Revertendo à qualificação da cessão de quota como cessão de posição contratual, há quem sustente que o consentimento faz parte integrante do negócio de cessão, o qual, sem aquele não está completo, mesmo entre cedente e cessionário. Na verdade, a propósito do consentimento do contraente cedido, na cessão de posição contratual põe-se o problema de saber se esse consentimento "será um mero requisito de eficácia – uma espécie de *conditio iuris* dum contrato já perfeito entre cedente e cessionário" ou será antes "um elemento constitutivo do contrato, cuja perfeição exige o encontro de três declarações negociais", isto é, "trata-se de saber se a cessão é um contrato bilateral (mas não no sentido do Código de Seabra) ou um contrato trilateral". A segunda tese prevalece em Itália e tem defensores entre nós[39]. Antes de mais, parece-nos conveniente distinguir entre os casos em que o consentimento da cessão é exigido por lei – como para as cessões de quotas de sociedades civis faz o artigo 995.º Código Civil – e os casos em que a lei considera livre (isto é, independente de consentimento da sociedade ou dos sócios) a cessão da quota – como sucede nas sociedades por quotas e na transmissão de acções – mas o contrato a

---

[39] MOTA PINTO, *Cessão da posição contratual*, página 194, nota, a quem pertencem as frases transcritas no texto.

172 *Apontamentos sobre Sociedades Civis*

subordina ao consentimento. Nestes últimos casos, parece-nos de afastar liminarmente a estrutura da cessão de posição contratual como incluindo intrinsecamente o consentimento; a estrutura do negócio é determinada pela lei, reduzindo-a à manifestação de vontade dos dois contraentes, visto considerar a cessão perfeita sem o consentimento dos sócios ou da sociedade; por outro lado, não parece que a vontade das partes manifestada no contrato de sociedade tenha vigor para alterar a estrutura legal do negócio; em tais casos, portanto, é de seguir a primeira tese, considerando o consentimento como um elemento contratualmente determinante da eficácia da cessão para com a sociedade e os outros sócios.

Sem entrar na discussão pormenorizada do problema quanto à estrutura da cessão de posição contratual, parece-nos que o Código Civil fornece elementos bastantes para mostrar que adoptou a primeira tese. Na segunda, o negócio de cessão não está celebrado antes de ser prestado o consentimento do contraente cedido; até lá há um negócio *in itinere*, que só se completa pela terceira e essencial manifestação de vontade. Ora, pelo contrário, o artigo 424.º declara que o negócio de cessão está celebrado pela manifestação das vontades do cedente e do cessionário, antes do consentimento do contraente cedido: "No contrato com prestações recíprocas, qualquer das partes tem a faculdade de transmitir a terceiro a sua posição contratual desde que o outro contraente, antes ou depois da <u>celebração do contrato</u>, consinta na transmissão". O contrato que o artigo diz celebrado depois ou antes do consentimento é o contrato de cessão (não o contrato no qual é cedida uma posição), pois seria absurdo que o consentimento para a transmissão fosse dado antes de ter sido celebrado o contrato a transmitir e além disso o n.º 2 do mesmo artigo, claramente relacionado com as hipóteses colocadas no n.º 1, fala em o consentimento do outro contraente anterior à cessão[40]. Argumento coadjuvante pode retirar-se do artigo 425.º quando fala em <u>partes</u> no contrato de cessão, abrangendo apenas cedente e cessionário.

---

[40] Pires de Lima e Antunes Varela, *Código Civil Anotado*, I, página 421.

Da construção adoptada resulta que a cessão da quota é eficaz entre cedente e cessionário sem necessidade do consentimento dos outros sócios; para estes, só é eficaz depois de consentida. A esta conclusão tem sido, contudo, oposta outra argumentação, baseada na vontade das partes, principalmente do cedente; diz-se que não pode reputar-se conforme a essa vontade uma vinculação inter partes, que não produz os resultados desejados, pois nem liberta o cedente da posição contratual que deixou de lhe interessar nem permite ao cessionário alcançar a posição que desejaria; haveria assim um problema de interpretação da vontade das partes, produzindo o negócio efeito inter partes quando se provasse ter sido essa a vontade dos interessados, mas não produzindo tais efeitos no caso contrário. Não pode deixar-se de reconhecer papel importante à vontade das partes, mesmo que se admita a primeira das teses, que preferimos; na segunda, não é de supor que as partes queiram ficar eternamente vinculadas a um negócio incompleto e que até já se sabe ficar para sempre incompleto por o consentimento ter sido recusado; na primeira, seria injusto mantê--las ligadas por um contrato que já sabem não poder tornar-se eficaz para com a sociedade ou os outros sócios. A diferença está apenas no meio técnico usado para atingir essa desvinculação; num das concepções, nada será preciso fazer, porque o negócio ficará sempre incompleto e, como incompleto, também ainda não produzia efeitos inter partes, a não ser que as partes queiram manter esse efeito (embora pareça contraditório que a cessão produza efeitos entre cedente e cessionário quando se parte do princípio de que só poderia produzi-los depois de consentida); na outra concepção, os efeitos produzem-se, mas as partes poderão extingui-los por a recusa do consentimento impedir a eficácia que constituía pressuposto do negócio.

4 – Responsabilidade por novas e antigas obrigações sociais – A partir do momento em que a cessão se torne eficaz relativamente a terceiros, o cedente deixa de responder pessoal e solidariamente pelas novas obrigações sociais, cabendo essa res-

174 *Apontamentos sobre Sociedades Civis*

ponsabilidade ao cessionário. Quem responde, porém, pelas obrigações <u>anteriores</u> – o cedente, o cessionário ou ambos?

Os credores sociais são estranhos aos negócios de cessão, embora consentidos por todos os sócios; os seus direitos não podem ser afectados por actos a que são estranhos e consequentemente mantém-se a responsabilidade assumida no momento da constituição da obrigação; o cedente continua responsável para com eles. O princípio encontra-se consagrado no artigo 1006.º, a propósito da exoneração e da exclusão e, embora o caso de cessão não seja rigorosamente igual àqueles, pois fica existindo um novo sócio em vez do cedente o que não sucede naqueles outros casos, mostra a continuação da responsabilidade apesar de a pessoa responsável deixar de ser sócio.

A repercussão da responsabilidade do cedente para com terceiros nas relações entre o cedente e o cessionário dependerá, em primeiro lugar, das estipulações porventura existentes entre estes, podendo ser pactuado ou que o cessionário indemnize o cedente ou a responsabilidade definitiva do cedente. Na falta de estipulação, o cedente deve ser liberado de responsabilidade, recebendo do cessionário as importâncias que porventura pague a terceiros.

Relativamente aos outros sócios que venham a satisfazer, por força da regra da solidariedade, credores sociais, em porção superior à sua quota individual, o cedente tem de considerar-se exonerado da responsabilidade de regresso. Os outros sócios consentiram na cessão, a qual importa a substituição do cedente pelo cessionário; contra este devem, portanto, exercer o seu direito de regresso e o cessionário agirá ou não contra o cedente conforme as estipulações entre eles existentes.

O cessionário responde perante terceiros pelas dívidas anteriores à cessão – artigo 997.º n.º 4. Nas suas relações com o cedente, atender-se-á às respectivas estipulações como acima dito *mutatis mutandis*; igualmente se procederá quanto à responsabilidade solidária relativamente aos outros sócios.

Duvidoso é o efeito, relativamente ao cessionário, de um pacto (anterior à cessão) entre o (futuro) cedente e algum credor social, pelo qual o cedente seja isento da responsabilidade ilimitada quanto a esse crédito social. Diz-se que, embora do jogo dos princípios reguladores da cessão de posição contratual resultasse a transmissão da responsabilidade do cedente, tal como existia, e portanto aliviada na medida do dito pacto com um credor, a isso se oporia o direito societário (artigo 2269.º, correspondente ao nosso artigo 997.º n.º 4). Reputamos exagerada essa opinião; o artigo 997.º n.º 4 não permite que o novo sócio se exima à responsabilidade por determinada dívida com o fundamento ("a pretexto") de esta ser anterior à sua entrada para a sociedade; não proíbe que o novo sócio invoque a isenção de responsabilidade prometida ao cedente da quota.

5 – Forma da cessão – O n.º 2 do artigo 995.º determina que "a cessão de quotas está sujeita à forma exigida para a transmissão dos bens da sociedade" O preceito tem correspondência no artigo 981.º n.º 1, mas não coincidem nem os seus pressupostos nem os seus fundamentos.

O artigo 981.º n.º 1 refere-se aos bens com que os sócios contribuem para a sociedade e que, por força do contrato de sociedade são ou virão a ser postos em comum; o artigo 995.º refere-se aos bens que efectivamente façam parte do património da sociedade no momento da cessão.

O artigo 981.º n.º 1 – salvas as dúvidas acima expostas por virtude do carácter obrigacional do contrato de sociedade – justifica-se por haver transmissão singular dos bens postos em comum. O artigo 995.º n.º 2 aplica-se a uma situação em que o direito sobre os bens faz parte dum conjunto de direitos agrupados na participação social, que é objecto da cessão; podia, pois, suceder que, ao encarar a forma da transmissão de participação social, o legislador tivesse abstraído da composição do património social, quer para sujeitar aquela transmissão sempre a uma forma mais solene do que a correspondente à da transmissão dos bens efectivamente possuídos (como sucede na transmissão de quotas de sociedades por quotas de responsabilidade limitada) quer para

176 *Apontamentos sobre Sociedades Civis*

reduzir as exigências formais (como sucede na transmissão de acções). O Código despensa, porém, neste ponto a unidade da participação social e exige a forma correspondente à transmissão dum direito componente desta. Donde acontece que o preceito tem servido de argumento aos defensores da tese da mera autonomia patrimonial da sociedade civil; a forma é exigida para a transmissão de um direito dos sócios sobre os bens, o qual não existiria se a sociedade fosse pessoa jurídica.

XII – RESPONSABILIDADE DOS SÓCIOS PELAS OBRIGAÇÕES SOCIAIS

1 – O artigo 997, n.º 3
2 – O artigo 997, n.º 4
3 – Alteração da responsabilidade dos sócios
    3.1 – Tempo da cláusula

XII

RESPONSABILIDADE DOS SÓCIOS PELAS OBRIGAÇÕES SOCIAIS

O artigo 997.º é uma simbiose de três artigos do Código Civil italiano, 2267[41], 2268 e 2269. Os números 1 e 3 desdobram o artigo 2267; o número 2 corresponde ao artigo 2268 e o n.º 4 ao artigo 2269.

1 – O artigo 997 n.º 3

O artigo 997.º n.º 3 aproveitou a lição da doutrina italiana, resolvendo questões suscitadas pelo artigo 2267.º Cod. Civil italiano. Em resumo, criou o seguinte sistema:

a) instrumento da modificação, limitação ou exclusão da responsabilidade dos sócios é "cláusula expressa do contrato";

b) as alterações da responsabilidade dos sócios só podem operar em sociedades cuja administração não compita unicamente a terceiras pessoas;

---

[41] Código Civil italiano, artigo 2267: (Responsabilità per le obligazioni sociali). – I creditori della società possono far valere i loro diritti sul patrimonio sociale. Per le obbligazioni sociali rispondono inoltre personalmente e solidalmente i soci che hanno agito in nome e per conto della società e, salvo patto contrario, gli altri soci.

Il patto deve essere portato a conoscenza dei terzi con mezzi idonei; in mancanza, la limitazione della responsabilità o l'esclusione della solidarietà non è opponibile a coloco che non ne hanno avutto conoscenza.

180 *Apontamentos sobre Sociedades Civis*

c) só pode ser alterada a responsabilidade dos sócios que não sejam administradores;

d) a alteração da responsabilidade pode consistir em modificação, limitação ou exclusão;

e) a cláusula de alteração de responsabilidade só é oponível a terceiros quando for registada ou se verificarem as circunstâncias indicadas no artigo 996.º n.º 2.

O instrumento da alteração da responsabilidade dos sócios é uma cláusula do contrato de sociedade. Não quer isto dizer que a responsabilidade dum ou dalguns sócios não possa ser tornada diferente da que resulta da lei, por meio de convenções entre esses sócios e credores sociais ou por meio de estipulações entre alguns sócios; quer apenas dizer que o caso previsto no artigo 997.º n.º 3 e estes outros são diferentes pela sua essência e pelos consequentes efeitos. O preceito prevê a hipótese de ser criado um regime especial de responsabilidade dalguns sócios que se imponha a todos os sócios e potencialmente a terceiros; nos outros casos, trata-se de convenções que vinculam apenas um sócio relativamente a certo credor (deixando subsistir o regime geral em todas as outras hipóteses) ou vinculam apenas alguns dos sócios (deixando, relativamente aos outros, subsistir o regime geral). Por isso, estes acordos podem ocorrer quer não haja quer haja cláusulas expressas do contrato que alteram a responsabilidade dos sócios.

Assim, nada impede que um sócio estabeleça com um credor um acordo pelo qual, para certos actos ou até para todos aqueles em que esse credor intervenha, a sua responsabilidade é excluída, limitada ou modificada (por exemplo, o credor não exigirá desse sócio importâncias superiores a certo montante ou não o accionará antes de ter accionado todos os outros). Por o terceiro ter sido parte desse acordo, estão afastados por natureza os problemas de oponibilidade a terceiros previstos no artigo 997.º n.º 3. Em contrapartida, esses acordos não vinculam os outros sócios nem existe a possibilidade de se lhes tornarem oponíveis; caso o terceiro tenha obtido pagamento dos outros sócios, estes agirão *pro quota* contra o sócio não accionado, salvos os meios pessoais de defesa do demandado.

A cláusula do contrato deve ser <u>expressa</u>. Não pode, portanto, induzir-se a intenção comum de alteração das regras de responsabilidade, quer partindo de outras cláusulas do contrato quer de factos exteriores ao contrato.

A cláusula pode constar do contrato inicial ou ser nele introduzida posteriormente, nas condições intrínsecas e extrínsecas das alterações do contrato, tendo em atenção não poder ser tornada a sociedade mais onerosa para o sócio sem consentimento deste. Tais alterações são imediatamente eficazes entre os sócios; a eficácia para com terceiros dependerá do cumprimento da publicidade. Adiante veremos que, passando um sócio a ser ilimitadamente responsável ou, de modo geral, responsável por dívidas pelas quais até aí não tinha responsabilidade, não será, nos novos termos responsável por dívidas anteriores à alteração. Também o facto de passar a suportar, para dívidas futuras, forma menos gravosa de responsabilidade, não o alivia quanto a responsabilidade por dívidas anteriores à alteração do contrato.

A frase "excepto no caso de a administração competir unicamente a terceiras pessoas" resolve simultaneamente vários problemas. O primeiro é o problema da possibilidade de serem nomeados administradores pessoas estranhas à sociedade (vide supra); o segundo, é o da responsabilidade dos sócios no caso de a administração pertencer a terceiras pessoas; o terceiro é o da responsabilidade dos terceiros que exerçam a administração. Limitando-nos aos dois últimos e descurando assim a terceira das soluções propostas pela doutrina italiana, esta encarava para o problema da responsabilidade por dívidas sociais, quando a administração estivesse confiada a terceiros, uma de duas soluções: ou responsabilizar ilimitadamente esses terceiros, como sucede aos sócios administradores, ou responsabilizar ilimitadamente todos os sócios quando só terceiros fossem administradores. O nosso Código preferiu a segunda solução e assim a descrição da estrutura da sociedade simples que servia de argumento para chegar àquele resultado, pode servir como explicação no nosso sistema: a lei admite que

182 *Apontamentos sobre Sociedades Civis*

entre os sócios se estabeleçam diferenças de responsabilidade atendendo à circunstância de intervirem ou não na administração; os administradores são sempre responsáveis pessoal e solidariamente; os outros podem, por cláusula expressa do contrato, beneficiar de modificação, limitação ou exclusão da sua responsabilidade; quando a administração está confiada unicamente a estranhos, nenhum dos sócios é administrador; logo, para todos eles é imposta a responsabilidade ilimitada.

Do mesmo passo fica resolvido o terceiro problema. O administrador não-sócio não responde pelas dívidas sociais. A regra da responsabilidade pessoal e solidária abrange, nos termos do n.º 1 do artigo 997.º apenas os sócios e é desnecessário atribuir ao administrador-terceiro essa responsabilidade, visto que ela cabe a todos os sócios. A letra do preceito italiano que, como diante veremos, poderia favorecer a solução contrária, é diferente da do nosso n.º 3.

Verificados os pressupostos já referidos, pode ser alterada a responsabilidade dos sócios que não sejam administradores; *a contrario*, não pode ser alterada a responsabilidade dos sócios administradores; de terceiros administradores não há que alterar contratualmente uma responsabilidade que a lei não lhes atribui.

O artigo italiano, redigido em estilo positivo, atribui a responsabilidade aos sócios que tenham agido em nome e por conta da sociedade. Daí, a dúvida quanto a saber se a responsabilidade impende sobre todos os sócios que, por força da lei ou do contrato, sejam administradores, ou apenas sobre aqueles que efectivamente tenham agido em nome e por conta da sociedade e naturalmente apenas em relação ao acto no qual tenham intervindo com essa qualidade. Da referência ao agir em nome e por conta da sociedade – embora o artigo dissesse claramente sócios se extraía argumento para responsabilizar os terceiros que efectivamente tivessem agido como administradores em vez dos sócios. O nosso Código não permite essa dúvida; redigido em estilo negativo permite a alteração da responsabilidade dos sócios que não sejam administradores; quem for administrador não pode ser beneficiado nesse aspecto e responderá pessoal e solidariamente por todas as dívidas sociais, tenha ou não intervindo no acto constitutivo de todas elas.

A responsabilidade dos sócios pode ser modificada, limitada ou excluída; trata-se manifestamente da responsabilidade pessoal e solidária dos sócios cominada no artigo 997.º n.º 1, que serve de padrão para as referidas modalidades de alteração. Convirá previamente lembrar que responsabilidade pelas dívidas e dever de suportar perdas sociais não coincidem; pode um sócio ser responsável perante terceiros por uma dívida social e não haver perda social, se o sócio renunciou ao benefício de excussão e o património social chegaria nessa altura para pagar a dívida; podem as perdas sociais não resultar de dívidas sociais (por exemplo, provir de vendas abaixo dos custos ou até de factos naturais como um cataclismo que destrua os bens corpóreos da sociedade); haverá coincidência quando, por força do benefício de excussão, o sócio pagar dívidas sociais depois de executado o activo social.

O preceito italiano fala em "pacto contrário" sem especificar os seus possíveis conteúdos; o nosso Código enumera três – modificação, limitação ou exclusão – que parecem esgotar as hipóteses possíveis, tornando inúteis grandes precisões de enquadramento das hipóteses concretas. Partindo do padrão constituído pela responsabilidade pessoal e solidária do sócio por todas as dívidas sociais, e procedendo por ordem de gravidade da cláusula, teremos:

a) Cláusulas que excluem a responsabilidade pessoal e solidária do sócio por todas as dívidas sociais;

b) Cláusulas que excluem a responsabilidade pessoal e solidária do sócio por algumas dívidas sociais ou parte de todas ou algumas dívidas sociais;

c) Cláusulas que atribuem responsabilidade pessoal mas não solidária;

d) Cláusulas que, relativamente às hipóteses previstas em c), diversificam a responsabilidade por dívidas ou montantes de dívidas.

Relativamente à enumeração de alterações feita na lei, convirá fazer algumas ligeiras observações. A cláusula pela qual a responsabilidade do sócio é limitada à sua entrada não é enquadrável na limitação mas sim na exclusão da responsabilidade, pois agora está apenas em causa a responsabilidade pessoal e solidária do sócio. O Código introduziu assim um elemento de perturbação na terminologia tradicional, em que se consideram de responsabilidade limitada aquelas em que o sócio responde apenas pela sua entrada e supomos que o tenha feito por confundir exclusão de responsabilidade e exclusão de solidariedade. Rigorosamente, a exclusão da solidariedade (deixando subsistir uma responsabilidade pessoal *pro quota*) é uma modificação da responsabilidade; a exclusão da responsabilidade pessoal pelas dívidas sociais é, na terminologia corrente, limitação de responsabilidade, não tendo cabimento nessa terminologia sociedades de responsabilidade excluída.

Outra observação respeita à correlação entre a exclusão de responsabilidade e o pacto leonino. Desde que a lei permite excluir contratualmente a responsabilidade por dívidas sociais em benefício dalgum ou dalguns sócios, a cláusula não é leonina e o pacto proibido reduz-se, como nas sociedades de responsabilidade limitada, à exclusão das perdas que devam incidir sobre a contribuição do sócio para a sociedade.

A parte final do artigo 997.º n.º 3 declara que, se a cláusula não estiver sujeita a registo, é aplicável, quanto à sua oponibilidade a terceiros, o disposto no n.º 2 do artigo anterior. Releve-se a incorrecção de mandar aplicar o disposto no n.º 2 do artigo 996.º quando este n.º 2 começa precisamente por dizer "quando não estiverem sujeitas a registo".

Prevê, portanto, a lei uma situação de oponibilidade a terceiros e uma situação de inoponibilidade; na primeira hipótese, ninguém duvida de que a cláusula produz efeitos tanto entre as partes como para com terceiros; na segunda hipótese, não é bem claro qual a situação existente, excepto na parte em que todos reconhecem não serem os terceiros atingidos pela cláusula.

Do citado preceito parece deduzir-se que a cláusula produzirá efeitos entre os sócios, pois doutra maneira não se compreenderia a sua parte final; como, porém, pode produzir efeitos entre os sócios uma cláusula que se destina a regular a responsabilidade para com terceiros? E como podem os sócios, que estipularam a limitação da sua responsabilidade para com terceiros, satisfazer-se com a simples eficácia de tais acordos inter partes? Desde que se trata de responsabilidade para com terceiros e portanto cláusulas que só produzem plenamente o efeito desejado desde que sejam oponíveis aos terceiros, a sua eficácia inter partes apenas serve como remédio incompleto; estipulada por exemplo, a exclusão da solidariedade e não sendo a cláusula oponível, o credor social pode exigir a totalidade da dívida ao sócio beneficiário da cláusula, que só beneficia dela na medida em que, fundando-se no pacto existente, exija dos consócios o reembolso total, sem ter evitado o pagamento ao credor. Essa insatisfação do intuito das partes, por falta de oponibilidade, leva alguns autores a considerar totalmente nulo o contrato de sociedade, quando a eficácia *erga omnes* do pacto alterador da responsabilidade fosse essencial para a celebração dele. Esta opinião parece exagerada porque a oponibilidade da cláusula aos terceiros depende não destes mas da própria sociedade, através da publicidade conveniente. Argumentam outros autores contra a referida tese que, na falta de oponibilidade da cláusula, entram automaticamente em funcionamento as regras legais de responsabilidade dos sócios, mas parece-nos que o argumento não atinge o alvo; alguns dos sócios só celebraram o contrato por nele existir uma cláusula que afasta essas regras legais e o fundamento da nulidade consistiria precisamente em não terem afinal sido exonerados da responsabilidade decorrente da lei e que não aceitavam. O contrato é válido, porque os sócios não podiam ignorar que a oponibilidade da cláusula dependia de certas formalidades, mas podem exigir indemnização pelos prejuízos (não o reembolso do pagamento feito ao credor, pois têm esse direito por força da cláusula) resultantes da negligência na publicidade que tornaria a cláusula oponível. Essa indemnização não se funda, portanto, na cláusula, mas na violação do dever de diligentemente a tornar oponível a terceiros.

Sobre os meios de tornar oponível a cláusula, remetemos para o que ficou dito a respeito do artigo 996.º n.º 2. O sistema de remissão usado pelo artigo 997.º n.º 3 torna liminarmente

186 *Apontamentos sobre Sociedades Civis*

inaceitável entre nós uma doutrina surgida em Itália segundo a qual as alterações da responsabilidade dos sócios seriam, sem mais, oponíveis a terceiros, desde que constassem do contrato, por também as limitações de representação da sociedade o serem. O artigo 997.º n.º 3 manda regular a oponibilidade das cláusulas expressas do contrato inicial sobre alterações da responsabilidade dos sócios, pelas condições de oponibilidade das deliberações sobre a extinção ou modificação dos poderes dos administradores.

2 – O artigo 997.º n.º 4

Por força do artigo 997.º n.º 4, o sócio não pode eximir-se à responsabilidade por determinada dívida a pretexto de esta ser anterior à sua entrada para a sociedade[42].

O artigo pressupõe – embora não o diga tão claramente como o modelo italiano:

a) que uma sociedade já esteja constituída;

b) que nessa sociedade entre um novo sócio.

Só o segundo pressuposto requer alguns esclarecimentos.

Em primeiro lugar, é preciso que a pessoa entre na sociedade como sócio (passe o pleonasmo, destinado a acentuar que para o efeito não interessa qualquer outra ligação da pessoa com a sociedade ou com o sócio); não será, portanto, esse o caso da pessoa que adquira sobre uma quota o direito de usufruto ou da pessoa que contrate com um sócio uma associação à quota desta. Em segundo lugar, é preciso que a pessoa entre para a sociedade, isto é, que seja um novo sócio da sociedade; assim, a cessão de quota de sócio para sócio está fora da alçada do artigo, continuando o cessionário responsável pelas dívidas anteriores por já ser sócio no momento em que elas foram contraídas.

---

[42] Código Civil italiano, artigo 2269.º: (Responsabilità del nuovo socio). – Chi entra a far parte di una società già costituita risponde con gli altri soci per le obbligazioni sociali anteriori all'acquisto della qualità di socio.

Entende-se haver novo sócio quando:

a) uma pessoa ingressa na sociedade mediante a criação dum novo vínculo social, aumentando, portanto, o número de sócios;

b) uma pessoa se substitui a um sócio anterior, mediante a cessão da quota deste.

A primeira hipótese é axiomática. A segunda deve incluir-se no preceito porque corresponde à respectiva letra – a dívida cuja responsabilidade se discute é anterior à entrada dessa pessoa para a sociedade, embora por sucessão particular em vínculo existente – e porque corresponde ao seu espírito – responde para com terceiros quem for sócio ou no momento da constituição da obrigação ou no momento em que esta é exigida. Poderia argumentar-se com o facto de, por esta doutrina, os credores verem aumentada a sua garantia, juntando-se à responsabilidade do cedente, que se mantém, a responsabilidade do cessionário; a resposta da doutrina italiana é insatisfatória, pois consiste apenas em dizer que a responsabilidade do cessionário resulta directamente da lei, nada tendo a ver com a possível existência doutros responsáveis, quando o problema consiste em saber se a norma da qual se deduz a responsabilidade automática do cessionário deve ser interpretada restritivamente, por haver já a responsabilidade doutra pessoa. No entanto, partilho a conclusão, por me parecer que o preceito atende apenas ao facto de o novo sócio dever aceitar a situação que encontra no momento da sua entrada, abrangendo as obrigações já constituídas.

Ocupando-nos apenas da sociedade civil regulada no Código Civil, não nos interessa agora a hipótese de transformação da sociedade civil em sociedade em nome colectivo ou a hipótese de modificação da situação do sócio comanditário. Interessa-nos, porém, a hipótese de ser modificada a responsabilidade de sócio da sociedade civil, de modo a ficar ilimitadamente responsável pelas dívidas sociais (por exemplo, tornar-se administrador ou terminar o pacto de limitação ou exclusão de responsabilidade), a respeito da qual a doutrina italiana se divide. Inclinamo-nos

188 *Apontamentos sobre Sociedades Civis*

para a solução mais benévola para o sócio, considerando inaplicável o artigo 997.º n.º 4 – que na sua letra não abrange a hipótese – e, portanto, excluída a responsabilidade pelas dívidas anteriores à modificação; repugna-nos sobretudo aceitar que a pessoa em questão seja considerada novo sócio, por "contribuir com uma nova responsabilidade".

Autores italianos acentuam que o artigo 2269 se filia no artigo 78.º do Código Comercial mas tem um alcance diferente. O facto não teria para nós importância se não contribuísse para esclarecer qual é a responsabilidade de que o novo sócio não pode eximir-se. O artigo 78.º do Código Comercial italiano afirmava o princípio da sujeição, em todos os tipos de sociedade, dos bens com que o novo sócio entrava, à acção dos credores sociais por dívidas anteriores à entrada. Ora, esse aspecto está, quanto à sociedade civil, coberto pelo artigo 997.º n.º 1 (e quanto à *società semplice*, pelo artigo 2267), quando determina que pelas dívidas sociais responde a sociedade, responsabilidade que incide sobre o património social, do qual fazem parte todos os bens que o compuserem, incluindo as entradas dos sócios realizadas em qualquer momento. O artigo 997.º n.º 4 não significa, pois, uma sujeição das entradas dos novos sócios à responsabilidade da sociedade para com os credores, mas uma sujeição dos novos sócios à responsabilidade pessoal e solidária cominada também pelo artigo 997.º n.º 1.

A redacção do artigo 997.º n.º 4 é estranha, com a sua menção do "pretexto" de que o novo sócio pretenderia utilizar--se. Dizer que o sócio não pode eximir-se à responsabilidade por determinada dívida a pretexto de esta ser anterior à sua entrada para a sociedade dá a ideia duma manobra fraudulenta do sócio para tentar fugir a uma consequência forçosamente resultante do acto – a entrada – por ele praticado. Não pode esquecer-se que a responsabilidade do novo sócio por dívidas anteriores não é uma constante em todos os sistemas jurídicos (é, por exemplo, expressamente excluída na *partnership* inglesa) e a alegação do sócio mais do que pretexto, podia ser uma dúvida razoável. Embora se entenda "a pretexto" no sentido de "com fundamento em", a

Responsabilidade dos sócios pelas obrigações sociais

locução tem interesse para mostrar que o sócio não pode eximir-
-se da responsabilidade por a dívida ser anterior, mas pode eximir-se da responsabilidade por dívidas anteriores, com outros
fundamentos que não sejam a mera anterioridade da dívida.

Fica assim aberto o caminho para considerar válidos os pac-
tos de exclusão de responsabilidade do novo sócio, quanto a dívidas anteriores à entrada. Assim como o regime da responsabilidade do novo sócio quanto às dívidas posteriores à sua entrada
pode ser regulada (entenda-se, entre ele e os outros sócios e não
apenas entre ele e o cedente, tratando-se de novo sócio por
cessão) como o poderia ser no contrato originário, assim se tor-
nará possível estipular, relativamente à entrada do novo sócio, a
sua irresponsabilidade pelas dívidas anteriores à sua entrada. A eficácia do pacto relativamente aos credores depende dos factores já
vistos a propósito do artigo 997.º n.º 3.

A aplicação do artigo 997.º n.º 4 não depende nem de
qualquer formalidade de publicidade da entrada nem do conhecimento que o novo sócio tenha da responsabilidade assim assumida (sem prejuízo da anulação do acto de entrada, quando for
possível nos termos gerais).

3 – Alteração da responsabilidade dos sócios

A responsabilidade dos sócios que não sejam administradores
pode ser modificada, limitada ou excluída[43] por cláusula expressa
do contrato. Ao contrário do disposto no art. 2267 do Código
Civil italiano, não interessa para o efeito a efectiva participação do
sócio no acto produtor da responsabilidade ou noutros actos de
administração social[44] mas apenas a qualidade de administrador, a
competência para administrar.

---

[43] Por comodidade, usamos a palavra "alteração" para compreender a
modificação, a limitação e a exclusão.

[44] O art. 2 267 C.C.: italiano fala em "soci che hanno agito in nome e per
conto della società"', podendo duvidar-se se tem em vista aqueles que agiram

190 *Apontamentos sobre Sociedades Civis*

O factor determinante da possibilidade de modificação da responsabilidade é, pois, a. convenção prevista no n.º 1 do art. 985.º ou a aplicação da regra estabelecida no mesmo preceito legal: se houve convenção pela qual a administração foi atribuída a algum ou alguns sócios, é possível modificar a responsabilidade dos restantes, que não são administradores; se houve convenção pela qual a administração foi atribuída a um estranho, a modificação da responsabilidade dos sócios não e possível; se não houve convenção alguma sobre a administração, todos os sócios são administradores e consequentemente não é possível modificar a responsabilidade de qualquer deles. Não é legitimo interpretar restritivamente o n.º. 2 do art. 997.º, no sentido de se referir apenas aos sócios que tenham sido designados administradores por convenção, pois a intenção legal é impor a responsabilidade ilimitada e não modificada aos sócios que podem administrar a sociedade, sendo indiferente para o caso de esse poder resultar de convenção ou da lei. Aliás, a convenção atributiva da administração a algum sócio constitui, segundo o art. 985.º n.º 1, uma restrição ao princípio geral da competência igual para administrar que em nada modifica a própria competência, isto é, a situação do sócio administrador por força da lei e a situação do sócio administrador por força de convenção têm conteúdo idêntico, nada levando a crer que, para este efeito da modificação de responsabilidade, tenha sido introduzida tão importante diferença.

A convenção sobre a administração – quando exista – produz, portanto, o importante efeito para com terceiros de permitir a modificação da responsabilidade dos sócios não administradores. A oponibilidade da convenção de administração aos credores da sociedade não depende, para este efeito, de qualquer requisito; ela é, pois, imediata e automaticamente oponível. Nomeadamente, o n.º 2 do art. 996.º, que o art. 997.º n.º 2, in fine, manda aplicar à própria cláusula de alteração da responsabilidade dos sócios, não

---

em nome ou por conta da sociedade no acto concretamente considerado ou quem assim tenha procedido quanto a qualquer outro acto; domina na doutrina a primeira opinião.

é aplicável à convenção sobre administração, mesmo na medida em que esta convenção influi sobre a responsabilidade do sócio.

Os poderes de administração de cada sócio podem ser diversificados por cláusula contratual, cuja oponibilidade a terceiros é regulada no art. 996.º n.º 2. A extensão ou composição quantitativa dos poderes do administrador não influi para a impossibilidade de alteração da responsabilidade do sócio administrador. Por um lado, o art. 997.º n.º 1 fala em sócios que não sejam administradores e já é administrador quem possui alguns poderes de administração; por outro lado, a doutrina contrária levaria a uma destrinça impossível entre as tão diversas medidas ou composições de poderes administrativos que a prática pode apresentar.

A fronteira única encontra-se, pois, naqueles poderes que qualitativa e quantitativamente constituam o mínimo legal da administração, designadamente, não devem ser considerados administradores (e, portanto, o regime da sua responsabilidade pode ser alterado) os sócios que tenham apenas poderes de fiscalização da administração dos outros sócios e os sócios que recebam mandato para a prática de actos determinados (verdadeiro mandato, por meio do contrato adequado).

É concebível que, apesar de existir convenção atribuindo a administração a certos sócios, algum dos outros pratique de facto actos de administração: daí, a dúvida sobre se a frase legal "sócios que não sejam administradores" abrange apenas quem for legalmente administrador, quer por convenção quer por força da lei, ou também quem, não se encontrando nessa situação jurídica, pratique de facto actos de administração; dentro dessa prática de facto de actos de administração ainda pode distinguir-se conforme o acto de administração seja o próprio relativamente ao qual o problema de responsabilidade é suscitado ou sejam outro ou outros actos. A lei refere-se a quem seja administrador e é administrador quem pode praticar actos de administração; ser administrador e ter uma qualidade permanente, não apenas praticar um acto avulso – e ilícito – de administração. A escolha que se oferecia ao legislador era tomar para o efeito da responsabilidade a efectiva prática do acto em causa, como acontece na lei italiana, ou

192 *Apontamentos sobre Sociedades Civis*

reportar-se à qualidade de administrador; preferiu o segundo caminho e, portanto, há que extrair dele as necessárias consequências, entre as quais se encontra a liberdade de alteração da responsabilidade. Esta solução é harmónica com a de outros problemas correlativos; por exemplo, não faria sentido que ou a sociedade ou o credor pudessem invocar a falta de representação do administrador de facto, a fim de evitar que a divida se integre no património social, mas simultaneamente essa mesma pessoa fosse considerada administrador, para vedar a alteração da sua responsabilidade pessoal.

A qualidade de administrador deve ser coordenada com o momento da extinção dessa qualidade, relativamente a terceiros, tal como esse momento resulta do art. 996.º n.º 2, já estudado: ou a deliberação de extinção dos poderes administrativos está sujeita a registo – e enquanto o registo não se efectuar, a qualidade de administrador subsiste para com terceiros; ou não está sujeita a registo, nem dela foi feita o publicidade conveniente e a referida qualidade mantém-se igualmente; ou, faltando o registo e a publicidade conveniente, esse sócio mantém a qualidade de administrador para com os terceiros que, sem culpa, ignoravam a extinção ao tempo em que contratavam com a sociedade e não a mantém para com os outros terceiros.

A alteração da responsabilidade de sócios depende conjuntamente de duas estipulações dos sócios – a convenção de administração e a própria convenção de alteração da responsabilidade. A coordenação das duas cláusulas e fácil quando ambas tenham sido inicialmente estipuladas e não tenham sido modificadas até ao momento em que se discute certa responsabilidade de um sócio; complica-se quando tenha havido variações temporais de qualquer das duas cláusulas ou de ambas, quer por não terem sido estipuladas simultaneamente, quer por não terem sido modificadas ao mesmo tempo (entendendo-se como momento da modificação, aquele em que as respectivas cláusulas são oponíveis a terceiros, como acima dito). A licitude da alteração da responsabilidade de cada sócio deve ser apreciada pela coexistência dos dois requisitos no momento em que a dívida se constitui. Assim: <u>havendo cláusula</u>

inicial atributiva da administração a certos sócios, mas faltando
– e enquanto faltar – cláusula de alteração da responsabilidade,
todos os sócios são pessoalmente responsáveis por força de art.
997.º n.º 1; introduzida no contrato a cláusula de alteração da responsabilidade de sócios não administradores, estes continuarão
pessoalmente responsáveis pelas dívidas anteriores à introdução
da cláusula, a qual só funcionará para as dívidas posteriormente
contraídas; não havendo cláusula inicial atributiva da administração, todos os sócios são administradores e, portanto, a cláusula
de alteração da responsabilidade porventura existente, não pode
funcionar; sendo revogada a cláusula inicial atributiva de administração a alguns sócios, aqueles que deixam de ser administradores podem para as dívidas contraídas no futuro, beneficiar
de cláusula que altere a sua responsabilidade e aqueles que passem
a ser administradores deixam de poder beneficiar para as divi-
das contraídas no futuro, da cláusula que altere a sua responsabilidade, etc.

A responsabilidade dos sócios que não sejam administradores
só pode ser alterada (modificada, alterada ou excluída) desde que
seja administrador algum dos sócios; não pode ser alterada no
caso de a administração competir unicamente a terceiras pessoas,
como tal se entendendo, pessoa ou pessoas que não sejam sócios.
À hipótese de nenhum dos sócios ser administrador era omissa na
lei italiana e a respectiva doutrina aventara várias soluções: ou
sustentava que a hipótese não se podia legitimamente colocar,
porque a administração da sociedade era necessariamente confiada a sócios (e a conveniência de haver na sociedade simples
alguém pessoal e limitadamente responsável constituía argumento
para negar a administração de estranhos, visto que, aplicado à letra
o art. 2.267, nenhum dos sócios seria responsável, pois nenhum
deles teria agido em nome da sociedade); ou defendia que nessa
hipótese o terceiro administrador não seria pessoalmente responsável sem isso influir na possibilidade de alteração da responsabilidade dos sócios; ou entendia que o terceiro-administrador era
responsável pessoalmente e por isso os sócios podiam alterar a sua
responsabilidade.

194 *Apontamentos sobre Sociedades Civis*

A solução portuguesa consiste em excluir a possibilidade de alteração da responsabilidade dos sócios não administradores. Nada diz, porém, quanto a responsabilidade do terceiro-administrador.

Esse próprio silêncio mostra que o terceiro-administrador não é responsável como o administrador sócio. O art. 997.º n.º. 1 torna responsáveis pelas dívidas sociais <u>os sócios</u> e não os administradores; a qualidade de administrador funciona, por força do art. 997.º n.º. 3, para impedir a alteração da responsabilidade e não para a atribuir. Também por outro título tal responsabilidade não existe; não pode fundar-se simplesmente na qualidade de administrador, pois de tal qualidade resulta, ao contrário, que a pessoa em causa não é vinculada pessoalmente nelas obrigações sociais; não pode fundar-se também na falta de conhecimento do terceiro de tratar com um administrador não sócio. Para sustentar esta ultima doutrina, invocam-se[45] a tutela da confiança de terceiros, o carácter normal da representação da sociedade pelos sócios e a legitimidade de atender à aparência quando a falta de publicidade legal impeça o seguro conhecimento da realidade. Os terceiros estão, porém, suficientemente protegidos pela responsabilidade dos sócios, que nesse caso não pode ser excluída; a normalidade da administração pelos sócios não exclui a possibilidade de administração por estranhos e, portanto, o terceiro só por falta de diligência não averiguou a verdadeira qualidade da pessoa com quem contactou; a falta de publicidade legal não deve levar a aceitar como boas todas as aparências que se apresentem ao contraente.

O valor jurídico da cláusula de alteração de responsabilidade dos sócios depende de vários factores.

É nula a cláusula de alteração de responsabilidade quando viole o n.º 3 do art. 997.º Tal nulidade abrange designadamente a cláusula que pretendesse alterar a responsabilidade dos sócios administradores ou a responsabilidade dos sócios não administradores quando a administração compita unicamente a terceiras pessoas.

---

[45] FERRI, 157.

Não é nula a cláusula referida, quando da conjugação dela com a situação legal ou convencional dos sócios quanto à administração resulte que a responsabilidade não pode ser alteada, mas não exista intenção de aplicar a cláusula em contrário do disposto no art. 997.º n.º 3. Com efeito, como a licitude da alteração da responsabilidade depende da conjugação das duas cláusulas, nos termos acima explicados, pode acontecer que a cláusula de alteração de responsabilidade tenha sido convencionada para os casos em que, de harmonia com a outra cláusula, a alteração seja possível; nomeadamente, deverá entender-se que esta é a intenção normal da cláusula, dado não poder presumir-se que os interessados quiseram violar a lei. Consequência prática desta interpretação é a validade da cláusula (quando a intenção violatória da lei não seja provada), mas a impossibilidade de os sócios administradores invocarem tal cláusula, por esta – devidamente interpretada – não pretender atribuir-lhes tal faculdade. Assim, estipulada por exemplo, uma cláusula de limitação de responsabilidade de <u>todos</u> os sócios, será nula, visto que, em hipótese alguma poderão <u>todos</u> os sócios beneficiar dessa alteração; uma cláusula de alteração de responsabilidade dalguns sócios não poderá ser invocada por aqueles desses sócios que sejam administradores, mas – sendo válida nos limites acima referidos – manter-se-á no contrato e aplicar-se-á àqueles dos sócios que não forem administradores no momento da convenção e bem assim, àqueles que, sendo administradores nesse momento, deixem mais tarde de o ser.

Requisitos de oponibilidade da cláusula de alteração da responsabilidade são os mesmos da oponibilidade das deliberações sobre a extinção ou modificação dos poderes dos administradores, pois o art. 997.º n.º 3 remete nesse ponto para o art. 996.º n.º 2. Ao que ficou dito no comentário a esse preceito deve acrescentar-se que as dificuldades causadas pela apreciação da ignorância do terceiro são agora aumentadas pela possibilidade de conhecimento e ignorância parciais da cláusula de alteração de responsabilidade. Assim, por exemplo, pode suceder que um sócio tenha dado publicidade conveniente à limitação da sua responsabilidade mas não à dos outros sócios, ou que o terceiro, ao contratar com a sociedade, tenha inquirido se a responsabilidade de certo sócio está ilimitada.

A oponibilidade deve, pois, ser apreciada quanto a responsabilidade de cada sócio, desdobrando-se a cláusula para o efeito noutras tantas partes, oponíveis ou inopináveis, conforme as circunstâncias.

Diversa da cláusula do contrato de sociedade em que os sócios convencionam a alteração da responsabilidade de um ou de alguns deles, é a convenção entre um sócio administrador – nomeadamente o interveniente no acto em causa – e o terceiro, pela qual a responsabilidade daquele sócio seja modificada, limitada ou excluída e. Esta convenção entre o sócio e o terceiro co-existe naturalmente com o negócio entre a sociedade (representada pelo sócio) e o terceiro, mas é juridicamente distinta desse negócio, tanto pelos sujeitos (pois o sócio intervém na convenção em seu nome e interesse pessoais e não como sócio representando a sociedade) como pelo objecto (pois a convenção incide exclusivamente sobre a responsabilidade daquela pessoa). É uma convenção válida, pois nada impede que o terceiro renuncie a uma vantagem resultante da lei e se contente com a responsabilidade da sociedade. Os outros sócios não são lesados por tal convenção, pois sendo solidária a responsabilidade entre sócios, o credor poderia sempre escolher qualquer deles para demandar e deixar os outros sem demanda[46].

---

[46] Não procede entre nós nenhum dos argumentos usados em Itália para sustentar a opinião contrária; BOLAFFIA, 386. Não pode dizer-se que a responsabilidade do sócio que agiu em nome da sociedade é inderrogável, enquanto a dos outros sócios é expressamente disponível, pois a nossa lei não estabelece tal distinção entre os sócios. Não pode transpor-se o argumento para a distinção entre sócios administradores e sócios não administradores, nem pode dizer-se que as limitações de responsabilidade só são permitidas nos casos admitidos por lei, porque não se trata, neste caso, de impor ao terceiro uma limitação convencionada sem apoio legal, mas de convencionar com o terceiro interessado a limitação da responsabilidade do sócio. Caso paralelo encontra-se no art. 800 n.º 2.

3.1 – *Tempo da cláusula*

A cláusula de alteração da responsabilidade do sócio faz parte do contrato de sociedade (ie; pode ser estipulada inicialmente e pode surgir como uma modificação do contrato.

A cláusula de alteração da responsabilidade do sócio não é aplicável às obrigações sociais constituídas antes de ter sido estipulada. Seria injusto e causa de insegurança permitir que os sócios modificassem a sua própria responsabilidade depois de constituída a obrigação, mas nem é necessário recorrer a princípios gerais, pois o regime legal é claro no mesmo sentido.

Os requisitos da oponibilidade da cláusula de alteração de responsabilidade, fixados pelo art. 997.º n.º 3 por meio de remissão para o art. o art. 996.º n.º 2, são (disjuntivamente) o registo, o conhecimento ou o desconhecimento culposo, neste se incluindo a publicidade conveniente. Quanto ao registo, não pode manifestamente retrotrair os seus efeitos às obrigações sociais anteriormente contraídas; quanto ao conhecimento, o preceito legal reporta-o expressamente <u>ao momento de contrato com a sociedade</u>; quanto ao caso especial da publicidade conveniente, não só serve para qualificar a ignorância e esta reporta-se ao momento do contrato, como é elementar que a publicidade não produza efeitos antes do ter existido.

A introdução da cláusula de alteração da responsabilidade dos sócios, em sociedade já existente, constitui uma alteração do contrato de sociedade. Requere, pois, em princípio, o acordo de todos os sócios (art. 982.º n.º 1) O mesmo sucede quanto à revogação da cláusula e bem assim quanto a qualquer modificação que se pretenda introduzir-lhe.

O art. 982.º n.º 1 permite que o contrato de sociedade dispense o acordo de todos os sócios e crie, portanto, um regime especial e diferente do legal. Para a responsabilidade dos sócios, poderá conceber-se variadas cláusulas de dispensa de acordo de todos os sócios, que, sob o ponto de vista agora interessante podem reunir-se nos seguintes grupos:

a) cláusulas genéricas permissivas de alteração do pacto social sem acordo de todos os sócios;

b) cláusulas específicas, isto é, respeitantes à alteração do pacto, na parte em que este regula a responsabilidade dos sócios:

i. cláusulas especificas que respeitem (para exigir ou dispensar) o assentimento dos sócios cuja responsabilidade for alterada;

ii. cláusulas específicas que não respeitem a esse assentimento.

O valor e o alcance destas cláusulas dependem, em primeiro lugar do sentido da modificação pretendida no regime da responsabilidade do sócio; não há qualquer interesse relevante do sócio que possa supor-se lesado, quando a modificação restringe a responsabilidade do sócio. Depende, em segundo lugar, da natureza da situação do sócio quanto à responsabilidade pelas dívidas sociais, quanto à sua derrogabilidade ou inderrogabilidade sem assentimento do interessado. Veja-se a tal respeito o comentário ao art. 982.º n.º 2.

A cláusula deve ser expressa. Quando seja, estipulada revestirá a forma legal do contrato e, faltando essa forma, será nula. Quando seja estipulada posteriormente, deve revestir a forma que no caso couber a qualquer alteração do contrato.

O art 997.º n.º 3 permite que a cláusula de alteração de responsabilidade tenha um de três conteúdos: modificação, limitação e exclusão da responsabilidade. Como o preceito legal não exige que o contexto da cláusula (ou cláusulas, pois podem formalmente apresentar-se como preceitos contratuais distintos até pelo tempo de estipulação) seja idêntico para todos os sócios não administradores, pode na mesma sociedade haver uma cláusula (ou várias cláusulas) de modificação, limitação ou exclusão. Nada impede também que a diferenciação de responsabilidades seja estabelecida em função das dívidas sociais, como por exemplo, deixando responsabilidade ilimitada pelas dívidas sociais contraídas até certa data e limitada para as dívidas posteriores, ou para as dívidas contraídas para com certos credores, etc.

A modificação da responsabilidade consiste na alteração do regime da responsabilidade. Caso provavelmente mais frequente na prática será a substituição do regime de solidariedade entre os sócios pelo regime de conjunção, respondendo os sócios não pela totalidade de cada dívida social, mas apenas por uma parte, possivelmente proporcional ao número de sócios responsáveis ou às suas participações na sociedade. Outros casos poderá haver, como a cláusula – pouco provável – que dispense a prévia excussão do património social, a cláusula que, embora mantenha a responsabilidade de cada sócio pela totalidade da dívida, fixe uma ordem de sócios para a demanda pelos credores.

Também uma só das modalidades da cláusula pode ser usada só para alguns sócios, mantendo-se para os outros a responsabilidade ilimitada e solidária; basta para fundamentar tal afirmação notar que a lei não o proíbe e ninguém – nem os credores – é com isso prejudicado, mas serve de reforço o argumento usado em Itália (quanto à exclusão da solidariedade para alguns dos sócios que não tenham intervindo no acto em causa), consistente em mostrar que a própria lei prevê um caso de distinção de responsabilidade entre sócios: a responsabilidade ilimitada de vários administradores (em Itália de vários sócios que tenham intervindo no acto), ao lado da responsabilidade não solidária de todos os sócios não administradores, porventura pactuada.

A limitação de responsabilidade, colocada pelo art. 997.º n.º 3 entre a modificação e a exclusão, definir-se-á pelo confronto com essas duas outras modalidades. Para não constituir modificação deve abster-se de alterar o regime jurídico da responsabilidade e incidir apenas sobre o volume; a responsabilidade é limitada quando o sócio sujeita à execução por dívidas sociais um montante nominal do seu activo, embora possivelmente esse montante esgote o activo existente em determinado momento.

Hipótese típica de limitação será a redução da responsabilidade do sócio a certa quantia. Só perante cada cláusula poderá determinar-se o verdadeiro alcance da limitação estipulada, nomeadamente quanto a saber se ela se reporta às dívidas sociais e existentes em certo momento, se a responsabilidade terminou logo que o sócio tenha satisfeito aos credores sociais essa quantia, embora venha a ser parcialmente reembolsado pelos outros sócios, etc.

Reportando-se à cláusula de modificação de responsabilidade consistente em excluir a solidariedade, os autores italianos têm esclarecido que essa cláusula e a cláusula de limitação funcionam independentemente. A cláusula de limitação não implica exclusão da solidariedade, pois a solidariedade mantém-se até ao montante da limitação. A exclusão da solidariedade limita o montante da obrigação do sócio por cada obrigação, mas não limita a responsabilidade do sócio, pois ele continua responsável, sem limite, por todas as partes proporcionais de todas as possíveis obrigações sociais.

A ligação entre "limitação" e "exclusão" da responsabilidade situa-se na cláusula que reduza a responsabilidade do sócio à sua contribuição para a sociedade. Se tal cláusula ainda dever ser considerada de "limitação", o âmbito das cláusulas de exclusão atingirá necessariamente a própria contribuição do sócio; se a exclusão da responsabilidade não puder atingir a contribuição do sócio, a cláusula de exclusão será a cláusula de limitação à contribuição e as cláusulas de limitação ficam artificialmente destinadas a todas as reduções de responsabilidade, menos aquela que se deverá qualificar como cláusula de exclusão.

A chave do problema reside, pois, na determinação da possibilidade legal de excluir a responsabilidade do sócio quanto à sua contribuição.

Se a lei portuguesa não se referisse expressamente à cláusula de exclusão da responsabilidade, o problema colocar-se-ia, como em Itália, quanto a saber se é legalmente possível convencionar a exclusão e a sua solução poderia ser encaminhada por duas vias: ou demonstrar que a contribuição do sócio nada tem a ver com a responsabilidade do sócio para com terceiros – e concluir que não faz, portanto, sentido falar numa exclusão da responsabilidade do sócio (para com terceiros) pela sua contribuição; ou demonstrar que a contribuição do sócio para a sociedade ainda tem função de responsabilidade para com terceiro – e tentar em seguida demonstrar que essa responsabilidade mínima não pode ser convencionalmente excluída.

Como a lei portuguesa admite expressamente a cláusula de exclusão da responsabilidade dos sócios para com terceiros, as

Responsabilidade dos sócios pelas obrigações sociais 201

duas vias batidas pela doutrina italiana mantêm o seu interesse, mas encaminham-se em sentidos diversos: se a contribuição do sócio for independente da responsabilidade do sócios para com terceiros, a cláusula de exclusão da responsabilidade dos sócios para com terceiros não atinge a contribuição – mas fica em aberto a questão de saber em que consiste afinal essa cláusula; no caso contrário, a cláusula de exclusão da responsabilidade dos sócios para com terceiros tem âmbito próprio relativamente à própria contribuição dos sócios – e fica, portanto, em aberto a questão de saber como se articulam exclusão de responsabilidade dos sócios e contribuições deles para a sociedade.

O reconhecimento da função de garantia que as contribuições dos sócios desempenham não força a considerar os sócios directamente responsáveis para com os terceiros quanto às suas contribuições para com a sociedade, nem impõe que se considere o sócio responsável para com terceiros pelas contribuições já satisfeitas.

Por outro lado, a única forma técnica de construir a exclusão da responsabilidade quanto a contribuições de sócios consistiria em alterar a natureza destas, passando-as de contribuições de propriedade para contribuições de gozo; só dessa maneira seria possível preservar certos bens dentro do "património social", afastando deles a pretensão executiva dos credores sociais, a fim de poderem ser restituídos aos sócios cuja responsabilidade pelas dívidas fosse convencionalmente excluída. Essa construção contraria, porém, a própria vontade manifestada pelos sócios no contrato de sociedade, ao definirem a natureza jurídica das suas contribuições, isto é, ao declararem que não contribuem apenas com o gozo de certos bens.

Dir-se-á talvez que, reunidas no mesmo contrato de sociedade, as duas cláusulas – contribuição em propriedade e exclusão de responsabilidade do sócio contribuinte – devem essas cláusulas ser interpretadas em conjunto, resultando desse labor interpretativo a modificação do <u>aparente</u> conteúdo da primeira, para tornar possível o pleno funcionamento da segunda. A interpretação conjunta dessas cláusulas não produz, contudo, necessariamente esse resultado, pois mantendo firme a vontade expressa na primeira cláusula, a segunda pode ser interpretada no sentido de não ser essa a responsabilidade que os sócios pretendem excluir.

Assim, a exclusão da responsabilidade permitida pelo artigo 997.º n.º 3 é igual à limitação da responsabilidade à contribuição; a letra do preceito legal explica-se por a lei pensar apenas na responsabilidade pessoal do sócio, isto é, como se viu a respeito do art. 997.º n.º 1, a responsabilidade com o património restante do sócio, depois de destacados os bens com que contribuiu para o património autónomo da sociedade.

Esta conclusão abrange tanto a hipótese de estar totalmente efectuada a entrada da contribuição do sócio, como a hipótese de estar em dívida parte da contribuição. A responsabilidade do sócio pela parte da contribuição em dívida é tratada pela lei como responsabilidade para com a sociedade e não como responsabilidade para com os credores sociais. O art. 1.016.º n.º 2 Cód. Civil e o artigo 1.289.º do Código de Processo Civil são imperativos, não podendo ser convencionada entre os sócios a exclusão dessa responsabilidade.

A contribuição do sócio em indústria ou gozo de certos bens, quando relacionada com a cláusula de exclusão de responsabilidade vai criar uma situação estranha – pelo menos aparentemente: o sócio não responde para com credores sociais (entende-se, o seu património pessoal não está sujeito a execução pelos credores sociais), nem o sócio contribuiu para a sociedade com bens sobre os quais os credores sociais possam exercer a execução.

Essa situação pode exprimir-se com inteira irresponsabilidade para com os credores sociais. Quando todas as contribuições dos sócios consistam em indústria ou gozo de bens, nem sequer chegar a formar-se um património social pelo qual os credores possam satisfazer os seus créditos.

Na sociedade regulada pelo nosso Código Civil – bem como na sociedade simples do direito italiano – não é possível afastar aquela situação, negando a possibilidade de uma, várias ou todas as contribuições dos sócios assumirem a referida natureza. Restam duas possibilidades: ou recusar a exclusão de responsabilidade aos sócios cuja contribuição não consista em bens executáveis pelos credores sociais ou demonstrar que a situação não é estranha, antes razoável e compreensível.

Nenhum elemento legal permite seguir o primeiro caminho. O art. 997.º n.º. 3 não estabelece qualquer distinção fundada na natureza da contribuição: desde que o sócio não seja administrador e a administração não esteja confiada unicamente a estranhos, a responsabilidade desse sócio pode ser excluída. O art. 992.º n.º 2 distingue a responsabilidade dos sócios de indústria nas relações internas e nas relações externas; determina que nas relações internas, os sócios de indústria não respondem pelas perdas sociais, no silêncio do contrato, mas não diz se, nas relações externas, por cláusula do contrato, os sócios de indústria podem ter a sua responsabilidade excluída.

Este artigo vem criar para os sócios de indústria uma situação favorecida nas relações internas, mas deixa todos os sócios em igualdade nas relações externas, igualdade que se reflecte na possibilidade de criação, para uns, dos regimes excepcionais que para os outros podem ser criados.

Também não parece invocável um princípio geral de direito das sociedades, segundo o qual para qualquer tipo de sociedade, há responsabilidade ilimitada do sócio ou proibição de contribuição com bens não executáveis pelos credores. Tal princípio geral não pode ser construído em contrário ou em esquecimento das disposições que nas sociedades permitem a situação que talvez não seja tão estranha como parece.

Estranho seria que a lei criasse uma distinção entre o património social — sujeito directamente a execução por dívidas sociais — e os patrimónios pessoais dos sócios — subsidiariamente responsáveis por aquelas dívidas — e em seguida permitisse que nem houvesse património social executável nem os sócios fossem pessoalmente responsáveis; não haveria em tal hipótese um património autónomo, pelo menos nos tempos iniciais da sociedade. Basta, contudo, para evitar tal situação, que haja sempre um sócio ilimitadamente responsável pelas dívidas sociais, e isso nunca pode faltar, como acima foi explicado: são ilimitadamente responsáveis os sócios administradores ou se o administrador for estranho, não pode ser excluída a responsabilidade pessoal de nenhum sócio.

No artigo 980.º, o objecto a que se reporta o verbo "contribuir é "bens ou serviços".

Contribuir com bens significa, antes de mais, transferir a propriedade de certas coisas, mas os artigos seguintes mostram que outras hipóteses estão abrangidas, como a constituição de um direito real menor, o uso e fruição de certa coisa, a transferência de um crédito ou de uma posição contratual. Para enquadrar todas essas hipóteses é necessário atribuir significado técnico especial ou a "contribuir" ou "bens"; no primeiro caso, haverá diversas modalidades de contribuição (ou, na terminologia por nós preferida, modalidades de entrada e o bem será sempre a coisa materialmente considerada); no segundo caso, a entrada será sempre idêntica e constituída por um acto de atribuição à sociedade de certo bem, isto é, terá natureza abstracta e uniforme, enquanto o "bem" será diversificado, podendo consistir no direito de propriedade, num direito real, num direito de uso e fruição sobre certa coisa, na titularidade de um crédito ou de uma posição contratual. A terminologia legal não é clara, mas afigura-se-nos inclinar no primeiro sentido: vejam por exemplo os arts, 1.017.º e 1.018.º, onde se fala de entrar para a sociedade com o uso e fruição de certos bens e em contribuição de uso e fruição de certos bens, denotando, portanto, que os bens são as coisas e a especialidade reside na entrada (ou contribuição) que assume conteúdos diversos.

XIII – CREDORES PARTICULARES DOS SÓCIOS

1 – Direitos dos credores
2 – Compensação – Proibição com relação a créditos e dívidas dos sócios para com terceiros

XIII

CREDORES PARTICULARES DOS SÓCIOS

1 – Direitos dos credores – Segundo o artigo 1274.º do Código Civil de 1867, os credores particulares de cada sócio podiam penhorar e fazer execução, na parte social do devedor, mas em tal caso ficaria dissolvida a sociedade e o executado responderia por perdas e danos, para com os outros sócios, verificando-se a dissolução extemporaneamente. Os outros sócios não corriam, pois, o risco de a execução produzir uma transmissão forçada de quota duma sociedade <u>activa</u>, mas em contrapartida suportavam a inconveniência duma dissolução, talvez deficientemente compensada por uma indemnização a pagar pelo sócio executado. De seu lado, o credor não conseguia uma quota numa sociedade <u>activa</u>; se conseguia uma quota numa sociedade em liquidação ou apenas uma parte do produto da liquidação era discutível.

O artigo 999.º CC abandonou esse sistema e, tomando por fonte o artigo 2270 do Código Civil italiano, procurou evitar a dissolução da sociedade, embora chegando até à liquidação da quota do sócio devedor.

Esse artigo 2270 dispõe: o credor particular do sócio, enquanto dura a sociedade, pode fazer valer os seus direitos sobre os lucros respeitantes ao devedor e realizar actos conservatórios sobre a quota que a este último respeite na liquidação. Se os outros bens do devedor são insuficientes para satisfazer os seus créditos, o credor particular do sócio pode além disso requerer a todo o tempo a liquidação da quota do seu devedor. A quota deve ser liquidada dentro de três meses a contar do pedido, salvo se for deliberada a dissolução da sociedade. O nosso artigo aproveita as ideias gerais e grande parte da letra, mas introduz algumas alterações de redacção que não concorrem para um mais claro entendimento do preceito.

Assim, o artigo 999.º passou para factor comum dos seus dois números a frase inicial "enquanto se não dissolver a sociedade", talvez tentando reduzir a uma só as duas frases *"finchè dura la società"* e *"salvo che sia deliberato lo scioglimento dela società"*, alterando pelo menos o sentido desta última. Vendo na segunda parte do artigo 2270 uma referência a não serem suficientes os outros bens do devedor, acrescentou no primeiro número a menção de serem suficientes outros bens do devedor que, literalmente, não se conjuga com o contexto.

O artigo 999.º é aplicável enquanto não se dissolver a sociedade, devendo considerar-se o verbo dissolver como empregado em sentido técnico e, portanto, como tornando o artigo inaplicável durante a fase de liquidação da sociedade. Se a liquidação for revogada, a sociedade deixou de estar dissolvida e, portanto, o artigo volta a ser aplicável.

O traço diferencial dos dois números do artigo 999.º é a suficiência ou insuficiência dos outros bens do devedor. Não esclarece o artigo a relação que tinha em mente para a insuficiência; no artigo italiano é insuficiência para satisfazer os direitos de um credor particular, que, por motivo disso, fica habilitado a tomar determinadas providências. Como, porém, o sócio devedor pode ter muitos outros credores, é lícito perguntar se se trata de insuficiência para satisfazer isoladamente o credor disposto a agir ou para satisfazer todos os credores. O processo de execução admite a reclamação de créditos e o resultado concreto da pretensão do exequente depende dos outros créditos reclamados, parecendo, pois, que a suficiência deverá ser apurada relativamente não só ao crédito do exequente mas aos de todos os outros credores. Isto não significa que insuficiência seja igual a insolvência, pois não abrange, pelo menos, o valor de liquidação da quota na sociedade.

Insuficiência de outros bens; "sendo suficientes outros bens do devedor, o credor particular do sócio apenas pode executar o direito deste aos lucros e à quota de liquidação" não faz sentido se se interpretar <u>os outros</u> bens, em contraposição ao direito aos lucros e ao direito à quota de liquidação. A um defeito do artigo italiano o nosso acrescentou um outro maior, como se verá.

A ideia básica é a de não permitir a exigência de liquidação da quota do devedor na sociedade se outros bens do devedor – <u>outros</u>, em relação à quota – forem suficientes para satisfazer o credor. O direito aos lucros e o direito à quota de liquidação já são, em si mesmos, bens do devedor e até expressamente considerados penhoráveis por esses artigos. Quando o artigo italiano, para permitir a exigência de liquidação da quota, requeria que os outros bens fossem insuficientes, já era duvidoso se nesses outros bens se incluíam ou não os dois referidos direitos; na redacção portuguesa a perplexidade ainda é maior. O entendimento razoável do artigo 999.º consiste no seguinte: o credor particular pode fazer valer os seus direitos sobre todos os bens penhoráveis do devedor, incluindo os direitos aos lucros e à quota de liquidação (considerados para este efeito como bens destacados), se estes forem suficientes para os satisfazer; no caso contrário e só nele poderá o credor exigir a liquidação da quota do sócio-devedor.

O artigo 2270.º permitia, como se viu, que o credor realizasse actos conservativos da quota que ao sócio compita na liquidação da sociedade; bem ou mal, a doutrina italiana entendeu que o credor poderia executar a quota de liquidação e foi isto que o nosso legislador consagrou. Se em Itália se parte dos actos conservativos para a penhora, em Portugal a penhorabilidade confirma a possibilidade dos actos conservativos adequados.

Enquanto só o n.º 1 do artigo 999.º for aplicável, os outros sócios não sofrem ingerência do credor particular do sócio ou de quem adquira, no processo executivo, aqueles direitos, quanto à administração da sociedade, pois os direitos administrativos continuam a pertencer ao sócio devedor.

Na hipótese de insuficiência de outros bens, como acima definida, o credor particular do sócio pode requerer a liquidação da quota deste na sociedade; não pode penhorar a quota nem pode penhorar bens concretos ou direitos sobre bens concretos incluídos no património social. Que os credores particulares dos

210 *Apontamentos sobre Sociedades Civis*

sócios não possam atingir os bens sociais em concreto ou um direito do sócio sobre esses bens em concreto explica-se pela autonomia do fundo social, a qual por sua vez se explica pela realização do fim social; assim como o sócio não pode dispor desses bens para fins individuais, também os seus credores não podem distraí-los dos fins para que foram afectados e quebrar a autonomia que desliga tais bens de quem com eles contribuiu. Que os credores do sócio não possam executar a posição do sócio na sociedade – quota – explica-se pela *intuitus personae* já manifestado na exigência do consentimento de todos os sócios para a cessão de uma quota. Que se evite a dissolução da sociedade é compreensível desde que o interesse do credor possa ser satisfeito pela liquidação da quota do sócio devedor, sem sacrifício do interesse que se pressupõe terem os outros sócios na continuação da sociedade.

A liquidação da quota do devedor faz-se nos termos do artigo 1021.º e, portanto, mediante uma quantia em dinheiro e não pela atribuição duma porção especificada de bens.

Ao contrário do que sustenta um autor italiano (FERRI, *Delle società*, página 200), a liquidação da quota é total. É certo que a liquidação da quota, para este efeito, só pode ser pedida pelo credor e não pelo sócio e que em princípio a sociedade poderia pagar ao credor do sócio nos termos gerais de pagamento feito por um terceiro; já é duvidoso que, segundo as regras do direito societário, esse pagamento seja legítimo, e inaceitável é que, tendo feito esse pagamento – o qual, por hipótese, é inferior ao valor da quota – a sociedade possa correspondentemente fazer baixar o montante da quota do sócio por quem pagou ou que, na mesma hipótese de montante da dívida inferior ao valor da quota, se proceda a uma liquidação parcial, mantendo o sócio a quota restante. O credor tem o direito de exigir a liquidação da quota e a sociedade não pode limitar-se a liquidar parte da quota; isso poderia ser contra o interesse do sócio, que se veria forçado a continuar numa sociedade em condições muito diferentes das iniciais.

O exercício do direito de o credor exigir a liquidação não está regulado no artigo 999.º n.º 2, que omite uma parte do artigo italiano referente, embora incompletamente, a esse aspecto. Começando por este último ponto, o artigo 2270.º manda que a quota seja liquidada dentro de três meses. Na falta de regra semelhante, a sociedade poderá demorar a liquidação apenas pelo tempo indispensável para a ela proceder; o n.º 3 do artigo 1021.º, para o qual o artigo 999.º remete, refere-se ao pagamento da importância liquidada e não à demora na liquidação.

É também claro que sobre o credor recai o ónus da prova dos pressupostos do direito invocado, incluindo a insuficiência dos outros bens do devedor. Tudo o mais é duvidoso: se a prova da insuficiência deve ser feita pelo resultado do processo de execução em que os outros bens tenham sido penhorados; se a exigência da liquidação da quota pode ou deve ser feita no processo executivo; se a importância da liquidação da quota é entregue pela sociedade ao tribunal, ao sócio ou ao credor requerente; como, havendo vários credores, se garante ou não garante a igualdade entre eles; se a exigência da liquidação da quota é feita judicial ou extra-judicialmente. Para resolver estes problemas não é possível considerar o credor subrogado no direito do devedor e aplicar as regras da acção subrogatória, pois no nosso caso o credor exerce um direito próprio e não um direito pertencente ao sócio devedor. O sistema menos aberrante consistirá talvez no seguinte: o credor poderá exigir extrajudicialmente a liquidação da quota, provando por qualquer meio a insuficiência dos outros bens do devedor; se necessário, fará a exigência em acção com processo ordinário proposta contra a sociedade; o pagamento do valor da quota será feito ao devedor; o credor requerente e os outros credores acautelarão e executarão os seus direitos tomando as providências que poderiam tomar quanto a quaisquer outros bens do devedor. A legitimidade do credor para a acção contra a sociedade, nos referidos termos, resultará directamente do artigo 999.º n.º 2.

O artigo 999.º define os direitos dos credores particulares dos sócios quanto à própria quota do devedor como sócio mas não elimina nem substitui outros direitos gerais dos credores para conservação da garantia patrimonial, nomeadamente o exercício por via subsidiária de direitos que na sociedade pertençam ao devedor e relativamente aos quais a subrogação seja possível nos termos gerais (quanto à subrogação no exercício do direito de exoneração, v. exoneração).

O artigo 2270 italiano marcava o tempo de exercício do direito do credor à execução sobre o direito aos lucros e procedimentos à quota de liquidação, dizendo "enquanto a sociedade dura"; de dissolução da sociedade só falava expressamente na parte final, como um meio de a sociedade evitar, dentro dos três meses seguintes à exigência de liquidação da quota, esta liquidação isolada. O nosso artigo 999.º começa por dizer "enquanto se não dissolve a sociedade". Não se vê motivo para que, depois de dissolvida a sociedade mas antes de terminada a liquidação, o credor não possa penhorar o direito aos lucros (que podem existir se a actividade social continuar durante algum tempo) e à quota de liquidação, que só acaba quando a liquidação terminar; é, pois, de entender que esse direito subsiste depois da liquidação, pretendendo o artigo 999.º n.º 1 limitar os direitos dos credores durante a fase activa da sociedade mas não eliminar alguns deles durante a fase de liquidação. Quanto ao direito de exigir a liquidação da quota do sócio, é de entender que só pode ser exercido durante a fase activa e que pode ser paralisado pela dissolução subsequente à exigência, pois nesse caso já está em curso ou começa a estar um processo destinado a liquidar as quotas de todos os sócios, incluindo aquele em que o credor está interessado.

Não explica o artigo quais os direitos do credor durante a fase de liquidação; em princípio, duas situações são possíveis: ou se entende que o credor pode executar directamente a quota do sócio devedor, pois caducaram as restrições impostas pelo artigo 999.º e por este mesmo limitadas a "enquanto se não dissolver a sociedade"; ou se entende que, durante a fase de liquidação o credor particular do sócio deixa de poder usar a faculdade concedida pelo artigo 999.º n.º 1 e continua a não poder executar directamente a quota, tendo de aguardar o fim da liquidação para se satisfazer com aquilo que venha a caber ao sócio na partilha. Atendendo ao tempo e possíveis dificuldades duma liquidação de sociedade, a segunda solução sacrificaria exageradamente os seus interesses e, por outro lado, a execução da quota já não prejudica os outros sócios como prejudicaria durante a fase activa da sociedade.

2 – Compensação – proibição com relação a créditos e dívidas dos sócios para com terceiros

A exclusão de compensação contida no artigo 1000.º do nosso Código é explicitamente mais extensa do que a estabelecida na sua fonte, artigo 2271 do Código Civil italiano[47]. Enquanto este contempla apenas a hipótese de o terceiro ser devedor da sociedade e credor de um sócio, o nosso alarga-se à hipótese de o terceiro ser credor da sociedade e devedor dum sócio, estendendo a ambas a proibição de compensação. Seguiu assim as pisadas da doutrina italiana que, sobre o fundamento da proibição expressa prescrita no citado artigo, construía idêntica solução para a hipótese oposta. Verdade seja, porém, que, no sistema dos dois Códigos, tem mais cabimento a versão italiana do que a portuguesa. O artigo 1000.º segue-se ao artigo 999.º (e na Itália, o 2271 ao 2270), que trata do credor particular do sócio e, portanto, é mais natural que se refira à hipótese de compensação entre um crédito sobre o sócio e um débito da sociedade do que às duas hipóteses entre si opostas, a segunda das quais não respeita a débitos particulares mas a créditos particulares do sócio.

Aliás, a hipótese acrescentada pelo nosso artigo 1000.º não é tão nítida como a primeira. Seja qual for o fundamento da exclusão de compensação (vide a seguir), o débito de um terceiro para com a sociedade não poderia ser compensado com o crédito do terceiro sobre o sócio, por haver manifesta diversidade de sujeitos, mas quando se trata de um crédito do sócio sobre o

---

[47] Código Civil italiano, artigo 2271: "Exclusione della compensazione – Non è amessa compensazione fra il debito che un terzo ha verso la società e il credito che egli ha verso un socio".

terceiro e ao mesmo tempo dum débito da sociedade para com o terceiro, não pode esquecer-se que o sócio também responde pessoalmente pela dívida da sociedade, sendo a sua dívida apenas paralisada temporariamente pelo benefício de excussão; assim, desde que o sócio renuncie a esse benefício, a compensação pode operar.

O preceito italiano tem sido aduzido no debate doutrinário sobre a personalidade jurídica da sociedade simples, servindo às duas teses. Deixando agora argumentos baseados no facto de o artigo 2271 apenas ter contemplado a hipótese de compensação entre o débito de terceiro e o seu crédito sobre um sócio (argumentos que pressupõem a possibilidade de compensação na hipótese oposta), os quais não poderiam ter correspondência no nosso direito, o preceito é agradável pelo seu <u>conteúdo</u> aos defensores da tese contrária. Argumentam os primeiros que a exclusão de compensação é consequência e demonstração de haver dois sujeitos distintos; argumentam os segundos que, se a sociedade fosse considerada pessoa jurídica, o preceito seria inútil pois tal exclusão resultaria logo e necessariamente da diversidade dos sujeitos. Nesta segunda tese, o artigo 1000.º é justificado e até indispensável para definir a autonomia jurídica, mas não personalidade, da sociedade civil. Coerentemente com o escrito supra n.º 4, a nossa preferência vai para a tese da autonomia e, portanto, para considerar o artigo 1000.º como estabelecendo um traço característico desta e não como repetindo escusadamente uma consequência da personalidade jurídica.

Já foi notado entre nós que a redacção do artigo "não é admitida" em vez de "não se verifica compensação" se harmoniza com o artigo 848.º, pelo qual a compensação deixou de operar *ipso iure*, para apenas se tornar efectiva mediante declaração duma das partes à outra.

XIV – PERDA DA QUALIDADE DE SÓCIO

1 – Exoneração do Sócio
  1.1 – Sociedade constituída por tempo indeterminado ou por toda a vida de um sócio
  1.2 – Momento do exercício do direito de exoneração
  1.3 – Produção de efeitos da exoneração
  1.4 – Sociedade com prazo de duração fixado no contrato
  1.5 – Estipulação de efeito ipso jure e ope judicis
  1.6 – Justa causa ou causa legítima
  1.7 – Supressão e modificação das causas de exoneração
2 – Exclusão do Sócio
  2.1 – Causas Legais – enumeração taxativa e supletiva
  2.2 – Causas judiciais
  2.3 – Causas contratuais
  2.4 – Pessoalidade das causas de exclusão
  2.5 – Processo de exclusão
3 – Responsabilidade do sócio exonerado ou excluído

XIV
PERDA DA QUALIDADE DE SÓCIO

1 – Exoneração do Sócio

Os artigos 1278.º e 1279.º do Código Civil de 1867 previam a renúncia de um sócio, com o efeito de a sociedade ser dissolvida; semelhantemente dispõe ainda hoje o artigo 120.º § 1.º do Código Comercial para as sociedades em nome colectivo contratadas por tempo indeterminado. Embora adoptando parte do regime (quanto aos pressupostos) dos citados diplomas, o artigo 1002.º do actual Código admite e regula a exoneração do sócio, com o efeito reduzido à sua participação[48]; a sociedade não se dissolve, mas o vínculo social extingue-se quanto a um dos sócios ou, por outras palavras, verifica-se uma <u>dissolução parcial</u> da sociedade[49].

Os dois citados preceitos do anterior Código Civil consideravam duas hipóteses de dissolução da sociedade por renúncia de um sócio: duração ilimitada da sociedade ou ocorrência de justa

---

[48] Código Civil italiano, artigo 2285 – "Ogni socio può recedere dalla società quando questa è contratta a tempo indeterminato o per tutta la vita di uno dei soci.

"Può inoltre recedere nei case previsti nel contratto sociale ovvero quando sussiste una giusta causa"

"Nei casi previsti nel primo comma il recesso deve essere comunicato agli altri soci con un preavviso di almeno tre mesi".

[49] Sobre a questão de saber se continua possível a dissolução total por simples vontade de um sócio, ver adiante.

218 *Apontamentos sobre Sociedades Civis*

causa. Para o primeiro caso, exigia-se que a denúncia fosse feita de boa fé, em tempo oportuno e notificada aos sócios, definindo--se estas circunstâncias; para o segundo caso, apenas se definia a justa causa.

O artigo 1002.º distingue três hipóteses de exoneração: quando a duração da sociedade não tiver sido fixada no contrato; quando ocorram condições previstas no contrato; quando ocorra justa causa.

Em todas essas hipóteses, a exoneração não é automática, no sentido de que seja produzida mediante a simples ocorrência de um facto, sem uma manifestação de vontade do sócio interessado; a primeira hipótese – faltar o estabelecimento contratual da dura-ção da sociedade – nem sequer admitiria tal ideia, mas também nas outras duas hipóteses, a exoneração opera por uma declaração de vontade do sócio, no uso de um direito potestativo.

A declaração de exoneração é unilateral e recíproca. Nem vale a pena comparar, tão incomparáveis são, a exoneração e a cessão da quota, mas importa acentuar que a exoneração não exige nem admite acordo dos outros sócios, actuando possivel-mente contra a vontade destes ou pelo menos sempre sem a vontade destes. Não pode confundir-se com a exoneração a hi-pótese de todos os sócios acordarem em que um deles saia da sociedade, liquidando a sua quota (nem se deverá, para evitar confusões, designar esta hipótese por "exoneração por acordo", à semelhança da amortização por acordo nas sociedades por quotas). Como receptícia, a declaração deve ser levada ao conhe-cimento dos sócios e só a partir deste momento produzirá os seus efeitos, sem prejuízo do diferimento imposto por lei. Discute-se se a declaração deve ser dirigida e levada ao conhecimento de todos os outros sócios ou ao conhecimento dos administradores da sociedade, que por sua vez transmitirão aos sócios não admi-nistradores a comunicação recebida; parece preferível a outra opinião, dada, por um lado, a falta de personalidade destas socie-dades e, por outro lado, estar-se fora de negócio de administração da sociedade.

Perda da qualidade de sócio

A exoneração e a respectiva declaração de vontade são totais, no sentido de que abrangem toda a participação ou vínculo do sócio e não podem ser reduzidas a uma parte dela.

Sobre a forma de exercício do direito de exoneração, adiante, a respeito de cada uma das espécies.

1.1 – *Sociedade constituída por tempo indeterminado ou por toda a vida de um sócio* – Todo o sócio tem o direito de se exonerar da sociedade, se a duração desta não tiver sido fixada no contrato. Esta modalidade aparece na doutrina designada juntamente com a exoneração por justa causa, qualificada como exoneração legal ou exoneração por causa legal (vide adiante o sentido de causas legais, para o artigo 1002.º n.º 4) ou isoladamente como *exoneração ad nutum*, designação esta que outros autores repudiam, afirmando que a exoneração nunca é *ad nutum*, exigindo sempre a prova do fundamento legal ou convencional em que se baseia: trata-se de simples questão de palavras – é *ad nutum*, no sentido de que, nas sociedades cuja duração não está contratualmente determinada, pode a simples e infundamentada vontade de um sócio produzir a exoneração; não é *ad nutum*, no sentido de que o sócio que pretenda exonerar-se nem sequer necessita de provar que a duração da sociedade não está contratualmente determinada.

"Não estar a duração da sociedade fixada no contrato" não significa deixar de figurar no contrato qualquer referência quanto ao tempo do contrato; a hipótese normal abrangida por aquela frase será a estipulação da sociedade por tempo indeterminado ou indefinido (Cfr. artigo 1002.º n.º 2 que, em contraposição ao n.º 1, diz "havendo fixação de prazo"). Teria sido muito mais simples acrescentar à estipulação por tempo indefinido, a duração da vida de um sócio ou o prazo superior a trinta anos, sem necessidade do rodeio de não considerar fixada no contrato a duração da sociedade quando efectivamente ela é fixada, mas para cima do limite a que a lei pretendia ligar a exoneração; o efeito prático é, contudo, o mesmo e o direito de exoneração é possível quando

220 *Apontamentos sobre Sociedades Civis*

não tenha sido fixada a duração ou quando a lei, ficticiamente, considera a duração como não fixada.

Ao afastar-se do seu modelo italiano para acrescentar à falta de estipulação de duração e à duração pela vida de um sócio o prazo superior a trinta anos, o nosso legislador obscureceu o alcance do preceito, embora talvez tenha tentado clarificá-lo. A doutrina admite que não seja possível a exoneração *ad nutum* quando foi aposto um termo, embora *incertus quando*, expresso ou implícito, podendo, por exemplo, ser deduzido da provável duração do objecto social, como a realização duma certa obra. Por outro lado, incluía na duração pela vida de um sócio uma série de hipóteses, como: duração de 99 anos; duração por tempo necessário para certa obra, mas este provavelmente superior à vida de um sócio; duração sujeita a um evento futuro que pode deixar de se produzir; quando o contrato, omisso a respeito de duração, admite a dissolução da sociedade no caso de morte de um sócio. O nosso preceito não deixa dúvida quanto à possibilidade de exoneração no caso de a duração da sociedade ter sido expressamente estipulada por mais de trinta anos, sem averiguar o tempo provável de vida do sócio ou da vida humana. Já é duvidoso se o prazo de trinta anos tem de ser expresso ou pode ser implícito; é de preferir a segunda solução – como a construção duma obra que demorará forçosamente por mais de trinta anos. O outro elemento – duração por toda a vida de um sócio – só funcionará quando a duração da vida for inferior a trinta anos. Mas, se a sociedade é contratada por toda a vida de um sócio, torna-se desnecessário o prazo de trinta anos, pois, seja qual for a provável duração de vida dos sócios, a sociedade é considerada como não tendo duração fixada pelo contrato. Quer dizer: o sistema italiano substituía a marcação de um prazo máximo de duração da sociedade para equiparação a sociedade contratada por tempo indeterminado, pela flexível referência à vida de um sócio; o nosso preceito, cumulando os dois requisitos, não faz sentido.

Aliás, a disposição italiana também é estranha. Compreender-se-ia que o legislador não permitisse vincular os sócios perpetuamente, reagindo contra essas tentativas pela concessão do direito de exoneração e pela subsequente nulidade das cláusulas que pretendessem proibir o direito de exoneração. Contratar uma sociedade por toda a vida de um sócio – e sendo pouco natural que nalgum contrato a duração da sociedade seja fixada expressamente por toda a vida de um sócio – significa praticamente deixar o direito de exoneração dependente do cálculo da duração provável da vida de cada um dos sócios; a doutrina italiana assim faz, atendendo à idade dos sócios, o que já é um grande elemento de incerteza, mas porque não também às suas enfermidades, no momento do contrato?...

Não é de compartilhar a opinião italiana no sentido de que a sociedade se considera contratada por toda a vida de um sócio quando o contrato estipula a dissolução da sociedade por morte de um sócio. É certo que neste caso a sociedade não dura mais do que a vida de um dos sócios, mas isso não significa que ela tenha sido contratada por toda a vida de um dos sócios, pois aquela dissolução nada tem a ver com a perpetuidade do vínculo que o preceito pretende evitar; basta pensar na morte, natural ou por acidente, do sócio uns dias depois de celebrada a sociedade e muito antes do tempo que razoavelmente pudesse ser equiparado a uma vinculação perpétua.

Duas observações ainda. Primeiro, note-se que a duração da sociedade por toda a vida de um sócio deve ser apurada relativamente ao momento em que a sociedade é contratada e em relação aos sócios então existentes. O legislador esqueceu a hipótese de ingresso posterior de um sócio de provecta idade e o esquecimento não deve ser integrado no sentido de que se tornou possível um direito de exoneração anteriormente inexistente. Segundo, o direito de exoneração *ad nutum*, em qualquer das hipóteses, cabe a qualquer dos sócios e não apenas àquele cujas curtas esperanças de vida presumiriam a perpetuidade do vínculo; "todo o sócio tem o direito de se exonerar", diz o artigo 1002.º n.º 1. Em nome da liberdade de um, ficam todos livres.

1.2 – Momento do exercício do direito de exoneração – O

direito de exoneração pode ser usado em qualquer momento, a partir da constituição da sociedade; a lei não estabelece qualquer termo *a quo* ou quaisquer requisitos de oportunidade ou boa fé, como sucedia no anterior Código Civil. A doutrina italiana tem pretendido limitar o uso deste direito, designadamente afirmando que o facto de o Código Civil ter eliminado os requisitos anteriores não significa deixarem estes de ser exigíveis por força de preceitos gerais que, designadamente mandam executar de boa fé os contratos celebrados; assim, admite que o direito de exoneração seja, pelo contrato, proibido durante um certo período inicial, que não possa ser exercido antes de iniciada a actividade social ou de concluído o primeiro ciclo produtivo ou genericamente, que o sócio não use maliciosamente o seu direito de exoneração. Tais esforços – e bem assim aqueles que se fundassem num abuso do direito de o sócio se exonerar da sociedade – não nos parecem admissíveis. O legislador escolheu um mal menor de entre dois possíveis: ou admitia a rescisão unilateral do contrato ou permitia a vinculação perpétua; preferiu o primeiro mal, para salvaguardar a liberdade individual; logo a liberdade pode manifestar-se em qualquer altura, porque desde o primeiro momento a vinculação é perpétua e não apenas a partir de certo momento ou em certas circunstâncias. Nem podem valer contra esse princípio circunstâncias ocasionais da sociedade, porque nenhuma delas – nem a destruição da sociedade pela saída de um sócio – tem valor comparável àquele que o legislador pretendeu salvaguardar. Quanto à hipótese de tornar o direito de exoneração dependente de um termo *a quo*, vide adiante.

Se o direito de exoneração se baseia ou é requerido pela preservação da liberdade do sócio, doutra forma perpetuamente vinculado, parece que só deverá funcionar quando a lei ou o contrato não facultem aos sócios a possibilidade de, por outros meios quebrarem outros vínculos perpétuos e atentatórios da sua liberdade; por outras palavras, o direito de exoneração não deveria existir quando o sócio possa afastar-se da sociedade transmitindo a outrém livremente a sua participação social. Com efeito, o

Perda da qualidade de sócio 223

perigo não está em manter-se a participação social, objectivamente, mas em manter-se a <u>pessoa</u> eternamente vinculada, perigo que ela pode evitar transmitindo a outrém a sua posição contratual. Não estabelece porém a lei essa restrição ao direito de o sócio se exonerar da sociedade e parece que bem, dado que a transmissão duma posição contratual que acarreta responsabilidade ilimitada e solidária é praticamente muito incerta.

1.3 – *Produção de efeitos da exoneração* – Dispõe o artigo 1002.º n.º 3 que a exoneração só se torna efectiva no fim do ano social em que é feita a comunicação respectiva, mas nunca antes de decorridos três meses sobre essa comunicação. Também aqui devem ter intervindo, para a diferença relativamente ao Código italiano, considerações da doutrina desse país, sobre a oportunidade do exercício do direito de exoneração e as dificuldades em que a sociedade poderia ser posta, caso o aviso prévio fosse sempre e simplesmente de três meses.

A cumulação do exercício do direito de exoneração tem, pois, o seu efeito diferido normalmente até ao fim do ano social, que é o ano civil; apenas a comunicação feita menos de três meses antes do fim do ano civil é diferida pelo prazo de três meses e consequentemente ultrapassará o fim do ano civil.

A nossa lei é clara quanto à aplicação do diferimento a qualquer hipótese de direito de exoneração, quer *ad nutum*, quer convencional, quer ainda fundado em justa causa. São, pois, de afastar em Portugal as opiniões de autores italianos que, partindo do facto de o artigo 2295 apenas exigir o pré-aviso de três meses para a hipótese do seu primeiro trecho – exoneração *ad nutum* – consideravam que a boa fé exigiria nos restantes casos um pré-aviso, não de três meses, mas conforme as circunstâncias de cada caso. Perante o nosso artigo 1002.º n.º 4, o diferimento é, para todas as hipóteses, imposto e medido por lei e, consequen-temente a sociedade ou os outros sócios não poderão queixar-se de que os efeitos se produzem demasiado cedo.

Se na prática não se levantarão normalmente problemas quanto à determinação do ano civil em que a comunicação é feita (excep-

224 *Apontamentos sobre Sociedades Civis*

cionalmente, poderiam levantar-se caso a comunicação fosse feita num ano civil mas só fosse recebida pelos outros sócios no ano civil seguinte), já quanto à comunicação de exoneração baseada em casos contratuais ou em justa causa pode discutir-se se o diferimento de três meses se conta da expedição ou da recepção da comunicação pelo sócio; a letra do artigo 1002.º n.º 3 não é decisiva, pois "comunicação" tanto pode significar o facto de comunicar como o facto de tomar conhecimento da comunicação. Tratando-se, como se trata, de declaração receptícia, é de preferir a segunda interpretação.

Ainda pelo carácter receptício da declaração deve ser resolvido o problema de saber se, depois recebida a comunicação, mas antes do termo do ano civil ou do prazo de três meses, o declarante pode revogar a vontade de se exonerar. Nos termos dos artigos 224.º n.º 1 e 235.º do Código Civil, a revogação deixou de ser possível, pois o diferimento legal do efeito da declaração não impede que esta se tenha tornado eficaz logo que chegou ao poder do destinatário ou dele se tornou conhecida.

O diferimento até ao fim do ano civil ou até ao termo dos três meses possibilita o acontecimento durante esse tempo de factos que, independentemente, extinguem ou modificam a participação do sócio declarante da exoneração; é o caso da exclusão do sócio e da dissolução da sociedade. Certamente, o declarante continua sócio até a exoneração se tornar efectiva e, portanto, podem ocorrer factos que, caso não tivesse havido exoneração, influiriam no destino do seu vínculo social; resta saber se, por ter anteriormente usado o direito de se exonerar, o sócio está ou não ao abrigo de tais factos. Quanto à exclusão, seria pouco natural que ela não pudesse funcionar relativamente a um sócio, que ainda o é, apesar de dentro em pouco o deixar de ser; operará efectivamente aquela das causas que primeiro se tornar efectiva, por decorrência dos respectivos prazos legais de diferimento. Quanto à dissolução, a exoneração de um sócio actuando apenas sobre um dos vários vínculos sociais, não pode ter como consequência a impossibilidade de total eliminação desses vínculos; contra a opinião mais corrente em Itália, entendemos, porém, que a exoneração mantém os seus efeitos. A dissolução, só por si, não torna impossível o funcionamento da exoneração; a sociedade entra em liquidação, mas durante esta pode ser separada a quota de qualquer sócio e isoladamente liquidada. A diferença prática reside na forma de liquidação da quota: ou a correspondente à dissolução parcial por exoneração, ou a correspondente à liquidação total da sociedade; desde que não há impossibilidade de liquidar a quota de um sócio, apesar de estar dissolvida a sociedade, não há motivo para fazer caducar pela dissolução os efeitos da exoneração anteriormente declarada.

Como acima foi referido, autores italianos alarmados pela extensão atribuída ao direito de exoneração, admitem que o contrato de sociedade prescreva que o direito de exoneração – entenda-se o direito de exoneração *ad nutum*, nos termos do artigo 1002.º n.º 1 – só pode ser exercido a partir de certa data ou facto. Constroem a hipótese como uma sociedade por tempo determinado até à data a partir da qual o direito de exoneração é proibido e sociedade por tempo indeterminado a partir daí, construção que parece errada, porque a duração determinada da sociedade não resulta do direito de exoneração, mas sim este é proibido quando a sociedade tiver sido estipulada por tempo determinado. Além disso, haveria uma suspensão temporária (ou, se se preferir, uma modificação) duma causa legal de exoneração, proibida pelo artigo 1002.º n.º 4.

1.4 – *Sociedade com prazo de duração fixado no contrato* – Havendo fixação do prazo de duração, o direito de exoneração só pode ser exercido nas condições previstas no contrato ou quando ocorra justa causa. No preceito italiano lê-se "casi previsti nel contratto sociale"; "condições", embora mais amplo, abrange em primeiro lugar os "casos", em que exoneração é possível, ou seja, os factos permissivos, que, juntamente com o contrato social, criam ao sócio o direito potestativo de se exonerar da sociedade.

As duas hipóteses são distintas: "condições previstas no contrato", "ocorrência de justa causa". Pode, contudo, suceder que o contrato enumere, sem qualificação como justas causas, factos que legalmente constituam justas causas, ou que o contrato enumere expressamente factos que considera justas causas. A enumeração expressa de justas causas destina-se praticamente a facilitar a aplicação do preceito legal, mas não pode modificar o seu alcance, pois a qualificação dum facto como justa causa não resulta do contrato, mas sim da lei e, como adiante melhor se verá, não pode o contrato suprimir (como no caso de uma enumeração contratual de justas causas pretensamente taxativa) ou modificar as causas legais de exoneração. Se, porém, a enumeração contiver, qualificados como justas causas, factos que legalmente não se enquadram neste conceito, valerão como "casos previstos no contrato", visto a intenção dos contraentes ser afinal de permitir a exoneração nessas hipóteses e a simples consideração contratual de factos permissivos ser para isso bastante. Quando o contrato enumere, como simples "casos previstos" factos que constituam justas causas, o direito de exoneração existe duplamente, mas, quanto a diferenças de regime porventura existentes, deverá ser aplicado o da exoneração por justa causa.

A hipótese de exoneração por "casos previstos" é igualmente distinta da exoneração *ad nutum*, possível quando não tenha sido fixada a duração do contrato de sociedade. Discute-se, contudo, se é possível, numa sociedade contratada por tempo determinado, incluir como "caso previsto" a exoneração por simples vontade do sócio, sem qualquer outro requisito. Parte da doutrina italiana opina em contrário, baseando-se na letra – *"casi previsti"* – e afirmando que a manifestação arbitrária de vontade não é um "caso" de previsão possível. O preceito português falando em "condições previstas no contrato" afasta o argumento literal, mas independentemente da letra do preceito, não há motivo para proibir que o contrato atribua aos sócios a faculdade de exoneração, sem a verificação de especial facto permissivo. A lei atribui inderrogavelmente o direito de exoneração caso a duração da sociedade não esteja fixada, para ressalva da liberdade do sócio; não impede que, por vontade de todos, a vontade de um só baste para ele se exonerar da sociedade.

Não é indispensável que as condições previstas no contrato operem igualmente para todos os sócios, podendo estabelecer-se entre eles divergências quanto aos casos ou termos em que a exoneração é possível.

A lei não estabelece quaisquer características especiais para os casos permissivos da exoneração; podem ser factos ligados à pessoa do sócio a quem a exoneração é facultada, ligados à pessoa dos outros sócios, relacionados com as vicissitudes da sociedade, etc.

Além dos casos – ou factos – permissivos, o nosso artigo 1002.º n.º 2 permite fixar convencionalmente outras condições da exoneração, a que globalmente chamamos termos. Um termo da exoneração não pode contudo ser estipulado, ao contrário do que, com razão perante o respectivo preceito legal, é sustentado em Itália: o diferimento da eficácia da exoneração, pois o artigo 1002.º n.º 3 abrange todas as hipóteses de exoneração e, portanto, em caso algum regulamentação convencional pode derrogar os princípios aí estabelecidos.

Apesar da relevância prática que o problema tem assumido noutros casos – amortização de quotas em sociedade por quotas – o Código Civil é omisso quanto ao tempo, a partir da ocorrência do facto previsto no contrato, durante o qual o direito de exoneração pode ser exercido. Permitir que o sócio espere longos anos para se exonerar com fundamento em determinado facto convencionalmente previsto, é um contra-senso, mas também não é possível estabelecer um prazo de caducidade que a lei não estabelece (referimo-nos à hipótese de não haver prazo estipulado no contrato, pois este pode estabelecê-lo – artigo 330.º do Código Civil). Poderá, porém, a sociedade opor-se ao exercício do direito de exoneração, com fundamento em abuso de direito, quando a demora no exercício seja de molde a demonstrar que o direito não é exercido para o fim legal deste.

1.5 – *Estipulação de efeito ipso jure e ope judicis* – Entre as condições que o contrato pode estipular conta-se o efeito *ipso iure* ou *ope iudicis* do facto permissivo da exoneração. Se o contrato for omisso a esse respeito, a exoneração não deve ser pedida ao tribunal, embora este possa pronunciar-se sobre a licitude do exercício do direito. V. adiante, o mesmo problema quanto à justa causa. Podiam alinhar-se vantagens ou inconvenientes de qualquer dos sistemas. A favor da eficácia *ipso iure*, dir-se-á que, uma vez produzido o facto que, pelo contrato, cria o direito do sócio à exoneração, o tribunal só poderá intervir para verificar se realmente o facto se produziu e teve este efeito, mas que uma intervenção prévia do tribunal interpõe entre o facto e o efeito um elemento que a lei não contempla. A favor da eficácia mediante sentença judicial invocar-se-á naturalmente a maior segurança para os interessados. Os dois sistemas são possíveis e a escolha entre eles é um problema de política legislativa; quando reportado a um facto previsto por lei, o problema para o intérprete consiste em saber se a <u>lei</u> considerou ou não necessária a intervenção preventiva do órgão judicial; quando reportado a um facto previsto pelo contrato, o problema consiste, por um lado, em saber se a lei proíbe ou não a eficácia do facto, sem prévia verificação judicial e, por outro lado, se as partes quiseram ou não alguma das duas modalidades permitidas pela lei.

Quanto ao direito convencional de exoneração, não se encontra nas disposições legais que o regulam, a mínima referência à sua eficácia mediante prévia sentença judicial, nem tal exigência se deduz dalgum outro preceito ou princípio. Nada impede que o sócio exonerado faça declarar judicialmente que se exonerou, nos termos do contrato, nem que os outros sócios proponham acção para convencer o sócio interessado de que continua a ser sócio apesar de ter pretendido exonerar-se. Nos dois casos discute-se, porém, no processo a existência e a eficácia de um acto praticado pelo sócio – a declaração de exoneração, enquanto, na teoria contrária, se pedia ao tribunal que, com fundamento em certo facto e na vontade do sócio, fosse decretada a exoneração deste.

1.6 – *Justa causa ou causa legítima* – Havendo fixação do prazo de duração da sociedade, o direito de exoneração pode ser exercido quando ocorra justa causa: não havendo aquela fixação, é desnecessária a ocorrência ou a invocação de justa causa, pois a exoneração depende apenas da vontade do sócio, mas a invocação duma justa causa não prejudicará o exercício do direito, que dela não depende.

O artigo 1002.º não define justa causa. O artigo 1279.º do Código Civil de 1867 definia causa legítima de dissolução por renúncia, como a que "resulta da incapacidade de algum dos sócios para os negócios da sociedade, ou da falta de cumprimento das suas obrigações, ou doutro facto semelhante, de que possa resultar prejuízo irreparável para a sociedade", definição esta que não pode ser agora totalmente aproveitada, pois as perspectivas são diferentes: na antiga, a dissolução total, na nova, apenas a dissolução parcial.

A doutrina italiana tem mostrado tendência para se inspirar quanto ao conceito e ao regime da justa causa de exoneração do sócio nos correspondentes traços da justa causa de resolução unilateral do contrato de trabalho, inspiração natural, dada a grande elaboração do conceito neste último campo. Nem sempre porém o confronto é certo, a começar pelo efeito prático esperado do facto que constitua justa causa: a impossibilidade de subsistência de relações entre as partes. Nem sequer a lei antiga formulava tal exigência para a causa legítima, apesar desta provocar a dissolução de toda a sociedade.

Evitando um conceito legal, o Código remete para uma apreciação do facto relativamente à consequência que dele se pretende extrair; a causa deve ser justa, isto é, deve ser geralmente considerada – acaba por ser decisivo o critério do juiz, como condensação do critério do homem normal – como bastante para que um sócio abandone a sociedade. Torna-se impossível fazer uma enumeração taxativa de justas causas, mas é possível considerar algumas hipóteses mais frequentes e representativas.

Já o artigo 1279.º considerava causa legítima de renúncia a falta de cumprimento das obrigações dos outros sócios; é no mesmo sentido a doutrina unânime actual, acentuando que a exoneração e a exclusão substituem, no campo das sociedades, a faculdade de resolução do contrato por falta de cumprimento. Pode mesmo alargar-se o âmbito da falta de cumprimento, de

230 *Apontamentos sobre Sociedades Civis*

modo a abranger o comportamento do sócio relativamente à administração, desde o desinteresse ou negligência do sócio administrador capaz de causar danos à sociedade até às irregularidades cometidas na administração.

Daí para diante, manifestam-se, contudo, duas tendências: uma restritiva, adoptada pela jurisprudência italiana entende que a exoneração pressupõe sempre um comportamento ilegítimo dos outros sócios e a justa causa apenas existe quando constitua uma reacção legítima contra tal comportamento, no sentido de que objectiva e razoavelmente faz perder a confiança que neles era depositada; outra, adoptada por parte da doutrina italiana, afasta esses limites e admite como justa causa circunstâncias meramente acidentais (como uma lei fiscal, que fortemente onerasse a sociedade), factos relativos à própria sociedade, embora sem culpa dos administradores como perdas sofridas pela sociedade; factos relativos ao próprio sócio que pretende exonerar-se, ou não culposos (como a idade) ou culposos (como o cumprimento duma pena de prisão); factos mais ou menos imputáveis a todos os sócios como as persistentes discórdias entre eles.

Mesmo, porém, esta segunda doutrina só concede eficácia a tais factos, quando neles concorram certas características; deve ser novo, isto é, superveniente quanto ao momento da entrada do sócio; deve ser grave; deve ser imutável, no sentido de que, a cada causa invocada corresponderá uma comunicação autónoma (não no sentido de que, uma vez invocada certa causa, não poderá o sócio fazer nova comunicação baseada noutra causa); deve ser independente da maliciosa predisposição do interessado; deve ser persistente, no sentido de que deve subsistir no momento em que a declaração de exoneração produza os seus efeitos.

1.7 – *Supressão e modificação das causas de exoneração* – Segundo o artigo 1002.º n.º 4, as causas de exoneração não podem ser suprimidas ou modificadas; a supressão ou modificação das causas contratuais depende do acordo de todos os sócios. É assim estabelecida uma distinção entre causas legais e causas contratuais de exoneração. Sendo três as modalidades de causas de exoneração previstas nesse artigo e sendo uma delas as "condições previstas no contrato", manifestamente causas legais são a vontade do sócio, nas sociedades cuja duração não esteja fixada no contrato e a ocorrência de justa causa, nas sociedades cujo prazo de duração esteja fixado no contrato.

As causas legais não podem ser suprimidas ou modificadas, não se indicando o agente da supressão ou modificação, que só pode ser o contrato social. A supressão consistiria em declarar no contrato:

a) que, na hipótese prevista pelo artigo 1002.º n.º 1, o sócio não tem direito de exoneração;

b) que, na hipótese prevista pelo artigo 1002.º n.º 2, o sócio não tem direito de se exonerar com fundamento em justa causa;

c) em suprimir especificamente hipóteses que a lei considera como justa causa.

Relativamente à exoneração *ad nutum*, a modificação consistiria em criar um pressuposto que não dependesse exclusivamente da vontade do sócio ou em não atribuir à vontade do sócio, só por si, o efeito ligado por lei. Relativamente à justa causa, a modificação consistiria ou em apresentar um conceito de justa causa diferente do utilizado ou pressuposto pela lei ou, em hipóteses concretas, na tentativa de desqualificar, mais ou menos abertamente, causas qualificadas por lei como justas.

A parte final do preceito, respeitante às causas voluntárias, não proíbe inteiramente a supressão ou modificação, mas sujeita-as ao consentimento de todos os sócios. O sócio adquiriu, portanto, um direito inderrogável, sem seu consentimento, a exonerar-se da sociedade; esse direito tanto pode ser especial − se a causa de exoneração funcionar relativamente a um ou alguns sócios − como geral.

Modificação das causas contratuais pode ser entendido em dois sentidos: alteração da composição de factos previstos no contrato como causas de exoneração; aditamento de novas causas de exoneração às previstas no contrato vigente. A proibição do preceito respeita apenas à primeira hipótese, pois não seria natural que o mesmo preceito usasse a palavra "modificadas" em dois sentidos diversos e, quanto a modificação das causas legais não pode haver dúvida quanto a ser esse o sentido correcto, visto que o aditamento de causas legais por estipulação contratual seria absurdo.

Modificação de causas legais ou voluntárias só existe, literalmente nas hipóteses acima referidas. Concebe-se, porém, a modificação do regime da exoneração resultante da lei para as diversas espécies de causas e deve, portanto, inquirir-se se tal modificação está abrangida pelo artigo 1002.º n.º 4. O problema em Itália – embora sem preceito expresso correspondente ao nosso artigo 1002.º n.º 4 – respeita principalmente à mudança do prazo de pré-aviso. O artigo 1002.º n.º 3 não pode ser modificado pelo contrato social quando se trate de causas legais de exoneração; trata-se de preceito regulador dum delicado equilíbrio: o interesse do sócio na exoneração imediata e o interesse da sociedade na exoneração diferida; a extensão do diferimento por cláusula contratual poderia anular a intenção legislativa de garantir, apenas com as restrições do diferimento legal, a exoneração do sócio. Tratando-se, porém de causas convencionais, o n.º 2 do mesmo artigo permite a exoneração nas condições previstas no contrato e entre essas condições conta-se o diferimento, salvo o mínimo imperativo estabelecido no n.º 3. Nem pode supor-se – para causas legais ou voluntárias – que o prazo de três meses é dispositivo, por a lei dizer "nunca antes de"; o diferimento até ao fim do ano é taxativo e o nunca antes não estabelece comparação com as possíveis cláusulas contratuais que estabelecessem prazo diferente, mas sim com o fim do ano, conforme acima se referiu.

2 – Exclusão do Sócio

Atendendo ao seu modo de funcionamento, a exclusão apresenta três modalidades, qualificadas em Itália como exclusão voluntária (não confundir com exclusão contratual), exclusão judicial e exclusão de direito. No primeiro caso, a exclusão é deliberada pelos sócios; no segundo, a exclusão é determinada por sentença judicial; no terceiro, segue-se imediata e necessariamente à ocorrência do facto previsto na lei.

Relativamente às causas legais de exclusão, operam voluntariamente as enumeradas no artigo 1003.º, quando a sociedade tenha mais de dois sócios; operam judicialmente as mesmas causas legais, quando a sociedade tenha apenas dois sócios; opera de direito a exclusão consequente à liquidação da quota do sócio a pedido de um seu credor particular.

Relativamente às causas voluntárias, em princípio, operam voluntariamente; o artigo 1005.º determina que a exclusão depende do voto da maioria dos sócios, sem distinguir entre causas legais ou contratuais e está colocado depois do artigo 1003.º, que se refere a ambas as espécies. Se a sociedade tiver apenas dois sócios, as causas contratuais operam, em princípio, judicialmente.

Resta, porém, saber:

a) se o contrato social pode modificar o funcionamento das causas legais, atribuindo-lhes efeito diferente do resultante da lei (ou efeito judicial ou efeito de direito, quando a lei as considere voluntárias; ou efeito voluntário ou de direito, quando a lei as considere judiciais; ou efeito voluntário ou judicial, quando a lei a faça funcionar de direito);

b) se o contrato social pode atribuir às causas contratuais um regime diferente daquele que resulte da lei.

2.1 – *Causas Legais – enumeração taxativa e supletiva*

A lista de causas legais de exclusão é considerada por grande parte da doutrina italiana como supletiva, no sentido de que pode o contrato social afastar todas ou algumas delas; admitem esses autores:

a) que o contrato elimine alguma das causas legais relativamente a todos os sócios;

b) que o contrato faça variar, conforme os sócios, as causas de exclusão, ficando assim possível a exclusão de uns por causas que não permitem a exclusão de outros;

c) que sejam totalmente eliminadas as causas de exclusão legais, deixando nessa sociedade de ser possível excluir sócios.

Os argumentos aduzidos nesse sentido não têm igual força, mas no conjunto convencem.

Argumenta-se em primeiro lugar, com a possibilidade de o contrato inserir, como causas de dissolução total da sociedade, os factos que o artigo 1003.º qualifica como causas legais de exclusão; tais factos vêm, assim, a produzir, por vontade das partes, um efeito mais incisivo e vasto, superando o instituto da exclusão. Reconhecendo a verdade da premissa, pode contra-argumentar-se que, nessa hipótese, os factos considerados por lei causas de exclusão não ficam privados de efeito, antes o seu efeito é reforçado; o sócio relativamente ao qual um desses factos se verificou não continua a pertencer à sociedade, embora o efeito – dissolução total – se estenda a todos os sócios. Seria assim ilegítimo aproveitar essa hipótese para retirar argumentos justificativos da privação de qualquer efeito de tais factos, ou seja, para argumentar no caso não ser aplicável nem a dissolução – não prevista no contrato – nem a exclusão, afastada pelo contrato.

Maior força não tem o dizer-se que o afastamento contratual das causas legais de exclusão mostra a indiferença dos sócios quanto às ocorrências relativas aos outros sócios ou a essencialidade da presença de um ou de todos. Em primeiro lugar, está a pensar-se apenas na hipótese de serem afastadas todas as causas legais e não ser estipulada qualquer causa contratual; ora, pode dar-se uma hipótese intermédia, de afastamento de causas legais e estipulação de causas contratuais, na qual já nem pode falar-se em indiferença ou essencialidade quanto à presença de sócio ou sócios, pois há pura e simplesmente a substituição das causas legais por outras escolhidas pelos sócios. Em segundo lugar, resta saber, como adiante melhor veremos, se essa atitude quanto às referidas ocorrências pode verificar-se logo na estipulação do contrato ou apenas será lícita depois de o facto se ter verificado e os sócios poderem apreciar a sua relevância concreta.

O argumento principal consiste no processo de exclusão, regulado pelo artigo 1005.º (artigo 2287 italiano). A exclusão depende do voto da maioria dos sócios; pode, portanto, suceder que nem sequer seja tentada a deliberação sobre a exclusão ou que, tentada ela, não se forme a maioria necessária, donde resulta que o sócio, apesar de existente a causa que permitiria exclui-lo, não é excluído, ou, por outras palavras, que a vontade dos sócios é decisiva quanto à exclusão. Sendo assim, parece ser indiferente que essa vontade se manifeste perante o caso concreto ou logo genericamente no contrato.

A este argumento podem opor-se considerações de duas ordens: ou atacando directamente a sua conclusão ou atacando a sua aplicabilidade às várias causas legais. No primeiro aspecto, dir--se-á que o argumento extraído do processo de exclusão exagera a vontade dos sócios; desde que não optou por uma exclusão automática ou de direito, actuando pela simples verificação da causa legal, o legislador torna-a, em cada caso, dependente da vontade dos sócios, mas vontade manifestada com pleno conhecimento de causa, depois de verificado o facto e podendo os sócios apreciar a importância que para eles tenha o facto verificado; isto é muito diferente da antecipada renúncia a qualquer causa de exclusão, no momento da celebração do contrato, em que, por definição, tudo está a correr bem entre os sócios. Por outras palavras, os sócios podem deixar de usar a arma fornecida pela lei, mas não podem deixar de a possuir.

O artigo 1003.º prevê duas espécies de causas de exclusão: os casos previstos no contrato e os "casos seguintes", ou seja os previstos nas quatro alíneas do mesmo artigo. As primeiras chamaremos "causas contratuais" e às segundas "causas legais".

A expressa previsão legal de causas contratuais dispensa investigações feitas noutros países sobre a sua admissibilidade, as quais, aliás, quase sempre conduziram à conclusão afirmativa[50].

---

[50] Em França, CAILLAUD, páginas 239 e seguintes admite as cláusulas estatutárias de exclusão dos sócios, depois de as apreciar à luz da situação da sociedade e dos direitos dos sócios; no primeiro aspecto, essas cláusulas

A doutrina italiana entende que a enumeração de causas legais[51] é taxativa e não podem os respectivos preceitos ser aplicados por analogia, sem prejuízo da interpretação que de tais preceitos caiba fazer. Funda-se esse entendimento na segurança dos sócios e na qualificação da exclusão como uma modificação do contrato, que ficaria sujeita a deliberação maioritária, contra o princípio fundamental da unanimidade.

Entendido do mesmo modo o nosso artigo 1003.º, não se segue que nesse artigo esteja contida a enumeração total das causas legais de exclusão, podendo algumas encontrar-se noutros preceitos do Código.

Viu-se acima a hipótese de o credor particular do sócio exigir a liquidação da quota do devedor – artigo 999.º n.º 2. No Código italiano – artigo 2288 – é excluído de direito o sócio relativamente ao qual um seu credor particular tenha obtido a liquidação da quota de acordo com o artigo 2270. Não existe no nosso Código preceito semelhante, nem o artigo 999.º n.º 2 só por si o substitui, pois é igual ao artigo 2270, que, no entanto, tem complemento no artigo 2288.

---

correspondem às exigências da vida social, designadamente conseguindo pela exclusão do sócio, que a sociedade não se dissolva; no segundo aspecto, entende que a exclusão respeita os direitos individuais dos sócios. Em Itália, o artigo 2286.º não menciona os casos previstos no contrato, mas a doutrina admite geralmente as causas estatutárias ou contratuais de exclusão, na base dos seguintes argumentos principais: o processo de exclusão estabelecido pelo artigo 2287.º atribui larga eficácia à vontade dos sócios, tornando dependente de deliberação maioritária a exclusão do sócio e, implicando, portanto, um vasto campo de acção a essa vontade neste sector; se a exclusão é um instituto que subroga a resolução do contrato por incumprimento, deve reconhecer-se aos sócios a possibilidade de estabelecer livremente causas particulares de exclusão, além das típicas indicadas na lei; sendo lícito aos sócios estabelecer no contrato que certos factos são causas de dissolução total da sociedade, por maioria de razão lhes deve ser permitido estipular causas de exclusão, para evitar a futura dissolução. Talvez estes argumentos não sejam perfeitamente convincentes, mas chegaram para convencer o nosso legislador a prever expressamente as causas contratuais.

[51] O mesmo regime é atribuído às causas contratuais, isto é, as respectivas cláusulas não podem ser aplicadas por analogia.

Apesar disso, o regime tem de ser idêntico. Não se conceberia que, liquidada a quota a pedido do credor particular do sócio, este continuasse como sócio. Por outro lado, não é possível aplicar nesta hipótese o processo de exclusão regulado no artigo 1005.º, pois, se fosse aplicado antes da liquidação da quota, tornaria esta dependente da vontade da maioria dos sócios, quando ela constitui um direito do credor particular do sócio; se fosse aplicado depois da liquidação da quota, admitir-se-ia a possibilidade absurda de ser mantido como sócio aquele cuja quota foi liquidada. A liquidação da quota deve, pois, ter como forçosa consequência a exclusão do sócio, tal como prescreve o artigo 2288.º italiano.

Acresce que o argumento é reversível. Se as causas de exclusão operassem automaticamente, de direito, compreender-se-ia o interesse dos sócios em se precaverem contra esse automatismo, que nas circunstâncias concretas em que viesse a verificar-se poderia ser prejudicial (afastamento de pessoa, apesar de tudo, essencial à sociedade; liquidação forçosa da quota do sócio, complicando ou impossibilitando a vida da sociedade), afastando as causas legais para evitar tal risco. Na verdade, o efeito automático ou de direito não significa necessariamente a inderrogabilidade do preceito legal, pois é diverso "efeito automático" e "efeito imposto". Quando, porém, os sócios podem fazer ou não funcionar a causa legal, pela deliberação necessária, nenhum interesse têm no seu afastamento prévio, logo no contrato social[52].

Encarando as causas legais de exclusão separadamente, a que tem causado maiores apreensões quanto ao seu afastamento, é a grave violação de obrigações para com a sociedade, quando se trate de obrigação de entrada com bens ou indústria para a sociedade; diz-se que, não podendo o sócio ser excluído com esse

---

[52] A expressão "pode dar-se" usada no artigo 1003.º explica-se por, segundo o processo prescrito no artigo 1005.º, a exclusão estar dependente da deliberação dos sócios. Não significa que a exclusão, embora dependente da vontade dos sócios possa sempre dar-se desde que ocorra um dos factos previstos e apesar de contrária estipulação contratual.

238 *Apontamentos sobre Sociedades Civis*

fundamento, será um sócio <u>sem causa</u>, isto é, haverá uma participação social a que não correspondeu uma contribuição patrimonial para a sociedade. Responde-se que isso só seria evitado mediante a exclusão de direito, pois a deliberação dos sócios pode deixar de ser tomada e, portanto, continuar sócio quem não tenha cumprido aquela obrigação.

2.2 – *Causas judiciais*

Se a sociedade tiver apenas dois sócios, a exclusão de qualquer deles só pode ser pronunciada pelo tribunal (artigo 1005.º n.º 3); é a chamada exclusão judiciária, único caso dessa natureza previsto pelo Código. O motivo do preceito reside manifestamente no número de sócios e, sendo este de apenas dois, torna-se evidente que o Código se impressionou com o facto de a deliberação, que normalmente é tomada por maioria do número de sócios, ser neste caso tomada por um só dos sócios, visto o outro não poder votar (e se pudesse, verificar-se-ia necessariamente um empate, salvo se o sócio se quisesse auto-excluir).

O Código exagera as cautelas e a doutrina peca igualmente. Não há motivo razoável para impedir que a vontade de um só sócio pronuncie a exclusão, quando relativamente ao outro ocorra uma causa legal ou contratual de exclusão. Seja qual for o número de sócios que deliberem a exclusão, a situação do sócio excluído é igual: ou se verifica realmente a causa de exclusão e pode ser excluído ou não se verifica e a deliberação pode ser impugnada. O sócio excluído fica tanto na mão de um sócio como na mão de muitos, nem parece relevante a possibilidade de, sendo vários os sócios, não se formar maioria para excluir o outro, porque o problema não consiste na facilidade ou dificuldade de formar a maioria, mas na sujeição do sócio à vontade do outro ou outros, o que em nenhum dos casos se verifica, pois em ambos pode a deliberação ser impugnada, se não corresponder a uma causa válida; e se corresponder, é injusto sujeitar o outro sócio às demoras duma decisão judicial, nomeadamente deixando funcionar como sócio quem tenha praticado graves violações das obrigações para com a sociedade. Seria muito mais realístico manter a regra geral da exclusão por deliberação dos sócios e admitir a suspensão dela, segundo os pressupostos gerais da suspensão de deliberações sociais; ao menos, haveria a prova de um dano e uma primeira apreciação, embora sumária, dos motivos da exclusão.

A exclusão judicial, quer corresponda a causas legais quer a causas voluntárias, não pode ser contratualmente transformada em exclusão voluntária, pois isso contraria a própria razão da intervenção do tribunal, a qual se encontra no número de sócios e na pronúncia da exclusão por um só deles. O fundamento do artigo 1005.º n.º 3 leva, contudo, a admitir que, embora haja apenas dois sócios, a exclusão opere de direito, automaticamente, por derrogação contratual daquele preceito; nesse caso, não intervém a vontade do outro sócio, pois a exclusão segue-se necessariamente à verificação do facto previsto no contrato. A letra do citado n.º 3 – "só pode ser pronunciada pelo tribunal" – não obsta a esta conclusão, pois o legislador opõe a exclusão judicial à exclusão voluntária, tratada nos números anteriores do mesmo artigo, e não à exclusão de direito.

Não se vê motivo válido para impedir que o contrato exija a pronúncia da exclusão pelo tribunal quanto actuem causas legais ou voluntárias a que a lei faz corresponder a exclusão voluntária. É maior a protecção do sócio excluído, que não fica dependente da vontade, embora vinculada, da maioria antes de haver oportunidade de discussão judicial da causa invocada. Sendo normalmente possível a exclusão futura de qualquer dos sócios, a protecção vem afinal a funcionar potencialmente para todos eles. É no entanto, duvidosa a legitimidade para requerer a exclusão judicial: no silêncio do contrato sobre esse ponto, será legítimo qualquer dos outros sócios ou apenas a maioria deles e será válida a cláusula contratual que atribua a legitimidade a um só ou a uma maioria dos outros sócios? Optar pela legitimidade de número de sócios inferior à maioria, significa substituir o requisito legal – maioria – pela apreciação judicial, mas esta substituição não produz precisamente o mesmo efeito; o tribunal pronunciar-se-á

240 *Apontamentos sobre Sociedades Civis*

sobre a existência da causa de exclusão, mas não sobre a vantagem que para a sociedade possa haver em fazer ou não actuar a causa de exclusão, como a maioria poderia apreciar. No entanto, é preferível essa solução, uma vez que, como a seguir veremos, é admissível a exclusão de direito e esta dispensa por completo a prévia apreciação das referidas vantagens ou inconvenientes. Nesse ponto de vista, exclusão judicial e exclusão de direito equiparam-se.

Também não constitui possível obstáculo à adopção contratual da exclusão judicial o direito de oposição do sócio excluído – vide adiante, quanto à exclusão de direito – pois este tem a mesma possibilidade de se opor judicialmente e até com mais vantagem, pois fá-lo antes e não depois de excluído.

A doutrina italiana aceita a substituição contratual da exclusão facultativa ou voluntária por exclusão de direito, ressalvando apenas que, em todas as hipóteses, o sócio deve ter possibilidade de fazer averiguar judicialmente a existência da causa de exclusão. Duas ordens de observações podem ser feitas contra essa tese. Em primeiro lugar, pode dizer-se que o processo de exclusão voluntária que a lei faz corresponder tanto às causas legais como às contratuais permite que a exclusão não chegue a actuar, por não se formar a maioria necessária, certamente na base de que a manutenção do sócio que poderia ser excluído não prejudica a sociedade ou até, de que a sua saída seria prejudicial, enquanto nada disso seria possível na exclusão de direito; a objecção não procede, pois não se vê motivo para impor aos sócios, que dela prescindam, essa cautela da apreciação futura das circunstâncias concretas. Em segundo lugar, pode argumentar-se com o direito de oposição do sócio, concedido pelo artigo 1005.º n.º 2, que faltaria no caso de exclusão de direito; voltaremos ao assunto a propósito do direito de oposição.

Finalmente, não é possível atribuir outro efeito à exclusão de direito cominada pelo artigo 999.º n.º 2, pois a sua causa não se coaduna nem com uma deliberação dos outros sócios nem com a pronúncia judicial da exclusão.

2.3. – *Causas contratuais*

Discute-se a legalidade da cláusula estatutária que crie um direito absoluto de exclusão – também chamada faculdade de exclusão *ad nutum* ou exclusão facultativa pura – isto é, que permite aos sócios excluir outro por simples vontade daqueles. Na prática, a cláusula pode aparecer mais ou menos disfarçada, como por exemplo, proibindo o sócio de impugnar judicialmente a exclusão deliberada contra ele, dispensando os sócios que deliberem a exclusão de indicar o motivo da deliberação, permitindo que os sócios deliberem a exclusão por qualquer motivo que não esteja indicado na lei ou no contrato. Algumas destas modalidades podem prestar-se a críticas autónomas, mas fundamentalmente o problema é sempre o de saber se a exclusão pode ficar apenas dependente da deliberação dos sócios; é claro que, se assim for, o sócio – embora isso não seja expressamente declarado no contrato – não poderá fazer apreciar judicialmente a deliberação contra ele tomada (salvo para demonstrar que porventura nem sequer existe a cláusula de exclusão *ad nutum*) e que a deliberação não precisará de ser motivada, etc.

A lei exige que haja uma causa de exclusão; a vontade dos outros sócios efectua a exclusão mas não é causa dela. Nem se diga que a vontade dos sócios é um possível "caso previsto" no contrato, como se, por exemplo, este dissesse ser possível a exclusão "quando os sócios quiserem", "quando os sócios deliberarem" ou semelhantes; a vontade dos sócios é o acto de exclusão e este acto deve ter uma causa predeterminada no contrato. Também nem se diga que, podendo no contrato ser estabelecida qualquer causa também poderá deixar de ser referida qualquer causa; no primeiro caso, a exclusão não fica apenas dependente da vontade dos sócios, pois esta só pode legitimamente manifestar-se quando se tenha verificado um facto em que ela não influi, embora porventura esses casos sejam muitos ou sejam muito grandes as possibilidades de um deles se verificar. Também não há semelhança, neste aspecto, entre a exoneração *ad nutum* e a exclusão *ad nutum* ou entre esta e dissolução por deliberação maioritária dos sócios.

242 *Apontamentos sobre Sociedades Civis*

A exclusão representa a imposição da vontade dos outros sócios para que um abandone a sociedade; na exoneração, a vontade do sócio separa-o da sociedade, não a vontade dos outros; na dissolução, o efeito da vontade da maioria não é limitado a um sócio, sofrendo todos eles as respectivas consequências.[53]

Do que fica dito, resulta um limite à faculdade de estipular causas contratuais de exclusão; não podem ser causas dependentes apenas da vontade da sociedade, mesmo quando não se faça direc-

---

[53] AVELÃS NUNES, páginas 239 e seguintes considera "a forma mais acabada" das cláusulas que pretendem estabelecer um direito absoluto de exclusão aquelas em que se estipula o direito de a sociedade excluir qualquer dos sócios, vedando ao sócio afastado o direito de fazer apreciar em tribunal a legitimidade da medida tomada contra ele. Condena-a como limitativa da esfera de atribuições do poder jurisdicional do Estado. Considera em seguida a cláusula que dispensa a indicação do motivo da deliberação de exclusão e condena-a também, alegando que ela torna impossível a apreciação do motivo pelos tribunais e em última análise o próprio direito de exclusão dos sócios ficaria subtraído à apreciação jurisdicional.

Desde que a exclusão dependa apenas das vontades dos sócios, é impossível a apreciação pelo tribunal do motivo da exclusão, embora o tribunal possa apreciar os requisitos formais do acto de exclusão, como a existência da cláusula de deliberação *ad nutum* e a regularidade da deliberação. Não está, porém, em causa a redução das atribuições do poder jurisdicional do Estado nem a apreciação judicial do motivo da exclusão é argumento suficiente; o poder jurisdicional do Estado exerce-se quando para isso houver lugar e a cláusula que declare não poder a deliberação ser apreciada pelos tribunais significa simplesmente que a deliberação não depende de qualquer causa externa; por outro lado, só se poderá estranhar a falta de apreciação judicial do motivo, se dever existir um motivo apreciável. Caso a lei admitisse a exclusão *ad nutum*, as críticas de Avelãs Nunes seriam deslocadas e não pode dizer-se que a exclusão *ad nutum* é proibida para não reduzir o poder jurisdicional do Estado ou para tornar possível a apreciação do motivo, pois muitos outros actos existem em que deliberações sociais não precisam de ser motivadas, como a deliberação de dissolução.

O problema só pode, portanto, ser resolvido encarando directamente as razões que levam o legislador a exigir a verificação prévia de casos de exclusão e a proibir correlativamente a exclusão *ad nutum*; tais razões são a repugnância do legislador em permitir a imposição da vontade de uns sócios a outro para o afastar da colectividade social.

tamente e somente referência a essa vontade. Nada interessam os requisitos contratualmente exigidos para a manifestação da vontade dos sócios, nomeadamente a maioria, por muito alta que seja, dos respectivos votos, pois não podem confundir-se requisitos da manifestação da vontade e causas desta; no primeiro caso, a vontade continua arbitrária e a dificuldade na sua formação não é determinada pela necessidade duma causa mas pela reunião do número necessário de votos.

Para além disso, não há limitações ao exercício da autonomia contratual, podendo as partes estabelecer os casos de exclusão que entenderem: podem ser casos relacionados com as causas legais ou precisando melhor os que na lei estejam vagamente enunciados ou alterando a composição dalguma causa legal, no sentido de a exclusão ser possível mais facilmente do que pela simples aplicação da lei; podem ser factos relativos ao interesse social colectivo; podem ser casos relativos a interesses individuais dos sócios; podem ser factos relacionados com a pessoa do sócio ou com os negócios sociais, etc..

Em contrário desta amplitude que atribuímos às causas contratuais de exclusão, há quem entenda que a estipulação delas é limitada pelas finalidades do instituto da exclusão; as únicas circunstâncias susceptíveis de justificar o direito de exclusão hão-de ser relevantes em ordem à colaboração social; as partes não podem convencionar que o direito de exclusão assente em considerações de quaisquer interesses extra-sociais, mesmo pertencentes à maioria dos sócios[54]. Convirá situar a questão. Quando se encare o problema de saber se a exclusão pode ser deliberada sem indicação de motivo e, respondendo-se negativamente, se passe a averiguar se a deliberação pode invocar qualquer motivo, é possível conceber hipóteses que nitidamente repugnam – por exemplo, o caso de vingança do excluído por este não ter casado com a filha de um dos sócios da maioria; compreende-se que, nesse plano se busque um critério para filtrar os motivos invocados e que, em última análise se atribua aos tribunais a faculdade de investigar se

---

[54] AVELÃS NUNES, página 251.

244 *Apontamentos sobre Sociedades Civis*

os pressupostos em que assenta a deliberação de exclusão pertencem a determinada categoria, que torne o direito de exclusão compatível com a função atribuída pelo legislador ao instituto. Não é esse, porém, o plano em que nos situamos; assente que a deliberação de exclusão deve basear-se numa causa contratual, procuramos averiguar se existem limites à formulação de causas contratuais. Ora, nesse plano, os motivos de exclusão realmente inaceitáveis, dificilmente poderão aparecer – por exemplo, não é concebível que num pacto social se estipule que pode ser excluído o sócio que não case com a filha de um dos sócios da maioria. Quer dizer: a própria circunstância de se tratar duma estipulação contratual levará a só considerar circunstâncias que tenham "relevância social" ou, por outras palavras, atribui relevância social a factos que, de outra maneira, não a teriam. Assim, por exemplo, será lícito estipular a faculdade de exclusão de sócios que atinjam determinada idade ou até prever a exclusão de sócio que contraia casamento em regime de comunhão de bens, pois os outros sócios podem ter interesse relevante em evitar os "perigos que para a empresa resultam do casamento" e que a doutrina tem realçado. Remetemos para o que ficou dito sobre as finalidades do instituto.

É importante determinar o grau de precisão da estipulação contratual de causas (ou casos) de exclusão. Manifestamente, não está "previsto um caso" de exclusão, quando a cláusula contratual não define que possam, só por si, conformar um facto verificável na vida real; tal seria a hipótese extrema de a cláusula permitir a exclusão quando houver "causa" para isso; a lei não pode satisfazer-se com a repetição no contrato da faculdade que atribui aos sócios <u>no contrato</u> e que, desse modo, seria remetida para a deliberação dos sócios. Igualmente não basta qualificar como justa, grave, legítima ou semelhante uma causa (ou caso) não definido no contrato. Não pode argumentar-se em contrário com o facto de o artigo 1003.º admitir como causa legal de exclusão a <u>violação grave</u> das obrigações do sócio para com a sociedade, acrescentando que, se o contrato se referir a justa causa, motivo grave ou causa legítima, a latitude de apreciação do comportamento do

Perda da qualidade de sócio

245

sócio pela maioria é igual à que tem quanto à citada causa legal. É certo que nos casos a maioria tem de apreciar a gravidade, mas na causa legal o ponto fulcral não está na gravidade, mas na violação de obrigações sociais; há um facto definido na lei – violação duma obrigação do sócio – que falta na primeira hipótese, pois "causa" ou "motivo" não define facto ou caso algum. Nem se diga que ao sócio cuja exclusão foi deliberada cabe sempre o direito de fazer apreciar em tribunal a justiça da decisão de que foi alvo; o tribunal terá de se contentar com qualquer facto e apenas apreciará os seus reflexos (gravidade, justiça, etc.). Não negamos a possibilidade de a lei admitir a exclusão na base de "justas causas", como para a dissolução fazia o artigo 1279.º Código Civil 1867; entendemos que não foi esse o sistema seguido pelo legislador ao atribuir aos sócios a faculdade de criarem causas contratuais de exclusão[55]; se se contentasse com essa fórmula genérica, o legislador não teria especificado causas legais de exclusão, antes teria editado como única causa legal (e sem necessidade de causas contratuais) a "justa causa".

Assim como o legislador delimitou as causas legais, assim devem ser definidas as causas contratuais, servindo aquelas de modelo para estas; a própria letra do artigo 1003.º estabelece esse paralelismo, dizendo "nos casos previstos no contrato, e ainda nos seguintes", assim mostrando que considera como "casos" a prever no contrato o mesmo tipo de factos que descreve nas seguintes alíneas.

2.4. – *Pessoalidade das causas de exclusão*

Falecido um sócio, relativamente ao qual tivesse ocorrido uma causa de exclusão, legal ou contratual, pergunta-se se os seus herdeiros, admitidos como sócios em seu lugar, estão sujeitos à exclusão, com aquele fundamento; da possibilidade de exclusão por motivos próprios dos herdeiros não há dúvidas (por exemplo,

---

[55] Em contrário, AVELÃS NUNES, página 253.

246 *Apontamentos sobre Sociedades Civis*

os herdeiros têm idade que, só por si, constitui causa de exclusão ou exercem outra actividade que o contrato considera causa de exclusão). Uma corrente sustenta que o processo de exclusão, quer voluntária quer judicial, não pode continuar contra os herdeiros do sócio excluendo, porque a causa de exclusão é fundada sobre a pessoa do excluendo.

Convirá pormenorizar a questão. A morte do sócio excluendo pode ter ocorrido depois de existir um facto que constitua causa legal ou contratual de exclusão, mas ou ocorreu antes de ter sido iniciado o processo de exclusão ou depois disso; para evitar confusões, tomemos como início do processo de exclusão o primeiro acto destinado a fazer actuar concretamente uma causa de exclusão relativamente a um sócio, ou seja, a propositura da acção na exclusão judicial e a deliberação na exclusão voluntária. Subentende-se que, tendo sido iniciado o processo de exclusão, tal início sucedeu em tempo útil, isto é, enquanto a causa possa operar, por não ter entretanto caducado.

2.5. – *Processo de exclusão*

A exclusão depende do voto da maioria dos sócios, não incluindo no número destes o sócio em causa, e produz efeitos decorridos trinta dias sobre a data da respectiva comunicação ao excluído (artigo 1005.º n.º 1)[56].

Viu-se acima a possibilidade de contratualmente ser substituída a exclusão voluntária, correspondente a este processo, por outra modalidade. Admite-se também geralmente que o processo de exclusão voluntária seja modificado ou completado no contrato, conforme veremos relativamente a vários pontos.

Ao contrário da fonte italiana, o nosso artigo 1005.º n.º 1 não fala em "deliberação" da maioria dos sócios, mas em "voto" da

---

[56] Código italiano, artigo 2287.º 1.º tr.: L'esclusione è deliberata dalla maggioranza dei soci, non computandosi nel numero di questi il socio da escludere, ed há effetto decorsi trenta giorni dalla data della comunicazione al socio escluso.

maioria dos sócios. Falha assim a base literal para uma doutrina semelhante à sustentada por certos autores italianos, no sentido de que a exclusão deve ser objecto de uma deliberação, em sentido estrito, por meio de assembleia (método colegial). O argumento de que o método colegial se recomendaria, até como meio de protecção do sócio a excluir, pela possibilidade de discussão na assembleia, não vale mais para esta manifestação da vontade dos sócios do que para qualquer outra; é, pois, aplicável qualquer dos processos de formação da vontade dos sócios, acima referidos. Nada impede que o contrato exija para a exclusão um certo processo de manifestação de vontade, nomeadamente o método colegial.

Tanto em Itália como entre nós é opinião assente que a maioria dos sócios exigida pelo artigo 1005.º n.º 1 é determinada per capita e não pelas quotas de interesse dos sócios. Usam-se para o efeito vários argumentos – alguns talvez discutíveis – como: a referência ao <u>número</u> de sócios, quando se afasta o voto do excluendo; a incompatibilidade entre outro modo de cálculo da maioria e a exclusão judicial determinada pelo n.º 3 do mesmo artigo, pois, caso a maioria fosse calculada pela quota de interesses, poderia um dos sócios formar maioria e a sentença judicial seria desnecessária; a indiferença da proporção dos interesses para uma exclusão baseada nas relações entre pessoas e não entre interesses. Aliás, parece demonstração bastante notar que literalmente "voto da maioria <u>dos sócios</u> não pode deixar de ser voto da maioria <u>das pessoas</u> (diferentemente, se o preceito apenas dissesse maioria de votos ou semelhante) e que não se encontra motivo para outra interpretação.

A maioria determina-se relativamente ao número dos sócios, não relativamente ao número de sócios votantes. A diferença seria mais relevante se fosse exigida a deliberação em assembleia, pois aí se colocaria o problema da contagem dos ausentes, mas não deixa de poder ser colocado para qualquer outro método, quando qualquer sócio não queira votar. O sócio que não queira votar ou que expressamente se abstenha não é descontado para o cálculo da maioria, sem prejuízo de a falta ou abstenção de voto poder impedir a formação da necessária maioria.

No número dos sócios é descontado o sócio excluendo; por exemplo, numa sociedade de três sócios, a maioria é igual ao número de sócios votantes. Não diz expressamente a lei se o sócio excluendo pode votar, mas a negativa está implícita no número de sócios para formação da maioria, não fazendo sentido que o sócio em causa deixe de ser incluído naquele número e apesar disso possa votar.

O contrato não pode estabelecer requisitos inferiores à maioria dos sócios – por exemplo, tendo fixado o método colegial, mandar contar a maioria pelo número de sócios presentes à assembleia – pois isso desprotegeria o sócio em causa. Pode, porém, reforçar os requisitos legais, por exemplo, exigindo maioria qualificada do número de sócios, exigindo que, além da maioria do número de sócios se verifique maioria de quotas de interesses, exigindo a unanimidade dos outros sócios

A lei afasta da deliberação de exclusão o sócio excluendo e não requer a sua intervenção em qualquer momento anterior ou fase preparatória da deliberação. Não convencem os argumentos usados para exigir que, antes da deliberação, seja comunicado ao sócio excluendo o facto que pode funcionar como causa de exclusão e este possa contestá-lo. Diz-se que a falta dessa prévia comunicação violaria um princípio fundamental de justiça, impedindo o sócio de se defender, mas responde-se que a possibilidade de defesa existe, mediante o direito de oposição e nada força a dar-lhe duas possibilidades de defesa, uma prévia outra posterior à deliberação. Diz-se também que a deliberação não seria tomada com pleno conhecimento de causa se, antes dela, não fosse conhecido o ponto de vista do sócio em causa e isto mesmo quanto a factos cuja existência não possa ser posta em causa, pois sempre o sócio poderá convencer os outros de que a sua manutenção é possível ou até justificada pelos interesses da sociedade; além disso, diz-se também, a sociedade fica assim menos arriscada a proceder a uma exclusão ilegal e a ser vencida no subsequente processo de oposição. Não parece, porém, que esse plano de protecção da sociedade contra deliberações precipitadas ou arriscadas (e não de protecção dos interesses do sócio excluído, contra a projectada exclusão) seja relevante para o efeito; se os outros sócios se reputam suficientemente esclarecidos para deliberar, é exagerado ser a lei a impor-lhes ponderação, através da necessária audiência do sócio visado.

O Código Civil é omisso quanto ao problema, cuja importância a prática das sociedades por quotas tinha posto em relevo, do tempo dentro do qual os outros sócios podem fazer valer a causa de exclusão, quer por meio de deliberação quer judicialmente. Seria absurdo que, muitos anos decorridos sobre a ocorrência da causa de exclusão e tendo a sociedade continuado a sua vida normal, pudessem os outros sócios – à medida de tão tardia quanto inesperada (ao tempo da ocorrência) conveniência, fazer funcionar a já esquecida causa de exclusão; a dificuldade está em colocar um limite temporal preciso ao exercício do direito de exclusão.

Marque-se, antes de mais, o momento *a quo* do possível termo e aceitamos que ele seja o do conhecimento do facto e não o do facto; desrazoável seria fazer ocorrer qualquer termo de um facto desconhecido dos interessados, quando o efeito pretendido é dar aos interessados a possibilidade de excluir quem reputam inconveniente à sociedade.

Em seguida, depois desse conhecimento, verificar-se-á se ocorreram factos que importem renúncia dos outros sócios ao direito de excluir o sócio visado. Assim como podem deixar de o exercer, assim podem os sócios renunciar quer expressa quer tacitamente, ao exercício desse direito. A renúncia tácita exige as costumadas cautelas para a determinação dos factos concludentes, que podem ser das mais variadas naturezas, sem que isso impeça uma investigação prévia quanto a alguns dos possíveis. Assim, tem sido considerada como implicando renúncia à exclusão a propositura da acção de condenação do sócio ao cumprimento do dever cuja violação causaria a exclusão, por exemplo, a acção para exigir a entrega duma quantia em dinheiro com que o sócio se obrigara a entrar para a sociedade. Dúvidas são manifestadas quanto ao mesmo efeito relativamente a uma acção de condenação a indemnizar os danos produzidos à sociedade pela violação duma

250 *Apontamentos sobre Sociedades Civis*

obrigação social. Mais importante parece saber se implica renúncia do citado direito a admissão do sócio a praticar actos de natureza social e a resposta parece-nos dever ser negativa, pois o sócio cuja exclusão não foi deliberada ou judicialmente decretada pode praticar actos sociais e a falta de reacção dos outros sócios quanto a essa prática não significa mais do que admitir as consequências legais duma situação que se mantém, não estando implícita a renúncia à faculdade de terminar essa situação.

O decurso de tempo *"notevole"* tem sido enquadrado por autores italianos na renúncia ao direito de excluir. Embora duvidemos desse enquadramento, parece-nos que o tempo, possivelmente ligado a outras circunstâncias tem papel a desempenhar neste assunto. O direito de excluir um sócio tem finalidades conforme as causas de exclusão consideradas: reacção contra violações de obrigações sociais, perecimento de contribuições dos sócios, etc.. Está, pois, limitado, pelas finalidades de cada causa. Assim, por exemplo, se a causa consistir na idade superior a 70 anos e o sócio não for excluído logo depois de atingir essa idade, poderá sê-lo em qualquer altura posterior, porque a finalidade daquela causa contratual é permitir afastar o sócio depois de ter atingido os 70 anos e não necessariamente logo que os tenha atingido. Se a causa consistir em violações do contrato, deverá o respectivo direito ser exercido dentro de tempo[57].

A lei prevê a comunicação da deliberação ao interessado, quando estabelece que a deliberação produz efeitos decorridos trinta dias sobre a data da respectiva comunicação ao interessado. Simultaneamente fica apontada a consequência da falta de comunicação: não começa a correr o prazo de trinta dias para a eficácia da deliberação.

A comunicação deve ser feita pela administração da sociedade, salvo quando, tendo o sócio estado presente quando a deliberação foi tomada (caso de assembleia a que o sócio excluendo compareça) esta se considere comunicada pelo conhecimento directo.

---

[57] NOTA – Frase incompleta no original, seguida da nota "ver amortização".

O conteúdo da comunicação deve ser a deliberação tomada e esta consiste tanto na exclusão como na sua causa, a qual não consiste na remissão para uma genericamente enunciada causa legal ou contratual, mas na precisa indicação do facto que os outros sócios entenderam enquadrar-se num preceito legal ou cláusula contratual (uma precisa violação de certa obrigação social, por exemplo). Não tendo exigido o prévio conhecimento dado ao sócio sobre a causa que irá ser objecto de deliberação, ficam evitados problemas de falta de coincidência entre a causa (concreta) previamente referida e a posteriormente comunicada; valerá apenas a que for comunicada como tendo causado a deliberação. É essencial também a indicação do dia em que a deliberação foi tomada, para que ao sócio excluído se torne possível contar o prazo de exercício do direito de oposição. A sociedade não tem de justificar, para além disso, a deliberação tomada, não sendo designadamente necessário mencionar as considerações que levaram os sócios a aproveitar a causa de exclusão, quando podiam ter deixado de excluir o sócio pela causa invocada.

Nenhuma forma é exigida para a comunicação, ficando ela à escolha da sociedade, com a natural cautela da respectiva prova para efeitos futuros, tanto por interesse da sociedade como por interesse do sócio, embora este não possa exigir que a comunicação lhe seja feita por certa forma. O contrato pode providenciar nesse sentido.

A exclusão produz efeitos decorridos trinta dias sobre a data da respectiva comunicação pela sociedade. Este diferimento da eficácia da deliberação não é justificado pelos motivos que determinam o diferimento da exoneração do sócio, pois não está aqui em causa a surpresa que a sociedade sofre quando lhe comunica a exoneração ou o inconveniente da saída do sócio durante o ano social. Justifica-se apenas como um prazo durante o qual também o sócio pode opor-se à deliberação e espera-se, na medida do possível, que a situação se consolide, por falta de exercício do direito de oposição do sócio excluído.

A ineficácia da deliberação importa a manutenção, durante o prazo de diferimento, da qualidade de sócio e todos os respectivos direitos e deveres, inclusivamente para determinar a data relevante para a liquidação da quota. Se o sócio for administrador, continuará a sê-lo durante o prazo de diferimento, salvo se especificamente tiver sido revogado o seu mandato, pois esta deliberação específica é independente da exclusão e produz efeitos logo que comunicada.

O prazo de trinta dias de diferimento da eficácia pode ser aumentado pelo contrato, mas não reduzido; o aumento em nada prejudica o sócio excluído, que pode deduzir oposição em qualquer altura do prazo, incluindo os primeiros trinta dias.

Há quem admita a deliberação de suspensão do sócio, em vez da exclusão; argumenta-se estar a suspensão de todos ou alguns dos direitos do sócio contida na providência mais ampla e rígida de exclusão; justifica-se a solução mostrando a vantagem, nalguns casos, de tentar ainda forçar o sócio ao cumprimento de obrigações que voluntariamente não satisfez, em vez de precipitar uma solução irremediável, quer de manutenção quer de exclusão do sócio. Só é de aceitar essa doutrina, quando a suspensão seja autorizada pelo contrato e se destine a vigorar até à deliberação definitiva sobre a exclusão; inadmissível seria que a suspensão viesse a perpetuar-se, como exclusão disfarçada. No silêncio do contrato, a suspensão deve ser rejeitada, porque impõe ao sócio sem seu consentimento ou sem disposição legal permissiva, um prejuízo material (caso de suspensão do direito ao lucro) ou, de qualquer modo, uma proibição de exercício de direitos que lhe são concedidas por lei ou contrato. Nem parece certa a construção dogmática daquela suspensão como uma exclusão condicionada ao não cumprimento (continuado) de obrigações sociais. Além de apenas abranger algumas causas de exclusão (para outras, mesmo causas legais, não é concebível uma condição equiparável ao cumprimento de obrigações insatisfeitas), são realidades diferentes uma exclusão condicionada suspensivamente ao não cumprimento, em certo tempo, de certa obrigação e a suspensão de direitos até o sócio cumprir, pois no primeiro caso ele continua a exercer os seus direitos, que no segundo ficam paralisados.

O prazo de diferimento tem ainda outra aplicação: permite à sociedade revogar, dentro desse prazo, a deliberação de exclusão, nomeadamente se entretanto tiver desaparecido a causa de exclusão, como será o caso de cumprimento da obrigação até aí insatisfeita. Este cumprimento ou qualquer facto que importe o desaparecimento da causa de exclusão não altera, só por si, a situação resultante da deliberação, pois esta é reportada a determinado momento, em que a causa ainda se verificava; manifestamente, a ocorrência de tal facto, depois de a exclusão se ter tornado eficaz, é irrelevante; deve-o ser também durante o prazo de diferimento, pois a deliberação está tomada e a sua eficácia depende apenas do tempo. Diversamente, quanto à revogação por nova deliberação social, à qual não pode opor-se que a situação criada pela deliberação de exclusão é já irreversível, pois ainda não se tornou eficaz, nem que o sócio visado adquiriu um direito a ser excluído ou à liquidação da quota.

O artigo 1005.º n.º 2 determina que o direito de oposição do sócio excluído caduca decorrido o prazo referido no número anterior[58]. O prazo referido no número anterior é de trinta dias a contar da comunicação feita ao sócio excluído. O prazo é de caducidade, como expressamente o preceito indica. A possibilidade de aumento contratual do prazo de oposição dependerá, pois, da interpretação a dar ao artigo 330.º n.º 1 do Código Civil, que nos parece não a impedir.

Além da expressa referência à caducidade, há outras diferenças importantes entre as redacções dos preceitos italiano e português. Aquele claramente institui um direito de oposição, indica dever ele ser exercido judicialmente, permite expressamente a suspensão judicial; o nosso parece reportar-se a um direito de oposição já algures instituído e agora só mencionado para efeito de caducidade, não indica o modo de oposição e omite a referência à suspensão.

Nenhum outro preceito institui um direito de oposição às deliberações dos sócios, que directamente seja aplicável ao caso de

---

[58] Código italiano, artigo 2287.º, 2.º tr.: Entro questo termine il socio escluso può fare opposizione davanti al tribunale, il quale può suspendere l'esecuzione.

exclusão; o direito de oposição referido no artigo 985.º n.º 2 respeita à oposição de administradores a actos da administração. A redacção do artigo 1005.º n.º 2 tanto se adapta, portanto, à criação de um especial direito de oposição do sócio excluído, feita implicitamente pela fixação do prazo de caducidade, como à remição para um direito geral de oposição de sócios, cuja especialidade consiste neste caso apenas no prazo de caducidade.

É preferível a segunda solução, entendendo-se que o direito de oposição do sócio excluído não é mais do que o direito de anulação de deliberações sociais que violem disposições legais ou contratuais. No sentido da primeira solução apontam dois factores possivelmente reveladores dum carácter pessoal deste direito de oposição: a referência da lei a direito de oposição <u>do sócio excluído</u>, a contagem do prazo de caducidade a partir da comunicação feita ao sócio excluído; pode, porém, dizer-se que o facto de o sócio excluído ter esse direito, que a lei olha como um seu direito de oposição, não impede que outros sócios tenham um direito igual resultante de preceitos gerais e que, embora seja incómodo para os outros sócios a contagem do prazo a partir de um facto de que não têm conhecimento directo, isso é justificado pela protecção do mais interessado, o excluído, que não podendo votar, provavelmente não terá conhecimento directo da deliberação, ao contrário daqueles que se presume participem na votação. Por outro lado, inadmissível seria que os sócios legitimados, segundo as regras gerais, para requerer a anulação de deliberação violadora de lei ou contrato, perdessem essa legitimidade quando se tratasse de deliberação de exclusão de sócio, ferida de anulabilidade; só se compreenderia tal regime se apenas o sócio excluído tivesse interesse na deliberação, mas tal não acontece, pois os outros sócios discordantes estão interessados em repor a legalidade neste caso, como em todos os outros de deliberações inválidas. Acresce que, admitido este direito dos outros sócios discordantes, não se compreenderia que fossem diversos os meios de oposição, deles e do sócio excluído, contra o mesmo vício da deliberação.

Desta tese resultam, quanto ao exercício do direito de oposição pelo sócio excluído e quanto à situação deste perante a

Perda da qualidade de sócio 255

acção de outros sócios discordantes, algumas consequências que convirá sublinhar:

a) além da faculdade de anulação, haverá para o excluído e outros discordantes, faculdade de requerer a suspensão da execução da deliberação, nos termos do artigo 396.º do Código de Processo Civil; em tal caso, a deliberação não se torna eficaz ao termo dos trinta dias fixados pelo artigo 1005.º n.º 1, mas apenas quando terminar a suspensão judicialmente decretada;

b) pode a deliberação ser anulada a requerimento doutro sócio discordante, apesar de o sócio excluído não se ter oposto; a falta de oposição do excluído não significa um acordo entre ele e a maioria dos outros sócios, que obste ao exercício do direito de anulação exercido por um dos outros discordantes, pois o acordo entre excluído e maioria não constitui uma causa autónoma de exclusão legal ou contratual;

c) o conteúdo do direito de oposição não pode ser modificado contratualmente, por exemplo, deixando a deliberação de ser anulável mas recebendo o sócio excluído uma indemnização pelos prejuízos determinados pela sua saída; o direito de anulação de deliberações sociais é inderrogável e a procedência da respectiva acção provoca necessariamente a anulação do acto praticado, com a consequente manutenção da qualidade de sócio;

d) fundamento da acção é o vício da deliberação por violação de lei ou contrato e sobre a existência desse vício se pronunciará o tribunal, não sobre as vantagens ou desvantagens que para a sociedade possa ter tido o uso da faculdade de deliberar a exclusão com fundamento em causa legal ou contratual;

e) declarada procedente a acção a deliberação é anulada com efeito *ex tunc* e o sócio é reintegrado na situação inicial, como se não tivesse havido deliberação[59];

---

[59] Sobre as dificuldades desta reintegração, GHIDINI, página 579.

f) declarada a acção improcedente e não tendo havido suspensão judicial, considera-se o sócio excluído a partir do termo de prazo legal de diferimento; tendo havido suspensão judicial, a retroactividade da sentença anulatória reporta-se igualmente ao termo dos citados trinta dias, pois desaparecem os efeitos da suspensão judicial, mas mantém-se o diferimento imposto por lei.

O processo de exclusão judicial, previsto no artigo 1005.º n.º 3, não depende de qualquer prévia deliberação dos sócios, que a lei pretende evitar, por haver apenas dois sócios. Será, pois, sempre um dos dois que tomará a iniciativa contra o outro, mas apesar disso interessa saber se a acção será proposta em nome individual do sócio ou por este em representação da sociedade; além da possível excepção de legitimidade do autor, pode não ser indiferente a imputação das despesas judiciais à sociedade ou ao sócio. O artigo 2287.º, 3.º tr. italiano esclarece que a acção é proposta pelo outro sócio (*"su domanda del altro"*) e, apesar de o nosso Código ter omitido essa frase, foi sustentado entre nós que a acção, como em Itália, é individual do sócio[60], argumentando com "razões de oportunidade", que não descobrimos, pois é tão oportuno que o sócio apareça na acção em nome individual como em representação da sociedade. Por semelhança com os outros casos de exclusão judicial, adiante tratados, a acção deve ser da sociedade.

Durante a acção, o sócio excluendo mantém a qualidade de sócio, que só perderá pelo trânsito em julgado da sentença que declare a acção procedente. Impressionados pelas previsíveis dificuldades da vida social, entre dois sócios em tais circunstâncias, autores italianos aventam a nomeação judicial de administrador provisório, o que afinal conduz a retirar antecipadamente os direitos sociais não só ao sócio excluendo como ao autor da acção. Sem prejuízo do requerimento e obtenção de providência cautelar

---

[60] Avelãs Nunes, página 299.

Perda da qualidade de sócio 257

justificada pelas circunstâncias concretas (por exemplo, a causa de exclusão concretamente invocada e o certo ou provável comportamento do sócio excluendo), os atritos entre os dois sócios e os seus reflexos na vida da sociedade constituem necessária contrapartida do sistema adoptado pela lei, ao não confiar nas qualidades de um dos sócios para decidir, só por si, a exclusão do outro.

A doutrina italiana admite o pedido reconvencional do sócio demandado, quando se baseia na mesma causa de exclusão (causa concreta) invocada como fundamento da acção, pois, se se fundasse noutra causa de exclusão, não caberia no artigo 36 do Código de Processo italiano. Outro motivo obstará, entre nós à reconvenção: o pedido deveria ser deduzido pela sociedade (e não pelo sócio demandado) contra o outro sócio (que pessoalmente não é parte na acção).

A sentença que determine a exclusão produz efeitos logo que transite em julgado. Não há diferimento por trinta dias nem há (outro) direito de oposição do sócio excluído, que se defendeu na acção pelos meios processuais adequados.

A sociedade fica nesse caso reduzida a um sócio; por definição, a possibilidade de a sociedade se tornar unipessoal não obsta à acção; por outro lado, desta não resulta a dissolução da sociedade, uma vez que a pluralidade pode ser reconstituída, no prazo de seis meses (artigo 1007.º alínea d)).

A exclusão judicial pode resultar de modificação contratual do regime legal das causas de exclusão voluntária. O regime é substancialmente igual.

3 – Responsabilidade do sócio exonerado ou excluído

O artigo 1006.º Código Civil, sob a rubrica equívoca de "Eficácia da exoneração ou exclusão", ocupa-se da responsabilidade do sócio exonerado ou excluído, para com terceiros, quanto a obrigações contraídas antes da exoneração ou exclusão ou contraídas depois destes factos, no caso de os terceiros os ignorarem, sem culpa. Corresponde ao artigo 2290 do Código Civil

258 *Apontamentos sobre Sociedades Civis*

italiano[61], embora com modificações de redacção, em parte destinadas a evitar interpretações possíveis, mas logo afastadas pela doutrina.

Uma primeira diferença entre os dois preceitos encontra-se na referência que o italiano contém e o nosso omite aos herdeiros do sócio; aquele, desde a epígrafe, reporta-se à responsabilidade *"del socio uscente o dei suoi heredi"*; este, só ao sócio. A razão desta diferença encontra-se numa outra; enquanto o preceito italiano trata de todas as hipóteses de "dissolução limitadamente a um sócio" – entre as quais se conta a dissolução por morte de sócio, quando não produzir a dissolução total da sociedade ou nenhum efeito tiver contra a sua continuação pura e simples – o nosso artigo 1006.º ocupa-se apenas da responsabilidade do sócio exonerado ou excluído. Os herdeiros referidos em Itália não são os herdeiros do sócio exonerado ou excluído, mas sim os herdeiros do sócio falecido. Sobre a responsabilidade dos herdeiros do sócio falecido, ver adiante. É claro que os herdeiros do sócio falecido depois de exonerado ou excluído, respondem pelas obrigações do *de cuius*, nos termos gerais de direito das sucessões.

Duas correcções formais introduzidas pelo nosso artigo 1006.º são: primeiro, que as palavras usadas em Itália podiam ser interpretadas – não o deviam ser – ou no sentido de que os terceiros só podiam exigir responsabilidades aos sócios enquanto estes se mantivessem na sociedade ou de que os sócios que se conservassem em sociedade deviam libertar o sócio que saísse, de responsabilidade para com terceiros, interpretações estas afastadas pela redacção portuguesa "a exoneração ou exclusão não isenta o sócio da responsabilidade em face de terceiros, etc."; segunda, o

---

[61] Cod. Civil italiano art. 2290 (Responsabilità del socio uscente o dei suoi eredi). Nei casi in cui il rapporto sociale si sciogle limitatamente a un socio, questi o i suoi heredi sono responsabili verso i terzi per le obbligazioni sociali fino al giorno in cui si verifica lo scioglimento.

Lo scioglimento deve essere portato a connoscenza dei terzi con mezzi idonei; in mancanza non è opponibile ai terzi che lo hanno senza culpa ignorato.

artigo 2290 refere-se a obrigações contraídas até ao dia em que se verifica a dissolução parcial, donde a doutrina entender que o sócio continua responsável pelas obrigações contraídas entre o momento da saída e o fim do dia em que ela se verificou, mas a nossa lei é expressa na referência ao momento em que a exoneração ou a exclusão produzir os seus efeitos[62].

Salvo o caso de protecção de terceiros por falta de publicidade da exoneração ou exclusão, seria absurdo que a pessoa que deixa de ser sócia, pela exoneração ou exclusão, continuasse responsável por obrigações sociais contraídas depois daqueles factos; o artigo 1006.º, *a contrario sensu* confirma esse axioma. Estranho também seria que, por um acto seu, como na exoneração, ou por um acto da sociedade, como na exclusão, o sócio exonerado ou excluído conseguisse libertar-se de responsabilidades contraídas para com terceiros, enquanto foi sócio. O artigo 1006.º n.º 1 escla-rece aquilo que já se poderia retirar de princípios gerais: apesar da dissolução parcial, o sócio exonerado ou excluído mantém a responsabilidade para com terceiros, que já tinha antes daqueles factos.

Sobre a responsabilidade, para com terceiros, relativamente a operações em curso, no momento em que a exoneração ou a exclusão produz os seus efeitos, v. supra

Decisivos para a manutenção ou isenção da responsabilidade do sócio são dois momentos: por um lado, aquele em que a exoneração ou a exclusão produz os seus efeitos, por outro lado, o momento em que a obrigação é contraída. Não interessa, portanto, o momento em que a obrigação deve ser satisfeita, total ou

---

[62] Ao fim e ao cabo, os preceitos vêm quási sempre a coincidir, apesar de uma falar em <u>dia</u> e outro em <u>momento</u>. A exoneração ou a exclusão produzem os seus efeitos, normalmente depois de certo tempo a contar da comunicação: ou no fim do ano civil, ou passados três meses ou passado um mês; como estes prazos não se contam de momento a momento, mas sim por contagem civil, o momento em que a responsabilidade cessa é o fim de um dia. A tal regra apenas abrirá excepção a hipótese de sentença judicial de exoneração ou de dissolução, quando se entenda que, nessas hipóteses, não haverá diferimento de efeitos.

parcialmente. Na hipótese de ter havido um contrato-promessa, antes da exoneração ou exclusão se tornar eficaz, sendo o contrato definitivo celebrado depois desse facto, não é de perfilhar a opinião dalguns autores italianos, no sentido da responsabilidade do sócio exonerado ou excluído; a obrigação contraída antes da exoneração ou exclusão e pela qual o sócio exonerado ou excluído é responsável, é a de celebrar o contrato definitivo, a qual, por definição, é atempadamente cumprida; pelas obrigações decorrentes do contrato definitivo, o sócio não pode ser responsável, pois já se tornara eficaz a exoneração ou a exclusão.

O artigo 1006.º não comina nova responsabilidade dos sócios aí referidos, mas apenas a permanência duma responsabilidade anterior. Mantém-se, portanto, o regime da responsabilidade do sócio, que pode beneficiar da excussão da sociedade, como beneficiaria se continuasse sócio. Do mesmo modo, caso ele fosse ilimitadamente responsável, ilimitada continua a ser a sua responsabilidade para com esses credores sociais. No caso de o sócio ser limitadamente responsável, entendem alguns autores que ele responderá na medida em que ainda não tenha executado totalmente a sua entrada prometida para a sociedade – o que não parece admitir dúvidas – e em que tenha recebido bens da sociedade como liquidação da sua quota[63].

O sócio exonerado ou excluído responde para com terceiros pelas obrigações sociais contraídas até ao momento em que aqueles factos produzem os seus efeitos. Essa responsabilidade é diferente da atribuição a esses sócios das perdas resultantes dos negócios em curso. Confirmando a interpretação que fazemos de "negócios", não há verdadeiramente uma responsabilidade dos sócios pelos negócios em curso; pode haver responsabilidade deles por obrigações contraídas por causa dos negócios em curso. Na medida que as obrigações tenham sido contraídas antes da exoneração ou exclusão se tornar eficaz, o sócio exonerado ou excluído conti-

---

[63] NOTA – O autor não considerava esta afirmação como definitiva, pois no texto original surge a seguinte nota: "(Será assim, ou não tem responsabilidade por já ter liberado a quota?)

nua responsável depois desses factos, mas nenhuma responsabilidade tem perante terceiros, por obrigações contraídas depois de tais factos, embora eles se integrem em negócios em curso. Sofre, porém, as perdas resultantes desses negócios e, portanto, pode ser responsável, perante os outros sócios, pela parte do prejuízo que tenha que suportar e que, por hipótese, tenha levado aqueles a cumprir obrigações para com terceiros.[64]

---

[64] NOTA – Segundo anotação no original, este parágrafo deveria ser inserido num capítulo relativo à Liquidação da quota – Novas operações.

ÍNDICE DE DISPOSIÇÕES LEGAIS

CÓDIGO CIVIL DE 1966

Artigos	Páginas
10	27
70	38
72	41
74	43
157	26, 27, 29
172	108 176 113, 114, 115, 116, 117, 118, 119, 120
220	67
221	72
222	63, 72
223	63, 72
224	224
235	224
280	75
285	67
292	56, 57, 66, 69
293	66, 68, 69, 70
330	227, 253
400	75
406	70
408	61, 62
424	171, 172
425	172
428	62
801	62
795	62
800	196
848	214
980	17, 19, 20, 59, 69, 75, 81, 204
981	63, 64, 65, 66, 67, 68, 69, 70, 72, 112, 175
982	66, 70, 71, 72, 164, 197, 198

983	75, 77, 78, 79, 80
985	190, 253
986	72, 111
988	129, 131, 132, 134, 135, 140, 143, 144
989	147, 148, 149
990	149, 153, 156, 157, 159
991	111
992	78, 79, 86, 87, 88, 203
995	71, 163, 164, 165, 171, 175
996	34, 111, 180, 184, 185, 190, 191, 192, 195, 197
997	45, 174, 175, 179, 180, 182, 183, 184, 185, 186, 188, 189, 190, 191, 193, 194, 195, 197, 198, 199, 202, 203
999	207, 208, 209, 210, 211, 212, 213, 236, 240
1000	34, 213, 214
1002	217, 218, 219, 221, 223, 224, 225, 227, 229, 230, 231, 232
1003	81, 88, 89, 149, 159, 160, 233, 234, 235, 237, 244, 245
1005	71, 72, 111, 118, 235, 237, 238, 239, 246, 247, 253, 254
1006	174, 257, 258, 259, 260
1007	112, 257
1008	111, 112
1016	202
1017	204
1018	79, 81, 86, 87, 204
1021	131, 210
1406	147
1407	33
1430	109
1678	99, 100
1714	93, 94, 95, 96
1724	97
1732	97
1733	97s

CÓDIGO COMERCIAL PORTUGUÊS

13	37
19	37, 39, 43
21	39, 44
22	39, 45, 46
23	39, 44
28	38
118	134

120	217
151	33
157	147, 153, 159
158	153
161	163

CÓDIGO DE PROCESSO CIVIL

5	28
6	27, 28, 29
396	255
1289	202
1479	142
1497	140, 142, 143

DL 49.381

11	136

LEI DAS SOCIEDADES POR QUOTAS

36	108, 109, 110

CÓDIGO DE SEABRA

39	29
1270	147
1274	207
1278	217
1279	217, 229, 245
1316	30
2179	147

CÓDIGO COMERCIAL ITALIANO

110	147

CÓDIGO CIVIL ITALIANO

1350	64
1367	65
1376	61
1419	56, 57
1420	49, 50, 53, 54, 56, 57
1446	49
1459	49
1466	49
1845	26
1846	26
1847	26
1848	26
1850	26
1852	26
1855	26
1859	26
1867	26
2063	88
2226	33
2247	17, 59
2248	17
2251	64, 65
2252	70
2253	75, 76, 77
2256	148
2261	129, 130, 134, 144
2263	77
2266	33
2267	179, 188, 189, 193
2268	179
2269	175, 179, 186, 188
2270	207, 209, 211, 212, 213, 236
2271	213, 214
2273	111
2282	86
2285	217
2286	88
2287	235, 236, 246, 253, 256
2288	236, 237
2290	257, 258, 259
2292	38

2295	223
2301	153, 156, 158
2326	38
2373	113, 115, 119
2377	115
2489	136
2563	39
2565	39

CÓDIGO CIVIL ITALIANO DE 1865

1697	59

CÓDIGO DE PROCESSO CIVIL ITALIANO

36	257

CÓDIGO COMERCIAL ITALIANO

78	188
110	147

CÓDIGO CIVIL ESPANHOL

218	89
1708	86

REGENT DO GMBHG

§80 Abs 4	114

CÓDIGO COMERCIAL ALEMÃO

§ 113	159
§ 118	134
§ 252	120

INDICE GERAL

Reflexão sobre páginas de Raúl Ventura 5

Uma explicação prévia 13

I – Exercício em comum de certa actividade económica, que não
   seja de mera fruição 15
   1 – Exercício de uma actividade 17
   2 – Certa Actividade 18
   3 – Actividade económica 18
   4 – Que não seja de mera fruição 20
   5 – Exercício em comum 20

II – Personalidade jurídica 23

III – Nome e firma 35
   1 – Nome 40

IV – contrato de sociedade 47
   1 – Bilateralidade e plurilateralidade 49
   2 – Forma 63
   3 – Modificação do contrato 70

V – Entradas 73
   1 – O artigo 983.º 75
   2 – Valor das entradas 77
   3 – Entradas e financiamentos de sócios 80
   4 – Sócio de indústria – Contribuição com serviços 81
       4.1 – Serviço 81
       4.2 – Entradas apenas de serviços 82
       4.3 – Contribuição com serviços e exercício da adminis-
             tração 84
       4.4. – Sócio de indústria e saldo de liquidação 85
       4.5 – Sócio de indústria – exclusão 88

270 *Apontamentos sobre Sociedades Civis*

VI   – Sociedades entre cônjuges 91
   Nota sobre sociedades de pessoas e sociedades de capitais 100

VII – Deliberações dos Sócios 105
   1 – Voto – conflito de interesses 112
   2 – Oponibilidade das deliberações 123

VIII – Fiscalização dos sócios 127
   1 – O artigo 988.º 129
   2 – Privação do direito de fiscalização 130
   3 – Direitos de fiscalização 133
   4 – Direitos de fiscalização e publicidade 135
   5 – Direitos de fiscalização e órgão de fiscalização 136
   6 – Natureza dos direitos de fiscalização 136
   7 – Finalidade dos direitos de fiscalização 137
   8 – O direito de informação 138
   9 – O direito de consulta 139
   10 – Pessoalidade dos direitos de informação e de consulta 140
   11 – Recusa de informação 143
   12 – Fiscalização e prestação de contas 143

IX   – Uso de coisas sociais 145

X   – Proibição de Concorrência 151

XI   – Cessão de quotas 161
   1 – Possibilidade de cessão de quota 163
   2 – Extensão da cessão de quota 167
      2.1 – Direito a distribuição não proporcional de lucros .. 167
      2.2 – Direito a lucros vencidos 169
      2.3 – A administração da sociedade 169
   3 – O consentimento à cessão 170
   4 – Responsabilidade por novas e antigas obrigações sociais .. 173
   5 – Forma da cessão 175

XII – Responsabilidade dos sócios pelas obrigações sociais 177
   1 – O artigo 997.º n.º 3 179
   2 – O artigo 997.º n.º 4 186
   3 – Alteração da responsabilidade dos sócios 189
      3.1 – Tempo da cláusula 197

XIII – Credores particulares dos sócios 205
   1 – Direitos dos credores 207
   2 – Compensação – proibição com relação a créditos e dívidas
      dos sócios para com terceiros 213

Índice Geral

XIV – Perda da Qualidade de Sócio 215

1 – Exoneração do Sócio 217

    1.1 – Sociedade constituída por tempo indeterminado ou por toda a vida de um sócio 219

    1.2 – Momento do exercício do direito de exoneração .. 222

    1.3 – Produção de efeitos da exoneração 223

    1.4 – Sociedade com prazo de duração fixado no contrato 225

    1.5 – Estipulação de efeito *ipso jure* e *ope judicis* 227

    1.6 – Justa causa ou causa legítima 228

    1.7 – Supressão e modificação das causas de exoneração . 230

2 – Exclusão do Sócio 232

    2.1 – Causas legais – enumeração taxativa e supletiva 233

    2.2 – Causas judiciais 238

    2.3. – Causas contratuais 241

    2.4. – Pessoalidade das causas de exclusão 245

    2.5. – Processo de exclusão 246

3 – Responsabilidade do sócio exonerado ou excluído 257